国家出版基金项目
NATIONAL PUBLICATION FOUNDATION

中宣部2022年主题出版重点出版物

"十四五"国家重点图书出版规划项目

纪录小康工程

全面建成小康社会

天津变迁志
TIANJIN BIANQIANZHI

本书编写组

天津出版传媒集团

天津人民出版社

丛书策划：王　康　杨　舒　郑　玥

责任编辑：杨　舒　孙　瑛　张校博

封面设计：石笑梦　┗明轩文化·王　烨
　　　　　　　　　TEL:23674746

版式设计：王欢欢　┗明轩文化·周丽艳
　　　　　　　　　TEL:23674746

图书在版编目(CIP)数据

全面建成小康社会天津变迁志 / 本书编写组编著. -- 天津：天津人民出
　版社, 2022.10

("纪录小康工程"地方丛书)

ISBN 978-7-201-18548-4

Ⅰ.①全… Ⅱ.①本… Ⅲ.①小康建设-概况-天津 Ⅳ.①F127.21

中国版本图书馆 CIP 数据核字(2022)第 096627 号

全面建成小康社会天津变迁志

QUANMIAN JIANCHENG XIAOKANG SHEHUI TIANJIN BIANQIANZHI

本书编写组

天津人民出版社 出版发行

(300051　天津市和平区西康路35号康岳大厦)

天津海顺印业包装有限公司印刷　新华书店经销

2022年10月第1版　2022年10月天津第1次印刷

开本：710毫米×1000毫米　1/16　印张：24

字数：300千字

ISBN 978-7-201-18548-4　定价：84.00元

邮购地址 300051　天津市和平区西康路35号康岳大厦

天津人民出版社发行中心　电话：(022)23332469

总　序

为民族复兴修史　为伟大时代立传

　　小康，是中华民族孜孜以求的梦想和夙愿。千百年来，中国人民一直对小康怀有割舍不断的情愫，祖祖辈辈为过上幸福美好生活劳苦奋斗。"民亦劳止，汔可小康""久困于穷，冀以小康""安得广厦千万间，大庇天下寒士俱欢颜"……都寄托着中国人民对小康社会的恒久期盼。然而，这些朴素而美好的愿望在历史上却从来没有变成现实。中国共产党自成立那天起，就把为中国人民谋幸福、为中华民族谋复兴作为初心使命，团结带领亿万中国人民拼搏奋斗，为过上幸福生活胼手胝足、砥砺前行。夺取新民主主义革命伟大胜利，完成社会主义革命和推进社会主义建设，进行改革开放和社会主义现代化建设，开创中国特色社会主义新时代，经过百年不懈奋斗，无数中国人摆脱贫困，过上衣食无忧的好日子。

　　特别是党的十八大以来，以习近平同志为核心的党中央统揽中华民族伟大复兴战略全局和世界百年未有之大变局，团结带领全党全国各族人民统筹推进"五位一体"总体布局、协调推进"四个全面"战略布局，万众一心战贫困、促改革、抗疫情、谋发展，党和国家事业取得历史性成就、发生历史性变革。在庆祝中国共产党成立100周年大会上，习近平总书记庄严宣告："经过全党全国各族人民持续奋斗，我们实现了第一个百年奋斗目标，在中华大地上全面建成了小康社会，历史性地解决了绝对贫困问题，正在意气风发向着全面建成社会主义现代化强国的第二个百年奋斗目标迈进。"

这是中华民族、中国人民、中国共产党的伟大光荣！这是百姓的福祉、国家的进步、民族的骄傲！

全面小康，让梦想的阳光照进现实、照亮生活。从推翻"三座大山"到"人民当家作主"，从"小康之家"到"小康社会"，从"总体小康"到"全面小康"，从"全面建设"到"全面建成"，中国人民牢牢把命运掌握在自己手上，人民群众的生活越来越红火。"人民对美好生活的向往，就是我们的奋斗目标。"在习近平总书记坚强领导、亲自指挥下，我国脱贫攻坚取得重大历史性成就，现行标准下9899万农村贫困人口全部脱贫，建成世界上规模最大的社会保障体系，居民人均预期寿命提高到78.2岁，人民精神文化生活极大丰富，生态环境得到明显改善，公平正义的阳光普照大地。今天的中国人民，生活殷实、安居乐业，获得感、幸福感、安全感显著增强，道路自信、理论自信、制度自信、文化自信更加坚定，对创造更加美好的生活充满信心。

全面小康，让社会主义中国焕发出蓬勃生机活力。经过长期努力特别是党的十八大以来伟大实践，我国经济实力、科技实力、国防实力、综合国力跃上新的大台阶，成为世界第二大经济体、第一大工业国、第一大货物贸易国、第一大外汇储备国，国内生产总值从 1952 年的 679 亿元跃升至 2021 年的 114 万亿元，人均国内生产总值从 1952 年的几十美元跃升至 2021 年的超过 1.2 万美元。把握新发展阶段、贯彻新发展理念、构建新发展格局、推动高质量发展，全面建设社会主义现代化国家，我们的物质基础、制度基础更加坚实、更加牢靠。全面建成小康社会的伟大成就充分说明，在中华大地上生气勃勃的创造性的社会主义实践造福了人民、改变了中国、影响了时代，世界范围内社会主义和资本主义两种社会制度的历史演进及其较量发生了有利于社会主义的重大转变，社会主义制度优势得到极大彰显，中国特色社会主义道路越走越宽广。

全面小康，让中华民族自信自强屹立于世界民族之林。中华民族有五千多年的文明历史，创造了灿烂的中华文明，为人类文明进步作出了卓越贡献。近代以来，中华民族遭受的苦难之重、付出的牺牲之大，世所罕见。中国共产党带领中国人民从沉沦中觉醒、从灾难中奋起，前赴后继、百折不挠，战胜各种艰难险阻，取得一个个伟大胜利，创造一个个发展奇迹，用鲜血和汗水书写了中华民族几千年历史上最恢宏的史诗。全面建成小康社会，见证了中华民族强大的创造力、坚韧力、爆发力，见证了中华民族自信自强、守正创新精神气质的锻造与激扬，实现中华民族伟大复兴有了更为主动的精神力量，进入不可逆转的历史进程。今天，我们比历史上任何时期都更接近、更有信心和能力实现中华民族伟大复兴的目标，中国人民的志气、骨气、底气极大增强，奋进新征程、建功新时代有着前所未有的历史主动精神、历史创造精神。

全面小康，在人类社会发展史上写就了不可磨灭的光辉篇章。中华民族素有和合共生、兼济天下的价值追求，中国共产党立志于为人类谋进步、为世界谋大同。中国的发展，使世界五分之一的人口整体摆脱贫困，提前十年实现联合国 2030 年可持续发展议程确定的目标，谱写了彪炳世界发展史的减贫奇迹，创造了中国式现代化道路与人类文明新形态。这份光荣的胜利，属于中国，也属于世界。事实雄辩地证明，人类通往美好生活的道路不止一条，各国实现现代化的道路不止一条。全面建成小康社会的中国，始终站在历史正确的一边，站在人类进步的一边，国际影响力、感召力、塑造力显著提升，负责任大国形象充分彰显，以更加开放包容的姿态拥抱世界，必将为推动构建人类命运共同体、弘扬全人类共同价值、建设更加美好的世界作出新的更大贡献。

回望全面建成小康社会的历史，伟大历程何其艰苦卓绝，伟大胜利何其光辉炳耀，伟大精神何其气壮山河！

这是中华民族发展史上矗立起的又一座历史丰碑、精神丰碑！这座丰碑，凝结着中国共产党人矢志不渝的坚持坚守、博大深沉的情怀胸襟，辉映着科学理论的思想穿透力、时代引领力、实践推动力，镌刻着中国人民的奋发奋斗、牺牲奉献，彰显着中国特色社会主义制度的强大生命力、显著优越性。

因为感动，所以纪录；因为壮丽，所以丰厚。恢宏的历史伟业，必将留下深沉的历史印记，竖起闪耀的历史地标。

中央宣传部牵头，中央有关部门和宣传文化单位，省、市、县各级宣传部门共同参与组织实施"纪录小康工程"，以为民族复兴修史、为伟大时代立传为宗旨，以"存史资政、教化育人"为目的，形成了数据库、大事记、系列丛书和主题纪录片4方面主要成果。目前已建成内容全面、分类有序的4级数据库，编纂完成各级各类全面小康、脱贫攻坚大事记，出版"纪录小康工程"丛书，摄制完成纪录片《纪录小康》。

"纪录小康工程"丛书包括中央系列和地方系列。中央系列分为"擘画领航""经天纬地""航海梯山""踔厉奋发""彪炳史册"5个主题，由中央有关部门精选内容组织编撰；地方系列分为"全景录""大事记""变迁志""奋斗者""影像记"5个板块，由各省（区、市）和新疆生产建设兵团结合各地实际情况推出主题图书。丛书忠实纪录习近平总书记的小康情怀、扶贫足迹，反映党中央关于全面建成小康社会重大决策、重大部署的历史过程，展现通过不懈奋斗取得全面建成小康社会伟大胜利的光辉历程，讲述在决战脱贫攻坚、决胜全面小康进程中涌现的先进个人、先进集体和典型事迹，揭示辉煌成就和历史巨变背后的制度优势和经验启示。这是对全面建成小康社会伟大成就的历史巡礼，是对中国共产党和中国人民奋斗精神的深情礼赞。

历史昭示未来，明天更加美好。全面建成小康社会，带给中国人民的是温暖、是力量、是坚定、是信心。让我们时时回望小康历程，深入学习贯彻习近平新时代中国特色社会主义思想，深刻理解中国共产党为什么能、马克思主义为什么行、中国特色社会主义为什么好，深刻把握"两个确立"的决定性意义，增强"四个意识"、坚定"四个自信"、做到"两个维护"，以坚如磐石的定力、敢打必胜的信念，集中精力办好自己的事情，向着实现第二个百年奋斗目标、创造中国人民更加幸福美好生活勇毅前行。

目　录

生活餐饮篇

住有所居篇

交通出行篇

教育发展篇

文体生活篇

医疗卫生篇

社会保障篇

社会治安篇

生态环境篇

共同富裕篇

概　况

　　"民亦劳止,汔可小康。"中国共产党自诞生之日起,就坚持把为中国人民谋幸福、为中华民族谋复兴作为初心使命,团结带领中国人民为创造美好生活进行了长期艰苦奋斗。2021年注定是不平凡的一年,这年的7月1日,我们党向全世界庄严宣告:"经过全党全国各族人民持续奋斗,我们实现了第一个百年奋斗目标,在中华大地上全面建成了小康社会,历史性地解决了绝对贫困问题,正在意气风发向着全面建成社会主义现代化强国的第二个百年奋斗目标迈进。"全面建成小康社会,创造了人类发展史上的伟大奇迹。从小康战略构想的提出到全面建成,天津儿女始终与祖国共奋进、与时代同步伐,绘就了一幅全面建成高质量小康社会的壮美画卷。

　　小康承载初心,小康属于人民。如今的天津,全面建成高质量小康社会已体现到社会发展的方方面面,既是天津综合实力跨上新台阶的雄壮交响,也是让全市人民笑颜绽放的鲜活故事。天津已成为宜居、宜业、宜学、宜游的令人向往之地!

　　就业是民生之本,收入乃民生之源,促进就业是全面建成小康社会的重要内容。天津始终将促进就业作为经济社会发展的重要目标,通过深入实施就业优先战略和更加积极的就业政策,采取多种措施扩大就业,切实提高广大人民群众的收入水平。就业规模持续扩大,全市社会从业人员由1949年的134.6万人,增加到2020年的647万人。就业结构不断优化,1949年乡村就业人数远远大于城镇就业人数,2020年乡村就业人数仅为城镇就业人数的20.3%;1978年第三产业就业人口占比仅为20%,2020年提高到60.3%。就业渠道不断拓宽,从新中国成立后到改革开放之初,天津城镇从业人员中国有、集体经济从业人员所占比重达99.9%以上,2017年城镇非公有制经济从业人员所占比重达到89.4%,而国有、集体经济从业人员比重下降到10.6%。城镇居民人均可支配收入由1949年的151元增加到2021年的51486元,2021年农村居民人均可支配收入比1978年增长209.2倍。

生活餐饮的变迁,记录了人民生活走向小康的点滴变化。面对人民不断增强的餐饮需求,天津不断丰富食品供应,切实加强食品安全,构建完善的食品安全体系,大力提倡健康饮食,极大提升了人们的生活质量。餐饮支出发生显著变化,天津城镇居民人均消费支出由1949年的132元增加到2020年的30895元,农村居民人均消费支出由43元增加到16844元。食品安全体系不断完善,依据《中华人民共和国食品安全法》等一系列相关法律法规,持续开展食品安全专项整治,推进"放心菜基地"建设,构建食品药品安全综合信息系统,强化食品摊贩备案管理,推进"明厨亮灶"工程建设,做好爱粮节粮减损工作,充分保障了天津居民的食品安全。健康饮食氛围日益形成,新中国成立七十多年来,天津人的一日三餐历经了"为吃饱发愁",到追求吃好、吃精,再到关注营养健康的变化过程,天津居民的恩格尔系数由1978年的58.1%降到2017年的31.2%,年均下降0.7个百分点。

住有所居是老百姓的心之所向,住房条件是全面建成小康社会的一项重要指标。加快推进住房保障和供应体系建设,是满足群众基本住房需求、保证人民群众共享改革发展成果的必然要求。天津市委、市政府坚决贯彻落实"房子是用来住的、不是用来炒的"定位,高度重视群众住房问题,实施棚户区改造"三年清零"行动计划、城市老旧小区及远年住房改造、农村危房改造、弹性供暖等系列工程,确保广大群众住有所居、住有宜居、居有所安。"十三五"期间,天津共建设"三种住房"86.6万套,完成2.1万户农村困难群众危房改造任务;棚户区改造"三年清零"工作提前一个月实现既定目标,实际完成148.56万平方米拆迁安置任务,6.3万户近三十万居民告别"蜗居",实现"出棚进楼"安居梦。

全面建成小康社会,交通先行护航。天津深入贯彻落实京津冀协同发展等重大国家发展战略,围绕综合交通、智慧交通、绿色交通、平安交通、美丽交通,全力推进交通基础设施建设,建成了铁路、公路、水路、航空等联系南北、沟通东西、全方位、日趋完善的现代化、综合、立体交通运输体系。公路网日益完善,截至2018年,全市公路通车里程已达到16257千米,是新中国成立初期的20.6倍;全市载货汽车保有量达到17.96万辆、140.55万载重吨,分别是1949年的3207倍和7852倍。城市公共交通沧桑巨变,2018年全市公共汽车保有量达到13813辆,营运线路924条,线路总长度23920千米,全年完成客运量12.41亿人次,分别是1949年的48.0倍、46.2倍、302.8倍和15.5倍;地铁运营里程达到219千米,全年运送乘客4.08亿人次,分别是1985年的8.5倍和86.8倍;全市出租汽车保有量达到31940辆,年运送乘客36860万人次,运营里程达到328364万千米,分别是1978年的135.9倍、418.9倍和702.8倍;全市投放共享单车总量达到71.86万辆。铁路跨越式发展,2018年天津地区铁路旅客发送量5075.31万人、货物发送量9247.70万吨,分别是1951年的8.7倍和31.4倍;2020年天津铁路总里程1368千米,其中高铁城际里程达到310千米,铁路运营里程密度位居全国第一。一流大港地位全面巩固,2018年天津港实现吞吐量5.08亿吨,分别是1949年和1978年的1637.9倍和44.9倍;实现箱吞吐量1601万标准箱,是1978年的2281.6倍。天津机场驶入发展快车道,2018年天津机场实现双跑道运行,航站楼面积达36.4万平方米,比1978年扩大66.2倍;机场运营客运航线188条,通航130个城市;旅客吞吐量突破2350万人次,货邮吞吐量25.88万吨,分别是1978年的4345倍和181倍。物流快递业快速发展,2018年天津邮电局所共826处,邮路长度27019千米,邮电业务总量115.34亿元,分别是1949年的7.6倍、20.7倍和1514.1倍;全年发送邮政函件2374.79万件,快递业务总量超过5.76亿件,发送函件和快递业务量是1949年的42.8倍。

教育发展为全面小康奠定坚实基础。天津不断深化教育改革,始终坚持把教育摆在优先发展的战略地位,大力实施"科教兴市""人才强市"战略,全面实施素质教育,深化教育体制改革,积极推进教育创新,从学前教育、义务教育、职业教育、高等教育等多个领域推动教育事业全面发展,教育现代化水平显著提升,人民群众的教育获得感不断增强。学前教育加快发展,毛入园率从1949年的0.4%提高到2020年的92.2%,学前教育经历了从无到有、从弱到强的巨变。基础教育高水平发展,普通中学学校数、在校学生数别由1949年的49所、2.3万人增长到2021年的535所、53.16万人;小学学校数、在校学生数分别由1949年的329所、13.6万人增长到2021年的895所、75.19万人。职业教育改革深入推进,截至2020年底,全面完成国家现代职业教育改革创新示范区建设任务,高水平举办了全国职业院校技能大赛,挂牌成立我国首个本科层次的应用技术大学,7所高职院校、10个专业群入选全国"双高"计划,获批17个教育部现代学徒制试点单位。高等教育发展水平全面提升,"十三五"期间高等教育毛入学率超过65%;5所高校、12个学科进入国家"双一流"建设行列,111个本科专业和111门本科课程入选首批国家级一流本科专业和课程建设点,天津高等教育绘出属于自己浓墨重彩的一笔。

全面小康不仅是物质上的小康,也是文体生活上的小康。新中国成立后的七十多年里,天津文化、旅游、娱乐、体育事业取得令人瞩目的成就,公共文化服务的丰富性、便利性和均等性显著增强,文艺创作繁荣发展,文物保护利用全面推进,文化产业发展迅速,文化与旅游深度融合,全民健身和竞技体育获得长足发展,市民的精神生活更加丰富、精神面貌深刻改变、精神力量显著增强。2021年,全市共有艺术表演团体115个、文化馆17个、博物馆69个、公共图书馆20个、街乡镇综合文化站255个;全市规模以上文化及相关产业企业实现营业收入1701.11亿元;全年共接待国内游客1.79亿人次,同比增长26.7%,国内旅游收入1968.81亿元,同比增长47.9%。截至2020年底,全市体育场地总面积3728.9万平方米,总数量28016个,"15分钟健身圈"初步形成;每千人拥有社会体育指导员2.6人,各级各类体育社会组织五千余个;群众性体育赛事和健身活动蓬勃发展,城乡居民国民体质测定标准合格率保持在92%以上,位居全国前列。

　　没有全民健康,就没有全面小康。天津坚持以人民群众健康需求为着力点,启动健康天津建设,不断优化资源配置,持续推进医药卫生体制综合改革,覆盖城乡的医疗卫生服务三级网络不断健全,主要健康指标位居全国前列。到"十三五"时期末,全市各类卫生机构5538家,拥有病床6.82万张,每千人拥有病床4.37张;全市卫生技术人员达到10.09万人,执业(助理)医师数每千人口3.14人,注册护士数每千人口2.72人;全市获命名国家卫生区11个,创建比例达到81.25%,较"十二五"时期末提高了56.25%,41个镇获得国家卫生镇命名,创建比例达到40.21%,比"十二五"时期末提高了35.81%,市级卫生村1624个,创建比例达到45.9%,比"十二五"时期末提高了37.28%。全市孕产妇死亡率为5.95/10万,比1978年下降16.05个万分点,婴儿死亡率为3.57‰,比1978年下降9.44个千分点,5岁以下儿童死亡率为4.25‰,已低于发达国家6‰的平均水平;全市人口平均期望寿命达到81.68岁,人均基本公共卫生服务经费标准达到60元,比国家标准高10元,在国家卫生计生委、财政部年度基本公共卫生服务项目绩效考核中,天津排名全国第一。

社会保障是全面小康的强力支撑。天津按照全覆盖、保基本、多层次、可持续的基本方针,筑牢社会保障制度安排,积极发展养老、助残等福利事业,保障妇女儿童合法权益,持续提高社会救助效能,逐步构建起覆盖广泛、统筹城乡、公平统一的多层次的社会保障体系,切实保障人民群众安居乐业、社会秩序安定有序。截至2020年末,全市有养老机构387家,各类养老床位已增加到7.6万张;有照料中心(站)1257个,社会建养老机构占全市养老机构总数比重达到85%,全市老人家食堂达到1696个,老年日间照料服务中心1157个,床位一万余张。截至2021年末,全市参加城镇职工基本医疗保险人数637.64万人,参加城乡居民基本医疗保险人数537.38万人,参加城镇职工基本养老保险人数765.14万人,参加城乡居民养老保险人数171.96万人,参加城镇职工工伤保险人数408.41万人,参加城镇职工失业保险人数372.30万人,参加城镇职工生育保险人数366.05万人。

社会治安铸就全面小康的坚强基石。天津认真贯彻党中央关于推动社会治安工作的决策部署,不断增强政治意识、大局意识和责任意识,把维护国家安全和社会政治稳定放在首位,不断创新社会治安理念思路、体制机制、方法手段,创新立体化社会治安防控体系,提高动态化、信息化条件下驾驭社会治安局势的能力,有效提升人民群众的获得感、幸福感、安全感,开创了社会治安工作新局面。启动平安建设"十百千工程",首批确定滨海新区、和平区等10个区作为平安建设区级示范点;确定滨海新区泰达街道、南开区万兴街道等100个街道(乡镇)作为平安建设街道(乡镇)级示范点;确定和平区朝阳里社区、津南区丰达园社区等1000个社区(村)作为平安建设社区(村)级示范点。把"战区制、主官上、权下放"列为"一号改革创新工程",把全市作为国家治理的一个"战区",把16个区、252个街(乡镇)、5395个社区(村)划分为"分战区",按照条块结合、由块来统,推动党委主导、战区主管、部门主责、基层主抓,共商、共建、共管、共治。天津市、区、街(乡镇)三级社会矛盾纠纷调处化解中心同时挂牌,实现城乡覆盖,按照天津市委主管、市委政法委主抓、信访司法部门主责的工作模式,市区两级依托信访办、街乡镇依托综合治理中心,在不增加编制、机构、人员的前提下,运用平安建设机制、信访联席会议机制、大调解工作机制,实现全科受理、集成联办、一站化解。

良好生态环境是全面小康最亮丽的底色。天津始终将生态文明建设作为城市可持续发展的重中之重,把创造优良人居环境作为中心目标,坚决打赢污染防治攻坚战,深入开展农村人居环境整治,协同推进经济高质量发展和生态环境高水平保护,生态环境持续改善,努力把城市建设成为人与人、人与自然和谐共处的美丽家园。百姓的蓝天获得感不断增强,2021年全市空气质量优良天数上升至264天,较2013年增加了119天,连续两年没有重度污染,PM2.5作为标志性污染物,浓度首次降至30档,较"十二五"时期末下降44.2%。海河水生态环境得到显著改善,全市水环境质量实现历史性好转,20个地表水国考断面中,优良水质比例达到55%,较"十二五"时期末提高30个百分点,劣Ⅴ类水质国考断面首次"清零",较"十二五"时期末下降65个百分点;城市建成区全部消除黑臭水体,每年10亿立方米达到Ⅳ类标准的污水处理厂出水作为生态补水进入海河流域,河流水生态逐步恢复;近岸海域水质得到突破性改善,优良水质比例达到70.4%,较"十二五"时期末提高62.6个百分点。截至2020年底,全市建成区绿地面积已达40325.6万平方米,建成区绿化覆盖率为37.59%,建成区绿地率为34.46%,人均公园绿地面积为10.31平方米。垃圾处理能力不断提高,城镇生活垃圾无害化处理率达到100%,道路清扫保洁作业覆盖率和可机扫水洗道路机械化作业率实现100%。"十三五"期间,创建了1139个美丽村庄,建成150个农村人居环境整治示范村,西青区被评为2018年农村人居环境整治成效明显激励县(市、区),武清区、津南区被评为2019年全国村庄清洁行动先进县。

全面建成小康社会后,接续推进共同富裕,是全面建成社会主义现代化国家的必然要求。天津市委、市政府对推进全体市民共同富裕,作出一系列重大决策部署。《中共天津市委关于制定天津国民经济和社会发展第十四个五年规划和二〇三五年远景目标的建议》提出"坚持共同富裕方向""扎实推进共同富裕"的目标任务;《中国共产党天津市第十一届委员会第十次全体会议决议》强调,要"坚持以人民为中心,把共同富裕作为目标追求,努力让人民群众的获得感成色更足、幸福感更可持续、安全感更有保障";中国共产党天津市第十二次代表大会对"促进共同富裕"作出重大部署。《天津市2022年政府工作报告》指出,"积极推进共同富裕","持续提升把握新发展阶段、贯彻新发展理念、构建新发展格局、推动高质量发展、促进共同富裕的政治能力、战略眼光、专业水平"。现在,天津市委、市政府把推进共同富裕摆在更加重要的位置,脚踏实地、踔厉奋发,向着这个目标作出更加积极有为的努力!

抚今追昔,从温饱到小康再到全面建成高质量小康,彰显了奋勇争先的天津力量。天津之所以取得这些辉煌成就,最根本的是得益于党中央的坚强领导,得益于党的创新理论的科学指引,得益于全国各族人民的无私支持,得益于全市上下团结一心的持续奋斗。

圆梦小康不是终点,而是新生活、新奋斗的起点。新发展阶段使命重大,新征程路上前景美好。面向未来,天津将始终高举中国特色社会主义伟大旗帜,坚定不移贯彻新发展理念,坚持稳中求进工作总基调,以推动高质量发展为主题,坚持以人民为中心的发展理念,坚持把实现好、维护好、发展好最广大人民群众根本利益作为发展的出发点和落脚点,尽力而为、量力而行,健全基本公共服务体系,在幼有所育、学有所教、劳有所得、病有所医、老有所养、住有所居、弱有所扶上持续取得新进展,扎实推进共同富裕,努力让人民群众的获得感成色更足、幸福感更可持续、安全感更有保障。

就业收入篇

党的十九大报告提出,要"提高就业质量和人民收入水平"。就业是民生之本,收入乃民生之源,是全面建成小康社会的重要内容。新中国成立以来,党中央一直高度重视就业收入工作,出台了一系列相关政策。改革开放以来,尤其是党的十八大以来,以习近平同志为核心的党中央,始终坚持以人民为中心的发展思想,将促进就业作为经济社会发展的基本优先目标,通过深入实施就业优先战略和更加积极的就业政策,采取多种措施扩大就业,切实提高广大人民群众的收入水平。多年来,天津认真贯彻落实党中央的决策部署,开创了就业收入工作新局面,给全市人民生活带来了看得见、摸得着的好处实惠,带来了满满的获得感、幸福感、安全感。

一、幸福图景:稳就业促创业,托起百姓小康梦

小康生活关键看老百姓实实在在的获得感、幸福感和安全感,通过多位市民亲口讲述自己的就业创业故事、自身收入的变迁来真实记录、呈现全面建成小康社会的伟大壮举,展现天津人民群众共建美好家园、共享幸福生活的生动实践。

(一)全面建成小康社会,残疾人也有出彩机会

高师傅是个盲人,在职业高中学的是盲人按摩专业。毕业后,借助天津鼓励残疾人创业的补贴办法,他拿到了两万元资金支持,顺利开了一家按摩店。通过主动上门服务、提供免费体验,慢慢地,高师傅的小店赢得了好口碑,生意越来越红火。经过几年努力,他的固定客人逐渐发展到上千人。

2017年,天津启动"双万双服"活动,22家市级培训基地免费为残疾人开展技能培训。高师傅收到了新的政策红包,他每年都会带着员工参加两次相关培训。同时在市、区两级残联帮扶下,高师傅对按摩店也进行了提升,年营业额达到五十万元左右。

2019年,为推动残疾人创业带动就业,天津市残联、市财政局联合印发了《天津市促进残疾人就业补贴奖励办法》,对安排残疾人见习和招用就业的单位予以补贴奖励。而当时高师傅又先后开了两家分店,正需要更多的人员补充,他和母校签约,他的店成为岗前培训实习单位,每年都从学校吸纳应届毕业生开展实习工作。2020年,又有3名实习生跟按摩店签署了就业协议,月薪五千多元。

全面建成小康社会,残疾人也有出彩机会。天津就支持残疾人就业、创业、便利出行等方面出台了一系列举措,支持残疾人融入正常社会,过上小康生活。高师傅常说,幸福是奋斗出来的。

(二)渔民就业变市民,踏上幸福小康路

大神堂村是汉沽区最东边的一个渔村,也是天津至今唯一保持传统捕鱼作业的渔村。67岁的老渔民刘大爷是村里为数不多掌握传统修船手艺的老人。

"我从16岁开始,就跟着本村的老船长们一起捕鱼,一晃过了五十多年了。"刘大爷说,那个时候,村里还是生产队、合作社,很多像他一样年轻力壮的小伙子,都加入到了打鱼的行列。"那时候我们下鲅鱼网,那网就捯不动,要打毛蚶子,十来个小时就这一船,就几万斤。最近几年,没有那么多。"

由于海洋污染、过度捕捞,渔业资源一度减少,虽说是靠海吃海,但曾经有那么几年,很多渔船没有补贴就折本。再加上海上捕捞辛苦,平均每条船一年的纯收入也就五六万元,很多人都不愿意再做这个营生,

想要转行。

渔民们转变经营思路,有了新想法,尝试投资水产养殖、开饭店、办冷库、从事海产品加工、水产批发等多种经营模式。转型成功的就有刘大爷的儿子。刘大爷的儿子在大神堂村里经营着一家海鲜餐厅,生意很火爆。"休渔期间,游客少,开海后几乎每个周末这条街上的每家饭店都爆满。"刘大爷的儿子说。自1995年开始,在东海、黄渤海海域实行全面伏季休渔制度后,这个小渔村也在悄然发生变化。十多年前,刘大爷卖掉自家渔船,干起修船的营生,儿子开起了饭店,每年收入都在六位数,而且不用在海上颠簸。刘大爷父子对目前的生活很满意。

为了保护海洋渔业资源,改善村民的居住和生活条件,2016年大神堂村拆迁工作开始陆续启动。村民们通过宅基地换房、补贴等政策,纷纷就近搬入了汉沽城区。"我们年轻人都乐于住城里,配套设施很全,方便多了。"小李是大神堂村的一名年轻村民,比起渔村,显然他更喜欢这样的城市生活。为了让村民更快适应"转型",近年来,大神堂村隶属的寨上街道,还专门为渔民免费开办了职业培训,叉车工、面点师、电工、月嫂等课程既实用又好找工作,而且街道还定期举行招聘会,为村民们提供更多的面试机会。小李说,他参加的是叉车工培训,拿到证书后很快就找到了工作。寨上街道办事处负责同志介绍:"大神堂村有村民两千多人,从事海洋捕捞和渔业生产。寨上街通过搭建平台、指导就业等多种手段,引导一部分人转行到二产、三产,引导他们转产转业,让一些富余的劳动力从渔业中转出来。引导渔民自主创业,帮助渔民增收,走向小康生活。"

二、成就见证：就业优先战略，筑牢民生之本

小康是中华民族的千年梦想和夙愿。新中国成立以来，党坚持以人民为中心的发展思想，把改善人民生活、增进人民福祉作为出发点和落脚点，不断解决关系人民群众切身利益的突出问题，不断提升人民群众的获得感、幸福感、安全感。

（一）坚持就业优先，推动实现更高质量就业

就业是最大的民生工程、民心工程、根基工程。解决好就业问题，才能实现社会的长治久安，才能实现劳动者安居乐业。天津坚持就业优先战略和积极就业政策，通过推广职业技能培训、创新就业创业方式，优化创业环境、持续稳岗及聚焦就业帮扶等，推出一揽子促创新、助创业、稳就业的"民生大礼包"，实现更高质量和更充分就业。

1.保根本，重点群体就业保障到位

就业的背后，是一户户渴求安居乐业的家庭。天津立足稳住就业基本盘，聚焦重点群体，兜底帮扶困难群体就业，成效明显。制定实施"稳就业32条""高校毕业生就业45条"等政策措施，确保了就业局势总体稳定。

"通过千方百计开源拓岗，我们抓住市场性岗位拓展和政策性岗位开发，为学生提供充足、高质量的岗位选择。"天津大学就业指导中心负责同志介绍，"我们梳理了近三年毕业生就业去向比较集中的用人单位，一对一进行联系对接，争取、挖掘面向学生的招聘岗位。一方面，引导服务基层选调生、军队文职等政策性岗位就业；另一方面，依托学校各级各类科研创新基地平台，积极开发、引导学生将科研助理岗位纳入

自己的职业选择。"南开区人社局针对高校就业需求,深入辖区内企业,向企业讲解三年百万青年见习计划,主动推进见习载体建设。2021年以来,新增见习单位33家,新增就业见习人员453人;保障见习双方补贴及时到位,共发放留用奖励7.5万元,留津见习补贴5.13万元,剩余期限补贴19万元,见习补贴480.4万元。

2021年4月,天津市就业信息归集大数据分析平台首次亮相

近年来,天津高校毕业生数量连年增加,2020年达到17.4万人。天津始终把高校毕业生就业放在首位,每年出台专项支持政策,形成了岗位开发、企业吸纳、人岗对接、实名制帮扶等多层次就业支持政策体系。对离校未就业毕业生,建立实名制台账,提供"一对一"就业服务,帮扶就业率均超过90%。

坚持把农民工纳入均等化公共就业服务范围,提供岗位推送、职业指导等服务。2021年初,出台了《支持企业外地员工春节期间留津稳定就业若干措施》,通过企业发红包、政府给补贴的方式引导27万名在津就业的外地员工留津过节,促进外地人员在津稳定就业。

服务就业困难人员,天津坚持对零就业家庭、低保家庭人员和残疾人等十类就业困难人员,开展"一对一"盯人帮扶,建立包保责任,提供职业指导、职业介绍、公益性岗位安置等服务,落实企业吸纳补贴等支持政策。2020年共帮扶就业困难人员3.8万人,实现零就业家庭动态清零。

家住红桥区和苑街的郑家夫妻俩双双失业在家,家里还有两个上学的孩子,生活很困难。社区工作人员了解到他们的家庭情况后,反复与多家企业联系沟通,帮他们多方发布求职信息,极力帮助其寻找合适工作。几经周折,社区工作人员了解到天津市新迪劳务服务有限公司招聘符合相关政策的就业困难人员,结合其家庭实际情况,可以认定为零就业家庭人员,终于帮助他们成功就业。

2.优质量,工匠培养提升就业技能

"机翼状态、弯曲程度差别很细微,每一次都需要凭经验从0.25毫米到5毫米之间的15种垫片中精准选出安装的规格。"在西飞国际航空制造(天津)有限公司的车间里,一架空客A320客机的机翼正在组装,滑轨梁与机翼的连接处,一个小小垫片的安装都有极高的技术含量,58岁的张师傅能够做到"一拿准"。

针对不同就业群体制订相应的职业技能培训计划,使劳动更有价值,实现更高质量和更充分就业。天津着力破解企业"招工难""技工荒"等供需结构性矛盾,围绕产业升级需求强化高层次人才引育,鼓励企业"量体裁衣",培养更多像张师傅这样的高技能人才。

发挥企业培训主体作用。天津市人社局负责同志介绍,通过实施"海河工匠"建设政策,以产业发展需求和市场急需紧缺职业为导向,由企业自主确定培训内容、自主实施技能培训,缓解了"训用不一致"问题,积极探索"互联网+职业培训"模式,2020年度培训37.6万人次,其中高技能人才9.72万人。

广泛开展职业技能竞赛。组织首届"海河工匠杯"技能大赛,带动用人单位岗位练兵近十万人次;参加首届全国技能大赛,获得2金、1铜、23个优胜奖;成功申办第二届全国技能大赛。

创新技能人才评价机制。支持企业自主开展职业技能等级认定,中海油等50个企业备案开展认定工作。选树20名爱岗敬业、技艺精湛的高技能人才,授予"海河工匠"称号。打通工程技术领域高技能人才与专业技术人才职业发展通道,海鸥表业李师傅等3名优秀高技能人才已被破格认定为高级工程师。

"目前,天津已形成企业为主体、职业院校为主阵地、民办培训机构为依托的技能人才培养新格局。"天津市人社局负责同志说。

3.促乐业,海河人才成就创业热土

人有恒业,方能有恒心。截至2021年底,"海河英才"行动计划累计引进人才42.3万人,战略性新兴产业从业人员占比超过25%,一批顶尖领军人才和急需紧缺的高层次人才汇聚天津。为企业引才,助人才乐业,天津拿出了满满的诚意。

围绕重要领域、重大项目、重点学科,定期征集、发布人才岗位需求,组织"津洽会"人才智力引进、"华博会"海外人才对接洽谈、"海河英才"创业大赛等系列活动,对接引进高质量发展急需的"高精尖缺"人才;推进市校人才合作,与清华大学、北京大学等知名高校加强合作,通过"双一流"高校校园招聘、学子"津门行"等活动,积极引进优秀青年人才;推进引才平台建设,设立海外人才离岸创新创业基地,建设13家市级留学人员创业园;推动建设国家级及市级"111引智基地"等载体,5年引进高端外籍人才一万多人次。

"清华百名学子东丽行"活动在中国汽车技术研究中心有限公司举行

4.拼服务,就业有空间人才有归属

"第一次参加直播带岗招聘,感觉很高效。""薪资福利政策很透明。""简历已投,期待。"在东丽区人社局举办的2021年大中城市联合招聘高校毕业生春季直播带岗活动上,包括电子商务、美工、网络编程、智能化操作等约三百个岗位亮相,5位企业人事负责人化身主播,分别就企业文化、职业发展、岗位信息、薪酬待遇等做了详细介绍,并就求职者关心的话题进行实时互动交流。

天津各级人社部门优化就业服务,依托"迎新春、送温暖"稳岗留工活动、就业援助月、春风行动等公共就业服务活动,开展线上"新业态"灵活就业专场招聘、服务企业用工"接链"等活动,开辟"新业态"灵活就业专区,吸引"抖音""快手"等多家平台企业进驻,提供更多灵活就业岗位。为落实社会保险补贴帮扶政策,天津还对就业困难人员和毕业2年内天津高校毕业生从事个体经营或灵活就业的,按规定给予医疗、养老、失业3项社会保险补贴,最高可按照当年最低缴费基数的75%给予补贴。2020年以来,全市累计发放灵活就业社会保险补贴11.97亿元,惠及182.6万人次。

"天津着力打造'海河英才'升级版,通过实行更加开放有力的引进政策,加大青年人才培养力度,深化人才评价、激励和使用机制,完善人才服务保障措施四方面工作,努力形成'天下才天津用'的人才格局。"天津市人社局负责同志说:"我们正在研究完善政策,为来津人才创造更多就业创业机会、提供更多优质服务,促进人才'落户天津'后更快实现'就业天津'。"

在优化引才落户流程、切实提高经办效率的基础上,天津围绕人才各方面的需求,提升人才服务水平,多措并举,提升人才归属感和满意度。设立人才档案专库,为企业家和创业人才提供专属管家式服务;开展"海河英才"服务月活动,组织云聘会活动123场,实地走访服务企业一千五百余家,协调解决各类问题两千余个;拓展生活服务措施,在子女入学、配偶就业、父母就医等方面,为高端人才提供"保姆式"服务和"母亲式"关怀;实施引进人才"绿卡"制度,配套提供交通、医疗等延伸服务,累计发卡4.7万张;筹集认定市级人才公寓1.7万套、近百万平方米。

"助企腾飞·职等你来"——天津市人才创新创业联盟暨重点科技型企业专场招聘会特别设立外籍人才招聘专区

（二）坚持精准帮扶，确保小康路上不落一人

党的十八大以来，天津深入贯彻落实习近平总书记关于脱贫攻坚工作的重要论述和党中央决策部署，紧紧围绕全面建成高质量小康社会的总目标，坚决扛起政治责任，破解农村发展难题，补上"三农"工作短板、弱项，创新开展结对帮扶困难村工作，1041个困难村全部达到"三美四全五均等"帮扶目标，为全国打赢脱贫攻坚战贡献了天津作为、天津力量。

1.加强党的领导，"五级书记"层层抓落实

脱贫攻坚，加强党的领导是根本。帮扶工作始终把党的领导层层贯穿到底，实行"五级书记"负总责，"一把手"切实扛起主体责任，一级抓一级、层层抓落实。充分发挥组织部门作用，市委组织部会同市农业农村委共同负责帮扶工作的组织协调和统筹推动，各区委组织部部长任区帮扶办主任，牵头抓总帮扶工作的推动落实。正是有了各级组织部门的参与，才能将结对帮扶和组织建设、主题教育、干部选拔等工作紧密结合起来，增强各级党组织和党员干部做好帮扶工作的责任感、使命感。

把加强村党组织建设作为首要帮扶任务，驻村工作组组长任"第一书记"，帮班子、带队伍，通过换届选举，困难村全部实现"一肩挑"，党组织的领导地位和轴心作用得到进一步强化，困难村"两委"班子矛盾减少了、干事效率提高了，步调一致、齐心合力，班子战斗力明显增强，团结带领农民群众干事创业，得到了百姓的赞同和拥护。宝坻区潘套村党支部刘书记提到帮扶就兴奋地说道："区里可重视我们了，区'一把手'都亲自来过，镇里也经常来指导工作，驻村干部更是抛家舍业地来帮助我们发展，我作为党支部书记，更应该以身作则，不带领大家把全村变个样，决不罢休。"通过帮扶，困难村软弱涣散党组织全部

实现转化提升,战斗堡垒作用逐步增强,1041个困难村党组织全部达到"五好党支部"创建标准。

蓟州区东施古镇韩家筏村第十届村委会换届选举现场

2.兜住底线,不落一村一户一人

聚焦精准帮扶、精准施策,"整村推进"全面提升、"到户到人"兜住底线,不落一村一户一人。扶贫开发贵在精准,重在精准,成败之举在于精准。帮扶工作始终坚持"六个精准"的重要要求,做到因地制宜、对症下药、精准滴灌。

在精准帮村上,聚焦"三农"短板问题,倒排确定1041个困难村,组织党群部门重点帮扶党组织软弱涣散村,经济部门和企业重点帮扶经济薄弱村等,做到因需对接、精准安排。广大驻村干部入村后,在田间地头、到农户家中访贫问苦,累计走访三十五万余户,摸清查实"家底",拿出有针对性的帮扶措施,着力解决制约村庄发展的短板、弱项。市文化旅游局结对帮扶蓟州区石炮沟村,工作组立足村庄优势,制定帮扶规划,扎实开展工作,将困难村打造成为亮眼的旅游村。石炮沟村村民张某激动地说:"临近村都在搞旅游,咱们村基础差,一直不知道怎么搞,一听说来帮扶的是旅游局,大家伙别提多高兴了。帮了我们几年,现在村里旅游红火着呢。"

风景如画的蓟州乡村

　　在精准帮户上,全面实施"筑基"工程,进行全覆盖摸底排查,精准识别、建档立卡,不断加大教育资助、医疗救助、住房安全、社会兜底工作力度,实现"应保尽保",并制定"发点球"的精准救助政策,做好"救急难"工作,确保帮扶兜住底、不落一户一人。东丽区窑上村村民南大姐身患尿毒症,为了治病家里负债累累,通过社会救助政策精准施策,帮助她解决了生活、工作等问题。她说:"多亏了各级政府帮我渡过难关,给了我生活下去的信心。现在手术做完了,身体一天天好转,自己也学了手艺,做美甲赚点钱,生活越来越好了。"正是把精准作为帮扶工作的核心要义,做到精准识别、精准帮扶、精准施策,才能实现扶真贫、真扶贫、真脱贫。

　　3.产业扶贫,带动农民增收致富

　　大力实施产业帮扶,依据"区域统筹、镇村联动、一村一策"发展优势产业,持续壮大集体经济,带动农民增收致富。农业农村部门立足困难村产业发展,针对村庄不同区位条件,对位置优越、资源丰富的村实行"一村一策",支持村集体自我发展优势产业;对基础资源较差、无法自我发展的村,采取"区域统筹"模式,由区镇打捆使用帮扶资金,利用区镇特色产业优势,打包建设规模化、市场化、长效化的大项目、好项目,带动村集体和农民双增收。蓟州区整合全区产业帮扶资金4.26亿元,打造21个产业项目,每年给284个困难村每个村返还利润7万元。蓟州区官场村村民张大哥说:"区里在我们镇建了一个蘑菇产业园,他们不光自己搞,我们也可以去园里租棚自己种,园区替我们卖,弄得好一年挣个小十万块,吃喝不愁了。没条件租棚的,去园子里打工,一个月三千多块呢,离家近、钱又多,日子越过越好了。"通过"区城统筹、一村一策",产业项目更加符合当地发展规划,迎合市场需求,项目风险降低,项目收益增加。并探索创新了八大产业帮扶带动模式,实施就业帮扶、技术帮扶,通过产业联农带农,既壮大了村集体经济,又带动农民增收致富,真正实现了产业兴村富民,农民的钱袋子越来越鼓,幸福感越来越强。

蘑菇大棚里的幸福笑脸

三、时代答卷：全方位政策体系，实现人民乐业增收

（一）就业规模持续扩大，就业总量实现倍增

新中国成立七十多年来，天津就业人口保持快速增长态势。据统计，全市社会从业人员由1949年的134.6万人，增加到2020年的647万人，71年增加512.4万人，是1949年的3.8倍。

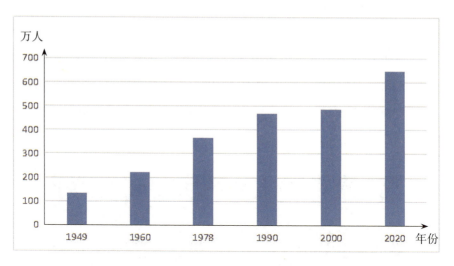

主要年份天津社会从业人员数量

分阶段看，从1949年到改革开放之前，天津在城镇实行统包统配的就业制度，在农村则把劳动力集中在人民公社内，在计划经济体制下有效地满足了生产发展和社会稳定的需要，1978年社会从业人员366.7万人，比1949年增加232.1万人，年均增加8万人。

改革开放以来，在农村实行家庭联产承包责任制，农民从人民公社

的社员转变为拥有土地和生产资料、独立核算并自负盈亏的自营劳动者,城镇出现劳动力市场并成长壮大,以市场经济为导向的新型就业体制机制逐步形成。特别是党的十八大以来,天津实施更加积极的就业政策,建立健全促进就业增长的长效机制,就业总量持续扩大,2020年社会从业人员达到647万人,比1978年增加280.3万人,年均增加7万人,城镇登记失业率一直控制在4%以下。

(二)就业结构不断优化,劳动力转向城镇和第三产业

新中国成立以来,随着经济的发展,天津的就业结构持续优化,整体呈现两大特征。

(1)非农化特征,即劳动力逐渐从农村向城镇转移。1949年天津乡村就业人员为83.3万人,城镇就业人员46.2万人,乡村就业人数远远大于城镇就业人数。到1958年,乡村就业人员93.3万人,城镇就业人员115.6万人,城镇就业人数首次超过了乡村就业人数。而到了2020年,城镇就业人员更是高达538万人,乡村就业人员109万人,仅为城镇就业人数的20.3%。

(2)劳动力逐渐从第一、二产业向第三产业转移。1978年,三次产业就业结构为28:52:20,呈现"二一三"格局。随着第一产业劳动力逐渐向二三产业转移,1985年就业结构演变为"二三一"格局,三次产业就业结构为21.7:50.1:28.2。随着第三产业的快速发展,2005年就业结构发生了根本性变化,第三产业就业规模首次超过第二产业,形成"三二一"格局,三次产业就业结构为15.1:41.9:43。党的十八大以来,随着大众创业、万众创新蓬勃发展,大量新兴就业岗位不断涌现,第三产业成为吸纳就业的主渠道。2020年第三产业就业人口占比达到60.3%,比1978年提高40.3个百分点。

（三）非公有制经济快速发展，就业渠道不断拓宽

从新中国成立后到改革开放之初，公有制经济几乎是劳动就业的唯一渠道，天津城镇从业人员中，国有、集体经济从业人员所占比重达99.9%以上。随着改革开放的不断深入，社会主义市场经济的逐步完善，经济形式日益多元化，混合所有制经济和三资企业等多种所有制经济从无到有、不断壮大，逐渐形成了公有制为主体、多种所有制经济共同发展的所有制结构。同时天津的劳动就业制度也经历了一系列变革，从计划经济下国家统包统配的就业制度逐步调整为社会主义市场经济下企业自主用工、劳动者竞争就业的方式，开拓了以市场经济为导向的新型就业体制机制，顺应了经济体制改革和经济结构调整的需要，为天津的发展作出了重要贡献。此外，在国有企业改制过程中，大批原国有独资企业、国有独资公司及国有控股企业改制为股份制企业或中外合资企业，通过建立现代企业制度，不断适应市场经济的发展。在此过程中，国企实施下岗分流、减员增效、兼并重组等措施，对就业的吸纳能力减弱，就业人口向其他所有制企业流动。2017年城镇就业人口中，城镇非公有制经济从业人员所占比重达到89.4%，而国有、集体经济从业人员比重下降到10.6%。

（四）就业政策体系日益完善，就业质量稳步提升

党的十八大以来，天津坚持以人民为中心，大力实施就业优先战略，不断完善政策体系，持续扩大就业规模，提高就业质量，保持了就业形势的持续稳定，除2020年和2021年两年受新冠肺炎疫情影响以外，全市每年新增就业人口48万人以上，2019年首次突破50万人，达到50.2万人。

（1）稳步提升就业质量。天津以职业技能提升行动为抓手，实施百

万技能人才培训福利计划,面向企业职工、农民工、登记失业人员、退役军人和就业困难人员,开展大规模职业技能培训,提升就业能力,缓解结构性就业矛盾。2016年以来,已累计培训140万人次,共有128.6万人取得职业资格证书。天津促进就业的方式受到国务院表扬。2019年,天津推出"海河工匠"建设政策,坚持以产业发展需求和市场急需紧缺职业为导向,突出企业主导,建立企业培训中心,由企业自主确定培训项目、自主实施培训内容、自主开展等级认定,鼓励企业"量体裁衣",培养技能人才。截至2021年,累计认定408家企业培训中心、18家企业公共实训基地,建设完成43个市级以上高技能人才培训基地、30个国家级技能大师工作室和57个市级技能大师工作室。

(2)促进创业带动就业。近年来,天津创业政策不断升级。全面优化创业担保贷款政策设计,提高贷款额度,优化担保方式,着力增强创业担保贷款的可获得性;加大首次创业补贴、创业房租补贴、创业孵化基地补贴标准,扩大补贴范围,助力更多创业者成功创业;连续举办两届"海河英才"创业大赛,促进一批具有原创性、独创性、引领性的项目落地孵化。2016年以来,累计发放创业担保贷款22.7亿元,发放创业房租补贴、创业孵化基地补贴4.66亿元,开展创业培训16.66万人次。同时聚焦大学生就业创业,建立健全高校毕业生就业创业政策体系,制定完善22项扶持政策,发展孵化基地34家、就业见习基地164家,选聘大学生创业导师100名,应届高校毕业生就业率超过90%。

(3)兜牢就业民生底线。天津牢牢守住就业底线,积极做好化解钢铁煤炭等行业过剩产能职工安置工作,更多劳动者通过就业实现脱贫,零就业家庭实现动态清零。2016年出台了化解过剩产能企业人员安置办法,1.5万名分流职工得到妥善安置;着力帮扶弱势群体,3.9万名就业困难人员实现就业。2016年以来,天津累计有47.06万名失业人员实现再就业,21.38万名就业困难人员实现就业,共帮助7.86万户零

就业家庭实现每户至少一人就业,其他就业困难群体安置率达到85%
以上。

(五)城镇居民收入快速增长,生活品质明显改善

新中国成立以来,天津城镇居民收入快速增长,人均可支配收入由
1949年的151元,大幅度增加到2021年的51486元,增幅高达340倍,
年均增长8.43%。总体来看,天津城镇居民人均可支配收入经历了"三
个阶段"。

第一阶段(1949—1978年):新中国成立之初到改革开放之前,天
津和全国一样,实行的是计划经济体制,人均可支配收入随着我国经济
的发展而波动,但整体呈现缓慢增长态势。1949年全市城镇居民人均
可支配收入仅为151元,1978年增长到388元,年均增速仅为3.2%。

第二阶段(1978—2012年):改革开放以来,党中央以经济建设为中
心,实行改革开放政策,逐步建立和完善社会主义市场经济体制。天津
认真贯彻落实党中央的各项方针政策和工作部署,充分依托制造业、港
口等优势,以城市建设为重点,加快对外开放,大力发展轻工业、重工业
和第三产业,大力发展混合所有制经济,并取得良好成效。经济的迅速
发展带动居民收入快速增长,到1985年,天津城镇居民人均可支配收入
达到876元,比1978年翻了一番;到2012年,天津城镇居民人均可支配
收入达到26586元,34年间收入增加了67.5倍,年均增幅高达13.2%。

第三阶段(2012年至今):党的十八大以来,在以习近平同志为核
心的党中央坚强领导下,中国经济发生了深刻变化,具体体现在经济结
构转型速度加快,人民生活水平明显提高,人民幸福感显著增强。天津
作为京津冀协同发展战略的重要组成部分,乘势而为,不仅在产业结构
上实现升级,更是加大落实各项民生保障政策,使首都圈发展更具活
力,人民生活更加幸福,城镇居民人均收入稳定增长。至2021年,天津

城镇居民年人均可支配收入突破 5 万元大关,达到 51486 元,比全国高 4074 元,9 年间年均增长 7.6%。

(六)增收的内在机制更加健全,城镇居民收入实现多样化

收入构成不仅能体现出居民收入来源的转变方向,也可以反映出居民生活水平的提升,更能从侧面间接反映出城镇居民增收的内在机制发展的态势。改革开放四十多年,天津城镇居民工资性收入占比从 96.5% 降为 2020 年的 63.1%,而经营净收入、财产净收入和转移净收入总占比不断上升。城镇居民收入的多样化,是天津居民增收的内在机制不断完善的表现。

(1)工资性收入稳步增加。尽管随着收入分配制度的改革,工资性收入占可支配收入的比重出现了大幅下降态势,但工资性收入在城镇居民家庭收入中的主导地位没有改变,所占比重一直维持在 55% 以上,而且其总额一直呈现稳步增加态势。2020 年,天津城镇居民人均工资性收入 30053 元,是 1978 年的 80.1 倍,年均增幅 11%。工资性收入的稳定增长得益于两点:一是经济的快速发展、改革开放的不断深入,以及扩大就业政策措施的日臻完善和居民就业观念的变化,特别是进入 21 世纪以来,积极实施再就业工程,加强职业技能培训,多渠道创造公益性岗位,使就业规模不断扩大;二是天津市委、市政府切实把提升工资性收入政策落到实处,建立了正常工资增长机制、欠薪保障制度、最低工资保障制度,落实经营者收入与职工工资增长挂钩制度,实施机关事业单位工资制度改革,使得天津城镇居民收入处于稳步提升状态。

(2)经营净收入从无到有。改革开放以来,随着产业结构的不断调整和国企改革的深入推进,私营企业主群体从无到有、快速发展。党的十八大以后持续深化“放管服”改革,出台营造企业家创业发展良好环境的“津八条”,使更多的居民参与到主动创业中来,特别是天津市第九

次党代会后,民营企业发展成为天津经济增长的新亮点。民营经济的迅猛发展带动城镇居民家庭中个体劳动者逐年增加,使天津城镇居民经营净收入从无到有,呈现稳步提升态势,2020年天津城镇居民人均经营净收入达到2216元。

(3)财产净收入实现突破。改革开放后的一段时间里,居民财产净收入数量较少且结构单一,由于投融资渠道相对较少和投资观念落后,银行利息是城镇居民财产净收入的主要渠道,到2006年,城镇居民财产净收入占总收入的比重不到3%。随着党的十七大首次提出"让更多群众拥有财产性收入",居民劳动收入的增加和投资意识不断增强,城镇居民财产净收入来源日趋多元化,居民财产净收入有所突破。2020年天津城镇居民财产净收入为4824元,金融投资分红和出租房屋收入逐渐成为主要构成部分,财产净收入占可支配收入的比重达到16%。

(4)离退休金等转移净收入快速增长。改革开放以来,基本医疗、养老、工伤、失业等保险体系和困难群体价格补贴联动机制、大病和意外伤害保险等制度不断建立和完善,天津社会保险覆盖范围不断扩大,社会保障能力不断增强。与此同时,天津市委、市政府持之以恒保障和改善民生,及时提高最低生活保障、最低工资标准、失业金标准、离退休金标准、低收入家庭救助标准、城市特困人员供养标准等也在逐年提高。多种保障措施有效带动城镇居民转移净收入快速增长。2020年,天津城镇居民转移净收入为10565元,比1978年增长959.5倍,年均增长17.8%。

(七)农民收入不断提高,增收动力持续增强

改革开放以来,天津农村经济社会快速发展,物质文化日益丰富,居民的收入也同样大幅提高。2021年,农村居民人均可支配收入达到27955元,比1978年增长209.2倍,年均增长13.2%。从四十多年天津

农村居民收入发展变化状况来看,大致可以分为四个阶段:

第一阶段(1978—1983年),农业生产经营方式转变初期的天津农村居民收入。党的十一届三中全会召开后,在解放思想、实事求是思想路线的指引下,中国农民创造了以包产到户、包干到户为主要形式的家庭联产承包责任制。在此期间,天津认真落实党中央政策,积极推广家庭联产承包责任制,解放和发展了农村生产力,充分调动了农民生产的积极性,农村经济得到快速发展,农民收入不断提升。截至1983年,天津农村居民人均可支配收入达412元,比1978年增长1.69倍,年均增长21.9%。

第二阶段(1984—2002年),乡镇企业兴起时期的天津农村居民收入。1984年中央一号文件《关于一九八四年农村工作的通知》明确指出,"只有发展商品生产,才能进一步促进社会分工,把生产力提高到一个新的水平,才能使农村繁荣富裕起来……才能加速实现我国社会主义农业的现代化"。在中央文件的指导下,天津市委、市政府1984年提出了"统一思想,依托城市,城乡结合,相互协作,相得益彰,比翼齐飞"的乡镇企业发展方针,1986年进一步提出城乡一体化发展战略,1988年确定了"城乡结合发展乡镇企业,整体推动振兴天津经济"的基本思路,为乡镇企业的稳定健康发展提供了政策支持。1992年邓小平南方谈话和1996年《中华人民共和国乡镇企业法》的出台,进一步激发了农民和乡镇企业职工的生产积极性。在政策的引领下,天津乡镇企业和民营企业得到快速发展,越来越多的农村居民开始进厂务工或投资办厂,农村居民收入来源日益丰富。2002年,天津农村居民人均可支配收入达到4229元。在此期间,农村居民人均可支配收入年均增长14.8%。

第三阶段(2003—2012年),大力推进社会主义新农村建设时期的天津农村居民收入。党的十六大以来,党中央高度关注"三农"问题,相继出台了一系列旨在解决"三农"突出问题的重要政策和措施,包括调整收入分配结构,加大对"三农"的扶持力度,全面取消农业税,进一步放开农产品市场和价格等政策。在此期间,天津在落实国家政策的基础上,大力支持示范小城镇的发展,到2011年已经先后批准了四批示范小城镇建设项目。农村城镇化的快速发展再加上社会主义新农村的建设,使得天津农村居民可支配收入进一步提高,至2012年,天津农村居民人均可支配收入达到13593元。10年间,农村居民人均可支配收入年均增长11.3%。

改革开放以来,天津市委、市政府始终把农村改革发展放在重要位置,通过深化改革、创新体制、扩大开放,活跃农村经济主导力量,不断拓展农村居民增收的渠道。1978年,天津农村居民以工资性收入为主。随着家庭联产承包责任制的兴起,农村经济逐渐走出单一的农业经济格局,乡镇企业迅速崛起,产业结构得到调整,第二、第三产业异军突起,为农村居民增收开辟了新途径。1985年,天津农村居民家庭人均经营净收入首次超过工资性收入,工资性收入和经营净收入占可支配收入的比重分别为40.1%和56.6%。进入20世纪90年代,特别是邓小平南方谈话之后,天津不断加大支农惠农力度,大力发展区县经济,私营、个体、股份制等民营经济蓬勃发展,务工收入逐渐成为农民增收的重要途径。2000年,天津农民工资性收入占比达到45.3%,比1985年提高5.2个百分点。进入新世纪,天津统筹城乡经济社会发展,建立了"工业反哺农业、城市支持农村"的长效机制,加大对农村社会保障、基础设施建设、农村教育和医疗卫生事业的投入;探索了"宅基地换房"推进小城镇和新农村建设新机制,建立了帮扶机制,鼓励企业参与新农村建设,采取了多种措施不断完善增收机制,打造"四金"(薪金、养老金、租金、股金)农民。2011年,天津农民收入突破万元大关,居民财产净收入和转移净收入占比分别提高到3.8%和9.0%。

第四阶段(2012年至今),农业供给侧结构性改革时期的天津农村居民收入。党的十八大以来,天津市委、市政府深入贯彻落实习近平新时代中国特色社会主义思想,特别是习近平总书记在天津考察时提出的"三个着力"重要要求,适应、把握、引领经济发展新常态,全面落实精准扶贫政策,大力推动乡村振兴战略。为提高农民收入水平,天津市委、市政府紧紧围绕示范工业园区建设和中小企业发展,为农民提供更多就业岗位;积极推进农业结构调整,通过调减低效作物改种高效经济作物,大力发展农产品电子商务,帮助农民建设农产品网络销售平台,促进农民增收。2013年至2021年间,天津农村居民人均可支配收入年均增长8.3%。

党的十八大以来,天津在全国率先实现了统筹城乡居民的基本养老保险制度和基本医疗保险制度,加快"三区"联动发展,持续推进新型工业化进程,加快农业转型升级,推动生态循环农业建设,融合推进一二三产发展,各级政府通过多种途径狠抓就业,促进农村劳动力转移。农民工队伍不断壮大,工资性收入成为农村居民增收最直接、最重要、最稳定的推动力。同时红利、转让土地经营权租金的快速增长,以及农民社会保障水平的不断提高,为农民增收提供了持续动力。从收入构成看,天津农村居民工资性收入占比从1978年的86.3%降到2020年的56%,而经营净收入、财产净收入和转移净收入从少到多,占比不断上升。

展望未来,"十四五"时期是我国全面建成小康社会、实现第一个百年奋斗目标之后,乘势而上,开启全面建设社会主义现代化国家新征程、向第二个百年奋斗目标进军的第一个五年,我国进入新发展阶段。在新发展阶段,天津广大人民群众在就业收入方面将发生四大明显变化:一是就业总量将持续稳定,新增就业岗位充足,失业率保持在合理区间,实现更加充分的就业;二是将有越来越多的劳动力从第一产业解放出来,向第二、第三产业转移,尤其是向新产业、新业态、新模式等新岗位转移,就业结构持续优化,就业质量不断提高;三是随着乡村振兴战略目标的不断实现,农民的收入将大幅提升,城乡差距将不断缩小,同时工资性收入占比将不断下降,经营净收入、财产净收入和转移净收入将不断增加,居民增收机制将更加健全、合理;四是随着基本公共服务均等化、提高教育水准、破除劳动力迁移障碍、鼓励创新创业等各类政策措施的不断完善,全市居民收入将大幅提高,中等收入群体将持续扩大,让更广大的人民群众分享我国经济发展和繁荣的红利。

生活餐饮篇

"民以食为天",吃饭是人的基本需求,是第一位的。吃饭问题也是最大的民生问题。生活好不好,首先就要看吃得好不好。但是中国历史上没有任何一个朝代真正解决过吃饭问题,只有中国共产党才真正解决了这一问题。通过几十年的努力,我国用全球9%的耕地、6%的淡水资源生产的粮食,养活了全球近20%的人口。2021年,我国如期完成了新时代脱贫攻坚目标任务,为开启全面建设社会主义现代化国家新征程奠定了坚实基础。中国共产党的宗旨是全心全意为人民服务,因此不断提高人民的生活水平是中国共产党的核心追求。《2021年国务院政府工作报告》指出:"解决好吃饭问题始终是头等大事,我们一定要下力气也完全有能力保障好14亿人的粮食安全。"党的十九大报告也指出,"我国社会主要矛盾已经转化为人民日益增长的美好生活需要和不平衡不充分的发展之间的矛盾","带领人民创造美好生活,是我们党始终不渝的奋斗目标"。从新中国成立到今天,中国人的一日三餐,历经了"为吃饱发愁",到追求吃好、吃精,再到营养健康的变化过程。可以说,这就是人们对美好生活的向往在生活餐饮方面的体现。在全面建成小康社会过程中,天津市委、市政府严格落实党中央的要求,结合天津的实际,通过"我为群众办实事"等实践活动,采取切实措施,不断提升天津居民的幸福感,体现在餐饮方面,就是不断丰富食品供应,推进"菜篮子工程"建设,构建完善的食品安全体系,大力提倡健康饮食,实实在在为群众办实事、解难题。天津人民在生活餐饮方面获得的幸福感、安全感,生动诠释了何为"时代是出卷人,我们是答卷人,人民是阅卷人"。

一、幸福图景：餐桌有滋有味有甜头

（一）饮食成就幸福生活路

人们生活水平的不断提高，既体现在经济社会发展之中，也体现在生活餐饮当中。从新中国成立初期实行的粮食配给制，到如今日常餐饮的多样化和日益丰富，充分展现了在中国共产党的领导下，人民不断丰富的物质生活和全面实现小康社会的伟大历程。

新中国成立初期，百废待兴，当时人们甚至连基本的温饱都难以保证。一直到1982年全面推行包产到户，才基本解决温饱问题。南开区万兴街道居民吴大娘回忆说："20世纪50年代，我在一家轮胎厂上班。那时候粮、肉、油都是凭票供应，吃饭也主要是玉米面、土豆、红薯等主食……60年代，最常吃的是玉米面贴饼子、咸菜，就着一碗白开水，有时候一天也炒不上一个菜。粮食不够吃，就带着孩子去地里挖点野菜，或者捋点榆树叶蒸窝头。"宁河区的李大爷说起饮食变迁，也是感慨颇深。他说少年时代全是苦涩的记忆。改革开放前，粮食紧缺，城镇居民凭证定量供应口粮。成人每月的定量供应只有二十六斤左右，未成年人则依年龄递减，粗细粮按比例，以玉米面、高粱米等为主。三年困难时期，副食品奇缺，油、蛋、肉、糖，甚至连普通的火柴、豆腐等都要凭票购买。家住和平区包头道的居民刘大娘回忆道："家家户户的粮本，都记载着家族成长史。只有凭粮票才能买到相应粮食，有钱没有粮票也买不到粮食。"

1978年国家实行改革开放之后，生活物资逐渐丰富，人们的生活水平日渐提高。尤其是伴随着市场经济的发展，各类副食开始进入寻常百姓家,鸡鸭鱼肉,甚至鱿鱼、虾仁和海参也都出现在人们的餐桌上。大米饭、白馒头成为当家主食,副食、菜品进入多样化时代。包头道的居民刘大娘说:"国家改革开放后,尤其是肉蛋菜丰富了,粮食也多了。"到20世纪80年代后期,肚里不缺"油水"了,家里粮食也富裕了,经常用粮票换鸡蛋。1993年,全国范围内取消粮票和油票,实行粮油商品敞开供应,票证时代彻底终结。吴大娘说:"进入90年代后,农业大棚发展起来,冬天不用再囤积白菜,还能吃上新鲜的瓜果蔬菜,这在过去真的不敢想。"

1990年5月,沈阳道第二副食商店

党的十八大以来,人们的饮食习惯更是有了翻天覆地的变化。人们开始讲究荤素搭配、合理膳食,倡导回归自然。进入21世纪以后,低热量、高纤维的"粗茶淡饭"再次回潮,"野菜"渐渐成为餐桌新宠,大鱼大肉逐渐让位给杂粮青菜。天津居民的食品种类也日益丰富,食品结构更加合理,食品消费朝精致化方向发展。以前愁的是有什么吃,现在想的是吃什么好;过去吃是为了填饱肚子,现在吃是讲究营养健康;过去的野菜粗粮,如今成为人们餐桌上的稀罕物。人们开始注重养生,讲究吃得健康、营养,科学饮食观念已经深入人心。吴大娘经常对孩子们说:"不能吃太多!为了健康,得控制饮食,适当吃点粗粮。"吴大娘的孙女小吴则说:"我一出生就没挨过饿,自己现在有女儿了,就更注意全家人的饮食健康。粗细结合、荤素搭配,选择菜品也倾向于有机蔬菜。我们真的比奶奶年轻时幸福多了,包括国外的海鲜、水果和零食,想吃什么都可以买到。""80后"小马也说:"小时候只有过年才能看到一桌子鸡鸭鱼肉,偶尔吃一次麦当劳都能兴奋好久。现在'天天像过年',不用再为吃肉烦恼,而是开始将心思放在了'减肉'上。吃得也更加'讲究',以前什么香吃什么,现在油腻的东西吃得少了,连零食我也要看看卡路里呢!现在很多人注重养生,开始买粗粮、吃素菜,一些轻食、素食品牌也渐渐流行起来。人们讲究的是绿色饮食,吃的要种类多样,讲究均衡。总之,人们的饮食开始朝着"科学饮食、健康餐饮"的方向发展,饮食也成为人们享受生活的一种方式。

天津居民在饮食方面的变化,不仅在于吃的食品,还在于吃的方式。以前大家基本都是在家吃,下馆子是一种奢望。如今,去饭店的人越来越多,从厨房解放出来的市民到餐馆用餐,或是到餐饮连锁店、粮油食品店、超市等场所,购买主食、酱货、凉菜和其他食品。如果既不愿出去又不愿做饭,还可以通过外卖来解决,方便且实惠。小吴说:"在家做饭少一种调料,不必跑超市,用手机下单后一会儿就送到家。想换口味或者不想做饭的时候,不仅在家门口的餐馆能吃到各式美食,还可以点外卖。最近,还有了无人餐厅,智能点餐,刷脸支付。"而且吃饭也不再仅仅是为了满足口腹之欲,而是具有了一种社交功能,吃饭成为礼尚往来、人情交往的重要形式。无论是家庭聚餐还是逢年过节,很多人不再亲自下厨,而是去饭店吃饭。饭桌上,大家推杯换盏,相互交流,其乐融融。难怪有人说:"现在说吃饭也不是只图'吃',主要是可以与亲朋坐到一起,相互交流、联络感情。"

可以说,天津居民的饮食结构和饮食观念的变化,既是七十多年来中国社会发展进步的体现,也是人民生活不断走向幸福的明证。

(二)菜市场浸润人间烟火

吃饭问题是老百姓最关心的事情。能否吃上放心、可口的饭菜,与周边是否有便利、卫生、安全的菜市场密切相关。这就是人们常说的开门七件事,柴米油盐酱醋茶。菜市场既是接地气的民生保障场所,也是展示城市文明的重要窗口。天津最早的菜市是位于原海关道衙门以南海河边的"东浮桥菜市"。后来相继有了东南角菜市、官银号菜市、西北角菜市、法国菜市、英国菜市、意国菜市等菜市场。新中国成立后,这些菜市场改造成了大沽路、长春道、光复道等食品综合市场。综合市场内各类副食品等物资非常丰富,方便了天津居民的日常生活。不过更多的老百姓还是习惯在家门口就近解决买菜问题。市民小张就说:"更多的老百姓胡同一听吆喝就买了。以前没有那么多菜市场,卖米卖面常常都是小贩沿街叫卖。我小时候,就记得总有换大米、换鸡蛋等吆喝声,包括竹板车卖水果,走街串巷。"和平区一家饭店的经理皮先生回忆起改革开放前的市场供应情况大为感慨:"那时真是'有嘛吃嘛',油、糖、面粉、大米等都是计划供应,连老碱、明矾、小苏打也要到指定供应站凭票购买。猪肉和家禽也是凭票购买,我当时是采购员,跟菜场里的人混熟了,可以多采购一点儿猪油、鱼虾,不少饭店因为原材料供应不足,每月只能勉强维持到月底。啤酒更是紧俏商品,哪家饭店啤酒供应充足,生意就好。"

改革开放以后,商业体制改革开始起步,为了打破当时由国企商业统购统销、统购包销、独家经营的局面,天津开始采取一系列放开价格、放开经营的措施。先是提高农副产品的价格,后又取消生猪的派购,开放了生猪、鲜蛋、水产品、干鲜水果及蔬菜市场,由此农贸自由市场开始恢复,菜市场日益增多。1985年,长春道副食品综合商场被拆除,在此基础上建成了天津市副食品中心商场,当时经营的种类有蔬菜、肉类、水产、禽蛋、副食调料、糕点、烟酒、干鲜水果等20大类,近三千个品种。市民刘大爷回忆说:"一直到80年代,去逛长春道大菜市就和后来逛精品大超市一个感觉。过去有一段时间物资比较匮乏,家门口食品商店的货物相当不齐全,(很多东西)只有到长春道这个副食品商场或者大菜市才能买到。"即便不去这些大菜市场,不少市民也能买菜。市民祝先生说:"在解放路过去艺术博物馆那儿也有一个菜市,还有滨江道、大沽路上都有几个小副食品店,一般的菜和打个酱油醋什么的,这些都能解决了。"1992年以后,天津借鉴外地改革经验,并结合自身情况,制定出台了《天津市国营商业零售企业实行"四放活"改革方案》等,进一步加快了商业小企业的改革,粮店、副食品店逐渐被大型的菜市场和超市所取代。天津市民王大妈2008年在接受记者采访时说:"现在逢年过节,大多数人的家里都不会准备太多年货,因为菜市场、超市天天有新鲜的供应,鸡鸭鱼肉都有了,一些进口食品也摆进了超市,想买什么,随时随地都可以买到,生活十分方便。"

党的十八大以来,天津市委、市政府更加重视民生问题,大力解决居民买菜难的问题,一方面规范菜市场的标准,另一方面则是新建各类菜市场。2021年,天津新建、提升改造7个标准化菜市场,新建100个品牌连锁便利店,满足群众就近消费需求。同年,天津市商务局还印发了《天津市"津城"菜市场规划(2021—2035年)》,决定加快完善菜市场空间布局,更好地发挥菜市场保民生、保基本、保稳定作用。

河北区汇光里菜市场

天津河北区为解决周边市民的买菜需求,于2020年投入运行汇光里菜市场。该市场位于河北区革新道与重光路的交口处,建筑面积约四千平方米,内设摊位共计144处,成为周边十余个社区三万多居民主要的买菜场所。经常来此买菜的陈大爷说:"这家菜好,这市场更好,干净、凉快,进来心里都敞亮。我几乎每天都来,即便没嘛可买的,我锻炼完了,也愿意过来遛遛。"菜市场的摊主戎师傅说:"我卖菜十多年了,辗转了三四个市场,年初正式搬到汇光里市场。说实话,根本没想过还能在这么好的环境里做生意,冬暖夏凉,环境、管理都没得说。在这儿卖菜心情好,生意更好,这几个月的收入也是节节攀升!"在滨海新区频开里菜市场,老经营户史大姐谈到菜市场升级带来的幸福感,说道:"我在这个市场经营十多年了,经历了市场一步步的改造。我的摊位原本只有一小块地方,各类水果堆在一起杂乱无序。这两年可是大变样,摊位升级成了岛屿式结构,既整洁又卫生,也能让顾客一目了然。"家住菜市场附近的谢大姐谈到新升级的菜市场,更是高兴得溢于言表,她说:"看着各种商品摆放得整整齐齐,逛菜市场很舒心。"而在西青区张家窝镇杰盛里菜市场,则是增加了餐桌、休息室、轮椅等设施,并广泛招纳志愿者,为来菜市场买菜的老年人提供贴心服务。可以说,"小小菜市场"

体现着一座城市的"大文明",也是天津市委、市政府"我为群众办实事"的具体体现。

二、成就见证:守护一蔬一饭,让食安心更安

(一)推进"菜篮子工程",满足市民餐桌需求

说起菜篮子,出生于20世纪四五十年代的人感触最深。在他们的童年时代,物资匮乏,生产力水平不高,每家的日子都过得非常紧巴,所有粮食都要精打细算,饭桌上最多的是土豆、大白菜、萝卜,荤腥只有过年和家里有客时才能见上一点儿。一直到1993年一切还都是凭票购买,卖菜卖肉的也多是国营单位。每到逢年过节,各大供销社、副食品店门口都会排起长龙。如今,来自全国各地的蔬菜批发商汇聚专业农产品批发市场,满足城市居民每天的餐桌需求。

1990年5月,胜利副食店

　　"菜篮子工程"是农业部于1988年开始组织实施的,其目的是解决副食品市场供应短缺问题。天津自实施以来取得了很大成就。据统计,2008年至2010年,天津蔬菜播种面积年均增长8.4%,蔬菜总产量年均增长15.5%,畜产品、水产品生产保持稳步增长,菜、肉、蛋、奶、鱼等主要农副产品自给率保持在90%以上。2011年,天津标准化菜市场已经达到266个,面积达70万平方米,新增摊位近四千个,市内6区62个街道办事处当中,基本实现了每个街道办事处辖区至少有1个标准化菜市场,居民集中的街道办事处辖区,菜市场多达四五个。在沈阳道菜市场,邓师傅经营的蔬菜点内摆放着大葱、卷心菜、娃娃菜、平菇、胡萝卜等蔬菜,货品齐全。邓师傅说当天自己进货500斤,到11点时就已经销售了近三百斤。"我们的蔬菜一直是平价,比如芹菜3.5元/斤、白萝卜2元/斤、西葫芦3.5元/斤,都是当天新进的,大家可以放心买。"为了满足市场供应,保障"菜篮子"货足价稳,天津市政府还不时向各市场投放政府储备菜。2021年11月2日,市商务局市场运行处负责人在接受记者采访时介绍说:"所有投放网点都是统一零售价,大约比市场价低20%至50%。"市民李女士在政府储备菜投放点物美超市购物时对记者说:"我喜欢买土豆,放得住,这个价格很实惠,孩子和我都爱吃,今天就打算做这个菜了。"来此购物的段女士也说:"平时我经常去批发市场买菜,现在家门口也能买到便宜的蔬菜了,感觉挺好的。"

　　2017年,天津市政府办公厅印发了《天津市贯彻"菜篮子"市长负责制实施方案》。方案提出,天津通过加强"菜篮子"产品生产能力、"菜篮子"产品市场流通能力、"菜篮子"产品质量安全监管能力、"菜篮子"产品调控保障能力,以及提高"菜篮子"产品市民满意度五个方面,落实好"菜篮子"市长负责制考核的各项内容。"十三五"期间,天津市委、市政府多措并举推动"菜篮子"工程,实施了二百多项科技成果转化和推广项目,先后启动了水产、蔬菜、生猪、奶牛、水果、水稻6个天津现代农业产业技术体系。全市新建和提升改造规范化设施园区70家,天津市农业农村委牵头组织了放心菜、放心肉鸡、放心猪肉、放心水产品、放心奶五大放心工程,基地企业达到150家,蔬菜集约化育苗企业14家,规模以上畜禽养殖场2874家,水产养殖企业377家。天津共认定170个"津农精品"品牌,小站稻、沙窝萝卜、茶淀玫瑰香葡萄、宝坻黄板泥鳅四个公共品牌入选中国农业品牌目录。天津市"菜篮子"食品安全管理委员会统筹生产能力、流通能力、质量监管能力和市场调控能力,建立了"菜篮子"工作协同配合机制。

"十三五"期间,天津深刻把握新阶段、新形势、新任务,确保"菜篮子"安全健康持续发展。2019年,天津共建有民心工程菜市场8个,2020年又建设14个民心工程菜市场,其中8个是连锁化菜市场。2020年底,天津蔬菜自给率74%、肉类自给率72.2%、禽蛋自给率71.6%、生鲜乳自给率100%、水产品自给率65%,在全国城市中名列前茅,真正把"菜篮子工程"打造成了放心工程。到"十三五"时期末,天津蔬菜播种达到100万亩,蔬菜自给率达到了100%,生猪存栏达到了200万头,生猪自给率达到90%以上,设施农业发展到100万亩。2021年,天津还新建、提升了16个标准化菜市场,新建品牌连锁便利店168个。为推动现代都市型农业提质增效,严格落实粮食安全政治责任,坚守耕地保护红线,新建高标准农田20万亩,粮食播种面积达到542.8万亩、蔬菜播种面积达到75万亩以上,增强了"菜篮子"重要农产品供给能力。

"菜篮子"关系群众一日三餐。守护好百姓的"菜篮子",就是实实在在为群众办实事办好事,才会使居民的幸福感更可持续、安全感更有保障。

(二)打造老人家食堂,让老年人吃上幸福餐

老人家食堂,顾名思义就是为老年人提供餐饮服务的地方。现在

市政府之所以大力推行老人家食堂,主要是为了应对"老龄化社会"的到来。据统计,截至2019年底,天津户籍人口中60岁以上的老年人达到了266.7万,占到全市户籍人口比例的24.14%,失能、半失能老年人占到老年人口的比例约为5.32%,天津已经进入人口老龄化加速期。党的十九大报告指出,要"积极应对人口老龄化,构建养老、孝老、敬老政策体系和社会环境,推进医养结合,加快老龄事业和产业发展",并提出要健全老年人关爱服务体系。2021年11月,中共中央、国务院通过了《关于加强新时代老龄工作的意见》,提出"将老龄事业发展纳入统筹推进'五位一体'总体布局和协调推进'四个全面'战略布局"。天津市委、市政府积极落实党中央、国务院的要求,通过"我为群众办实事",积极应对"老龄化社会"所带来的问题。其中一个重要举措就是建设老人家食堂。2019年,天津市政府提出每个街道至少要建设一家一级老人家食堂,提供配餐、就餐等服务;并在房租、水电等方面给予优惠政策,对80岁以上和60岁以上享受低保的老年人,每餐再给补助3元,补贴食堂2元钱。截至2019年底,全市老人家食堂已经覆盖130个街道、1565个社区。以河北区为例,全区目前共有132家老人家食堂,覆盖全区10个街道和117个社区。

2020年,天津市民政局联合相关部门开发了天津老人家食堂地图。老年人只需关注"天津民政"微信公众号,点击"助餐"功能,就可以找到"天津助餐地图"。根据地图指引,能够找到距离自己最近的老人家食堂。还可以登录"天津民政助餐"App(手机应用程序),享受助餐补贴的老年人可以随时自助申请补贴、在线审核和网上点餐,老年人或监护人通过App订餐或现场订餐可完成刷脸支付,打通老年人不会使用智能手机的"堵点",让老年人享受助餐的便利服务。为了更好地服务老年人,老人家食堂聘用专门的厨师,根据老年人低盐、低油、低糖的饮食特点,每周推出品种丰富的营养菜谱。对于行动不便的老年人,食堂也有专人进行入户配送。

老人家食堂让老人们吃得顺口、营养均衡

老人家食堂受到了老年人的普遍认可,都觉得方便了他们的生活。居住在河北区廉江里82岁的张大爷就经常骑车到离家不到600米的江都路街老人家食堂就餐。张大爷说,他现在独自生活,老人家食堂解决了他的用餐难题。而且来这儿就餐方便,菜的味道也挺好,每天都有肉。家住和平区南市街庆有西里的杨阿姨也非常喜欢老人家食堂。她说:"省好多事儿,做饭的话,再买再做好长时间。有了这个食堂,到时就有人给送。原来我做的饭口重,人家做饭健康,都是淡口,搭配得好,软软乎乎的,假牙都能吃。这一份现在是10块,我们有3块钱补助,就花7块。"以前,杨阿姨既要照顾瘫痪的老伴,还要买菜做饭,非常辛苦。自从社区的老人家食堂开张以来,杨阿姨每天都在食堂订餐。庆有西里社区社工介绍说:"现在我们社区一共4320人,其中老年人1017人,社区里享受就餐补贴的36人。我们社区网格员会定期入户,老年人出门不方便也可以给网格员打电话,我们会给他们送餐,老年人可以不出门就吃上热乎饭。"经常前往河北区江都路街老人家食堂买饭的王爷爷也说:"我很欢迎这个,我受益。饭菜质量好,价格便宜,80岁以上的老人,政府还给补助,我特别感谢。"家住建设南里的马大爷也经常骑着自行车前往位于红桥区邵公庄街道办事处一楼的老人家食堂用餐或取餐。他说:"工作人员态度倍儿好,饭菜软乎、少油,量大味好,价格实惠,一盒饭够吃两顿,晚饭也有了。"2020年天津"两会"上,天津市民政局负责同志介绍说:"老人家食堂在天津城镇地区遍地开花,不仅帮老年人解决了吃饭难的问题,还让老人在吃饭的同时结识了一群老伙伴,减少了寂寞,增添了乐趣。"

老人家食堂在发展过程中也面临着新挑战。一是要加大宣传力度,提高食堂的上座率。二是要提高老人家食堂的服务品质,增强老人用餐的幸福感。三是要扩大社会参与度,发动社会组织和社区志愿者,积极为特殊困难群体开展服务,打通助餐"最后一公里"。为进一步提升老人家食堂在食品安全、菜品营养搭配方面的服务水平,天津市市场监管部门与民政部门一道,认真贯彻落实相关规定要求,通过食品安全风险分级管理、陪同就餐、食品安全管理员培训等,监督老人家食堂严格遵守、执行食品安全法律法规和规范,依法落实食品安全主体责任,确保老人家食堂膳食营养、安全、适口,让老年人吃得安心、吃得放心、吃得舒心。

三、时代答卷:餐饮提质升级,写就天津"食"代变迁

天津人的饮食习惯深受地理环境、历史传承、居民变化、文化交流的影响。天津河流纵横,水产极为丰富,天津人养成了喜食海鲜、河鲜的习惯。天津人有句俗语,"当当吃海货,不算不会过",并有"卫嘴子"

的雅号,充分说明天津人的饮食习惯。从最初追求吃饱到如今追求吃好,也充分说明人们随着生活水平的提高,饮食习惯也随之改变。从营养学角度来说,主副食品比例的变化,也充分反映出人们更加注重科学饮食和营养搭配,使生活餐饮更健康、更科学,提升了人们的生活质量。这些都是在我国经济不断发展,特别是党的十八大以后全面建成小康社会过程中逐步实现的。

(一)餐饮支出变化显著,居民生活日益美好

人们生活水平的不断提高,体现在餐饮方面就是食品支出占生活总支出的比例越来越低。恩格尔系数是衡量一个国家或地区人民生活水平的重要指标。恩格尔系数越小,生活越富裕,生活水平就越高。因此从天津居民的恩格尔系数的变化,就能窥见人们生活水平的变迁。

天津解放之初,由于粮食紧缺,实行配给制,全市170万人口,平均每天每人可得的粮食仅有1.77斤。直到1959年,人均粮食也不过30.5斤。由于遭遇三年困难时期,人均粮食更是只有28斤,20世纪60年代被称为"瓜菜代",直到20世纪70年代大米、白面、鱼、肉在餐桌上仍不多见。年夜饭也只是白菜粉条炖肉和两样掺(白面、玉米面)馒头;平日里还是窝头、稀饭、咸菜。粮油副食品都是凭票供应,无法满足人们的日常生活所需。当时,人们最大的愿望就是能够吃饱,其他消费支出很少。改革开放以后,随着生活物资的丰富,人们解决了温饱问题,副食品逐渐增多。进入21世纪,人们早就不再追求吃饱喝足,而是追求吃得好、吃得健康。食品支出在生活总支出中所占比例逐年降低。人们生活水平的逐步提高,从天津城镇居民的生活消费支出就能看出端倪。

1978—2017年天津城镇居民消费占比情况（单位:%）

年度	食品	衣着	居住	生活用品及服务	交通通信	教育文化娱乐	医疗保健	其他用品和服务
1978	58.1	15.5	5.7	9.8	2.9	5.4	1.1	1.5
1986	54.5	14.3	3.9	13.5	1.9	9.4	0.8	1.7
1996	51.3	12.2	6.9	8.0	5.3	9.3	3.0	4.0
2006	32.6	7.7	20.4	5.9	9.4	11.6	9.3	3.1
2012	33.2	8.7	20.3	5.7	13.3	8.5	7.1	3.2
2013	32.6	8.2	22.1	5.5	13.5	8.0	7.0	3.1
2014	33.2	8.4	21.6	5.7	12.8	8.3	7.1	2.9
2015	32.2	8.2	21.6	6.1	13.0	8.7	7.2	3.0
2016	30.6	7.5	21.8	5.9	14.1	9.3	7.7	3.1
2017	31.2	7.0	21.4	5.9	13.0	9.8	8.6	3.1

改革开放以来,居民消费水平有了明显提高。天津城镇居民的食品消费在生活总支出中的占比显著下降,城镇居民的消费热点出现转移,消费结构持续升级,城镇居民消费整体呈现出生存型消费递减、发展享受型消费占比逐渐提升的态势。人们的饮食结构和饮食习惯也在不断调整。据统计,2005年人均食品消费支出1376元,比2000年增加356元,增长34.9%,食品消费占生活消费支出的比重,即恩格尔系数为38.3%,比2000年降低了4.3个百分点,居民生活实现了从小康向富裕的飞跃。在食品支出增长的同时,天津农村居民饮食结构和饮食习惯也发生了明显改变。2005年,农村居民人均消费粮食173千克,比2000年减少20千克,蔬菜、肉类、水产品等副食品的消费量则较2000年有不同程度的增加,农村居民饮食更加科学、更加营养、更讲搭配。另据2005年的一项调查结果显示,天津居民希望学习的营养知识依次是营养与疾病(73.9%)、平衡膳食(56.4%)、营养不良(22.1%)、其他(4.4%)。越来越多的居民开始把健康放在首位,追求更加合理的膳食结构,绿色、营养、无污染的食品成为日常饮食的首选。据统计,2007年,天津居民家庭人均食品消费支出4249元,比1978年增长20.2倍。

其中粮食消费支出占食品消费支出的比重由1980年的19.3%下降到2007年的5.7%,肉、禽、蛋、菜、水产品、鲜瓜果、奶等主要副食品消费支出成数十倍增长;逢年过节,亲朋好友欢聚在饭店用餐已成为常事,占食品消费支出比重逐年上升,2007年家庭人均在外用餐支出占食品消费支出比重已达26.6%,比1980年提高19.1个百分点;烟酒茶饮料及各种休闲食品消费支出增加,档次不断提高,2007年家庭人均支出达到434元。

日益丰盛的餐桌(万鲁建摄)

党的十八大以来,天津城镇居民食品消费增长平稳、更加注重饮食健康。2012年,天津城镇居民食品消费支出人均7344元,比2011年增长10.2%,占消费性支出的36.7%。其中糕点、奶及奶制品类支出增长19.0%,蔬菜类支出增长10.5%,糖烟酒饮料类支出增长10.2%,肉禽蛋水产品类支出增长9.2%,干鲜瓜果类支出增长7.9%。居民在外饮食消费人均1881元,增长11.3%。2015年,天津城镇常住居民人均消费支出26230元,比2014年增长8.0%,其中食品烟酒消费支出人均8448元,增长4.7%。农村常住居民人均消费性支出14739元,比2014年增长

7.3%。国家统计局天津市调查总队相关负责同志认为,人们在吃饱的基础上,更加注重饮食健康,绿色食品越来越受到人们的青睐。2017年,天津居民人均消费支出27841元,增长6.6%,其中饮食服务消费支出增长17.5%,食品烟酒消费支出增长了7.8%。恩格尔系数进一步降低。而在食品烟酒消费中,糕点类、干鲜瓜果类、水产品、奶类消费支出增速较快,分别达到11.9%、11.4%、10.7%和8.4%。

2018年,天津居民人均食品烟酒消费支出与上年基本持平,占消费支出的比重为28.9%,比上年下降2.2个百分点,人均饮食服务消费增长8.4%。2019年,天津人均口粮消费量比1949年下降了40%,肉蛋奶的消费量增加2倍,食用植物油的消费量增加了近三倍。居民人均消费性支出达到31853.63元,比2018年增长了6.52%,其中食品烟酒消费支出为8983.74元,同比增长3.89%。2021年,天津居民人均消费支出33188元,增长16.6%,扣除价格因素,实际增长15.1%,全市居民人均食品烟酒消费支出增长7.3%,两年平均增长0.9%。天津居民恩格尔系数为27.5%,同比下降2.4个百分点。天津居民在家就餐明显增加,外出就餐次数和花费减少,再加上粮食、蔬菜、畜肉类价格不同程度上涨因素,居民人均食品支出增长5.2%,其中人均蔬菜类支出增长11.0%,人均肉类支出增长32.8%,人均禽类支出增长19.7%。

2015—2020年天津居民主要食品消费量统计数据(单位:千克)

类别 \ 年份	2015	2016	2017	2018	2019	2020
粮食消费量	127.4	126.9	120.1	118.3	105.2	111.1
食用油消费量	11.0	11.0	10.9	9.9	8.7	9.6
蔬菜(食用菌)消费量	115.1	127.5	116.3	116.8	114.1	117.2
肉类消费量	25.2	26.3	26.5	26.9	24.7	23.8
禽类消费量	4.9	5.6	5.6	5.7	6.1	7.0
水产品消费量	16.6	16.9	16.9	16.7	17.4	16.8
蛋类消费量	16.8	17.8	18.3	17.7	18.5	21.5

续表

年份 类别	2015	2016	2017	2018	2019	2020
奶类消费量	17.1	17.0	17.2	18.6	17.0	16.8
鲜瓜果类消费量	72.7	80.8	85.3	86.2	90.1	85.8
食糖消费量	1.3	1.3	1.4	1.4	1.1	1.2

从全市餐饮的收入增长情况也能反映出天津居民餐饮支出的变化。2018年底,全市餐饮收入从1978年的1.2亿元增长到1000亿元,增长了832倍,年平均增速为18%。网点数由改革开放之初的不足1000户,增加到2018年底的七万二千余户,增长了七十余倍。餐饮从业人员也从1978年的近五万人增加至150万人,增长近三十倍。行业结构也不断优化,从改革开放之初市场主体以国有为主,到现在95%以上为个体、私营及三资企业。天津人的餐饮消费,从1978年人均不足11元猛增到6250元,增长了568倍。餐饮消费早已不再是有什么吃什么,而是想什么吃什么;从吃饱到吃好,再到吃出营养、吃出健康、吃出文化。现在,随着社会的发展,餐饮行业的创新也在不断加快,"餐饮业+""互联网+"日益成熟,线上线下进一步融合,连锁化程度不断提升,绿色成为发展的主要模式,零售、品牌、在线、数据模式化趋势明显,行业进入了高质量发展的新时期。

如今,天津的固定早餐门店已经超过5000家,经过市场监管部门备案的流动早餐车达到9481辆,全市基本形成了以早餐示范店为骨干、以流动早餐车和连锁便利店搭售早餐为补充,多元化网点支撑的早餐服务供应体系,基本满足了市民的早餐消费需求。2020年以来,为进一步满足地铁乘客与周边市民的早餐消费需求,天津还推进了"地铁e站"餐饮便民车项目。目前,已在29个站点开设了餐饮服务便民车。全市通过网络经营备案的社会餐饮服务经营者达三万两千余家,超过餐饮市场主体总数的一半。2020年国务院还批准天津成为率先培育建设国际消费中心城市之一,这必将带动天津人餐饮结构和支出的变化,使得人们的餐饮生活更加营养和国际化。

(二)完善食品安全体系,保障人民餐桌安全

党和政府一直以来都非常重视食品安全问题,相继制定了《中华人民共和国食品安全法》等一系列法律法规,并多次进行修订、完善。天津市委、市政府根据国家相关部门的要求,采取各项政策,确保天津居民的饮食安全。2007年,天津开展食品安全专项整治,采取整治与规范、打劣与扶优相结合的方法,全面提升天津食品安全整体水平。天津市食药监局还开展食品安全基层组织延伸的试点工作,逐步建立乡镇食品安全工作站及监控点,形成食品安全监管的区县、乡镇(街)、村(社区、居委会)三级监管网络。完善农村食品安全监管网络,建立健全县乡食品安全协调机制。建立天津市重大食品安全事故应急系统,建立健全食品安全责任体系,推进食品安全信用体系建设。

党的十八大以来,天津更是采取多种措施,加强食品安全体系建设。2012年,天津市食品安全委员会制订了《天津市食品安全监管计划》,推进"放心菜基地"建设等,确保人民群众食品安全。2015年,天津开始在食品药品安全领域构建全市食品药品安全综合信息系统,对食品药品的生产、运输、销售进行全过程监控,实现重点食品药品安全的来源可追溯、去向可查询、责任可追究,提供食品药品的信息查询、风险监控、产品召回等服务。规范互联网食品药品交易行为,试点药品网上阳光直购,切实提高食品药品安全保障水平。2016年,天津市财政拨付1.5亿元支持天津市食品安全监管体系建设,开展食品安全系列治理整顿,搭建执法监管常态化管理保障网。据2017年12月30日《天津日报》报道,当年全市食品安全消费者整体满意度较好,食品安全消费者整体满意度得分为73.33分,食品安全关注度为81.69,消费信心指数

73.35。2018年,天津市政府相关部门对食品摊贩进行备案管理,将其纳入市场监管部门食品安全日常监管范畴。市场监管部门依法依规开展食品摊贩日常监督管理。各区市场监管局则按照《天津市食品生产加工小作坊和食品摊贩监督管理办法》和《天津市食品摊贩监督管理实施细则》等规定,强化食品摊贩备案管理,通过规范一批、提升一批、淘汰一批,切实提升食品摊贩的经营条件,规范食品摊贩的经营行为,确保制作的食品无毒、无害、安全。

2020年,天津制定了《天津市餐饮质量安全提升三年(2021—2023年)行动方案》。该方案以"四个最严"为遵循,以"智慧管理"为突破,以"分类监管"为手段,以落实主体责任为核心,着力解决餐饮服务食品安全重点、难点问题,全面提升餐饮质量安全水平。该方案明确了三大"主题年":2021年作为"餐饮从业人员培训年",2022年作为"餐饮服务规范年",2023年作为"餐饮环境卫生提升年"。为此,2021年,天津市相关部门召开食品安全工作会议,强调要进一步提升食品安全治理的智慧化、专业化、法治化水平,真正做到让人民群众吃得安心、放心、舒心。2022年,进一步提出了加强食品安全工作的意见,要求理顺食品安全监督管理体制、完善食品安全诚信体系、加强食品生产经营各环节监管、健全食品安全地方标准体系等,确保食品安全,保障人民群众身体健康。

与此同时,天津市相关部门还持续开展食品安全专项行动,确保天津居民"舌尖上的安全"。自2014年起,天津持续开展专项行动保"舌尖上的安全"。围绕群众反映的食品安全重点、难点、热点问题,开展专项行动,切实加强网格化日常巡查,集中力量,围绕"四个突出",逐户企业、逐个品种、逐片区域地进行整治,依法从严、从重、从快查处各类违法违规行为,保持高压打击态势,切实解决食品安全存在的突出问题。同时结合天津智慧城市建设,加强智慧型食品安全监管信息化平台建设。

工商部门对食品安全示范店加强监管

天津还在餐饮单位大力推进"明厨亮灶"工程建设,通过敞开式厨房、橱窗式厨房或安装视频摄像等方式,将餐饮单位后厨的食品加工制作过程时刻展示给广大消费者,使"后厨"成为可视、可感、可知的"透明厨房"。某知名品牌餐饮店鲁能城分店王店长说:"商场集中推行'明厨亮灶'以来,我们是第一批安装的商铺,通过这种方式让消费者吃得放心,我们商铺的营业额也有提升。"正在等待吃饭的一名顾客则说:"这个挺好啊,厨房里在干什么,都能看得到。"在隔壁店铺蓉李记成都名小吃就餐的天津市民高女士也说:"后厨不仅能通过透明玻璃看到,还能通过视频屏幕看,我吃的这碗面是怎么做出来的清清楚楚,觉得吃得挺放心。"鲁能城管理方也对安装"明厨亮灶"积极支持,相关负责人说:"推动实施'明厨亮灶'能对入驻餐饮商户实现更好管控。我们的运营人员每天都要对商户后厨卫生、食材保存、垃圾清运、碗筷等设备清洗情况进行监控,'明厨亮灶'提供了更便利条件。"可以说,"明厨亮灶"是市民感知日常食品安全最为直观的方式,也有利于管理方加强食品安全管理,督促经营方诚信守法经营,三方共同推动食品安全建设。

2019年,天津市粮食和物资储备局制定完善了粮油市场保供稳价、成品粮油应急保供、生活救助物资调拨等方案预案,从全市550个应急供应网点中确定了人员密集、粮油消费量大、价格易波动的122个重点应急投放点，做好随时投放准备。并对全市4个主要粮油批发市场的粮油库存量、19家重点粮油加工企业原粮及成品粮油库存总量和16家主要超市的粮油价格变化等情况进行监测。组成24个小组不间断开展市场巡查，深入191家主要超市、菜市场、粮油批发市场，实地了解粮油销量、价格、库存、货源、运输等情况，督促批发企业及时充实库存、零售企业补足柜台货架。天津海关还与企业联防联守，严把进口食品安全关，保障老百姓"舌尖上的安全"。由于在食品安全工作方面取得的成绩，2019—2021年，天津连续三年在食品安全工作评议考核中获得A级，位居全国前列。

节约粮食是中华民族的传统美德。面对国内外复杂的局势，为确保人民群众的粮食安全，减少浪费，节约粮食，既是时代所需，也应成为新时代的新风尚。天津是粮食主销区，做好爱粮节粮减损工作的意义更加重大，保障全市粮食安全的任务也十分繁重。2021年10月16日，天津举办世界粮食日和粮食安全宣传周活动，号召从个人、家庭、单位等全社会抓起，倡导全体粮食生产者、经营者、消费者切实增强爱粮节粮意识，以实际行动减少粮食损失浪费。并向市民发出倡议：争做爱粮节粮的倡导者、践行者和宣传者，从一点一滴做起，从珍惜粮食、反对浪费做起，每一位公民都用实际行动保障粮食安全。2022年，天津市相关部门又共同研究制定了《天津市反食品浪费与粮食节约减损工作方案》，继续深入推动天津开展反食品浪费与粮食节约行动，加强粮食生产、储存、运输、加工、消费全链条节约减损工作。各级组织和市民也纷纷以实际行动开展反浪费、节约粮食等活动。

天津滨海新区北塘街道党工委、办事处就从身边做起、从点滴做起，节约粮食、反对浪费。他们在机关办公大楼和食堂张贴厉行节俭宣传标语、海报，食堂就餐区内滚动播放"厉行节约、反对浪费"倡议书。

天津市民也掀起争做"光盘侠"的热潮。市民王女士说:"孩子们从小不愁吃穿,很难真正理解每一粒粮食都来之不易。"因此她通过让孩子阅读绘本读物中关于节约粮食的故事培养孩子的"粮"心。从事互联网技术工作的市民陈先生因为工作忙,经常点外卖或外出就餐。以前因为菜量大,经常吃不完,造成浪费。如今很多餐饮商店出售"一人份""小份菜",避免了浪费。他说:"现在外出就餐,我会把剩饭菜打包,打包也有窍门,比如荤素分开、干湿分开等,避免交叉污染,带回家放到冰箱,隔天加热还能吃。"很多市民购买食材,为了避免浪费,不再一次性大量购入,而是每次只购买三天左右的食材。做饭时也是吃多少,做多少。中小学校也开展相关活动,培养孩子的节约观念。红桥区第二实验小学鼓励全校同学积极参加"争做'光盘侠'"大赛。学生们通过绘制手抄报、录制视频,宣传爱粮节粮知识,主动做勤俭节约的宣传者和践行者。通过各界的共同努力,逐渐在全社会形成节约粮食、反对浪费的新风尚,确保国家的粮食安全。

这一系列措施充分保障了天津居民的食品安全,也让人们深刻意识到粮食安全的重要性,确保了居民的安全感和幸福感。

(三)大力倡导健康饮食,提升群众生活品质

居民的营养状况不仅反映一个城市的文明程度,也是衡量一个城市经济、科技、文化发展水平的重要标准。随着经济的快速发展和人们生活水平的不断提高,生活物资极大丰富,人们已经不再为吃饱吃好而发愁,而是开始追求更加个性化、更加符合营养学要求的饮食生活。人们的饮食习惯和消费需求开始向营养、多样、便捷、安全转变。满足人们的食物需求,树立居民的科学饮食观,注重食物的营养性,保障食物安全,提高城乡居民的身体素质,也是全面建成小康社会的重要任务。因此提倡健康饮食、合理膳食,养成健康的生活方式,成为新时代人们

饮食生活的必然要求。

　　进入21世纪以来，天津居民的饮食习惯还普遍存在不太科学，脂肪、胆固醇摄入过多等问题。为此，天津市农委编制了有关食物与营养发展的专项行动计划，以改善天津人的食物结构，提高居民的营养和健康水平。天津市食物与营养咨询指导委员会还对食物与营养相关产业的发展进行指导，并根据国家食物与营养发展总体目标，研究草拟了天津市食物与营养发展规划和工作计划。天津市各区县和有关行业部门，也都结合本区县和本行业的实际，把食物与营养发展目标纳入区县经济和社会发展计划之中。到了2005年，天津人的饮食开始越来越讲究营养。据2005年10月15日《每日新报》报道，随着津城居民膳食结构的改变，人们更加注重营养和科学饮食，鲜蛋及各类蛋制品以其营养价值丰富成为居民一日三餐的必备食品，消费不断增加。天津家庭人均蛋类消费支出88元，比上年同期增长15.0%，人均消费量15千克，比上年同期增长7.2%。其中家庭人均鲜蛋支出77元，比上年同期增长14.3%，人均消费量13.5千克，比上年同期增长7.1%。如按照每千克16至17枚计算，平均每个居民每天吃1个鲜鸡蛋。与此同时，奶及奶制品消费需求不断上升。居民的酸奶购买量和支出增幅均居奶及奶制品之首。

营养师向孩子们讲解健康饮食知识

党的十八大以来,随着人们生活水平的日益提高,人们更加关注营养和健康,什么食品有营养、什么食品能防衰老、什么食品搭配能够保持身体的健康,成为大家津津乐道的话题。天津居民的饮食观念迈上一个崭新台阶。天津城镇居民的膳食结构有了很大改善,健康饮食观念逐渐深入人心。一方面食品消费从早期以满足温饱为目的,到如今追求更加健康均衡,粮食消费在食品消费中不再占据主导地位,有营养和对健康更有帮助的食品消费所占比例逐渐上升。2010年,天津城镇居民的膳食结构也得到进一步改善,与2002年相比,对健康有益的食物如蔬菜、鱼虾类、奶类、豆类及坚果的平均摄入量都有所增加,年增长速度分别为5.3%、0.1%、2.6%、2.8%;油脂类和盐的日摄入量下降,人均摄入量分别为25.4克和7.5克;谷薯类的摄入量增长迅速,超出了推荐摄入量,为89.1克;肉类摄入量超出推荐的25%;蛋类摄入量保持在62.5克左右。2017年,肉、禽、蛋、奶、水产品消费占食品消费额的41.8%,其中干鲜瓜果、食品糕点及其他食品占26.2%。粮食消费内部结构也在发生变化,粗粮消费增多,小米、玉米等其他谷物消费量占总谷物消费量的8.0%以上,薯类和豆类消费占总粮食消费量的9.1%以上。另一方面在外用餐消费不断提升。由于居民生活水平的整体改善、餐饮业的蓬勃发展,以及"互联网+餐饮"的广泛普及,天津居民在外用餐消费人均2312元,占到食品消费的近1/4。天津市食文化研究会、天津市营养学会等还共同主办健康饮食烹饪大赛,以改善居民的健康饮食水平,纠正居民养生误区,普及健康饮食理念。

不过我们也应该看到,天津居民在营养方面还存在诸多不足。调查数据显示,天津城镇居民微量元素缺乏、人均每日食盐摄入量过高、油脂等高热能食物摄入过多、膳食纤维极度缺乏,营养不足与过剩并存。加之饮食能量过剩和运动量不足,导致重点慢性病的主要危险因素超重、肥胖多发,与营养相关疾病多发等问题,严重影响居民健康。

为此，天津于2017年制定了《天津市国民营养计划实施方案（2017—2030年）》。该实施方案提出，力争到2030年在全国率先达到全市人群营养健康指标的目标。天津居民健康素养水平监测结果显示，2020年天津居民健康素养水平达到28.52%，比2019年的26.29%上升2.23个百分点，也比天津市"十三五"时期末预期健康素养水平27%高出1.52个百分点，比国家卫健委公布的2020年全国居民健康素养水平23.15%更是高出水平5.37个百分点，位居全国前列。

任何时候"吃"都是头等大事。"民亦劳止，汔可小康"，这是两千多年前中国人民对走出贫穷、过上好日子的向往。如今，中国人民的生活已经发生翻天覆地的变化，总体上已经达到小康水平。不过人民群众对美好生活的向往是一个不断提升的动态过程。党的十九届五中全会指出，要继续"改善人民生活品质，提高社会建设水平"。因此党和政府在未来必将继续提升人们的幸福感，不断加强制度建设，完善有关食品安全的法律法规，持续提高国民的健康与安全。同时尽力实现《天津市国民营养计划实施方案（2017—2030年）》的目标，提升天津居民的身体素质，使天津居民真正享受到"健康、安全、营养"的饮食生活。天津居民在"菜篮子工程"和老人家食堂不断完善的社会环境下，必定会更加追求营养和健康，更加追求荤素搭配、五谷杂食、医食同源、讲求调味、新鲜食品，减盐、减油、减糖的"三减"生活方式也将成为天津居民的新风尚。

住有所居篇

"安得广厦千万间,大庇天下寒士俱欢颜。"住房是重要的民生领域,是贯彻落实新发展理念和高质量发展要求的重要方面。加快推进住房保障和供应体系建设,是满足广大人民群众基本住房需求、实现全体人民住有所居目标的重要任务,是促进社会公平正义、保证人民群众共享改革发展成果的必然要求。党的十九大报告指出:"坚持房子是用来住的、不是用来炒的定位,加快建立多主体供给、多渠道保障、租购并举的住房制度,让全体人民住有所居。"天津市委、市政府以保障人民群众的根本利益为出发点和落脚点,"不怕老百姓占便宜",高度重视群众住房问题,实施了棚户区改造"三年清零"行动计划、城市老旧小区及远年住房改造、农村危房改造、弹性供暖等系列民生工程,确保广大群众住有所居、住有宜居、居有所安。

一、幸福图景:住房保障,实现群众安居梦

(一)最大棚户区清片,老住户搬新居展新颜

站在天津西站北侧的子牙河畔向对岸望去,新建成开放的子牙河滨河公园一期工程美丽景观一览无余,山坡上"绿水青山就是金山银山"的硕大绿植字造型醒目可见。一些初到天津的外地朋友可能不知道,这个公园是利用西于庄棚户区改造拆迁地块建成的。

市民在子牙河滨河公园拍照留念

此前,西于庄地区是天津市中心城区最大的棚户区和危陋平房区。棚改前的西于庄,胡同密密匝匝,环境杂、治安差,64万平方米的土地上蜗居着一万多户居民。这里的住户不少为低保家庭,户均建筑面积不足21平方米的户数占总户数的68%。

"之前每家都是'一间屋子半拉炕',我们家只有10平方米大。"原住天津红桥区西于庄的朱女士描述搬迁改造前的窘境,"我儿子要睡觉的时候,我要先上炕才能给他铺上行军床,太不方便了!"一个院里住七八户人、一大家子挤在几平方米大的屋子里是棚户区居民的生活写照。

"不堪回首。"提起以前的生活,邓先生总是摇摇头,想也不愿去想。他原先住在丁字沽,一家人挤在不到15平方米的小平房里,一住就是十几年。"夏天热,冬天冷。最怵头过冬,这么多年,年年冬天都为取暖发愁!早先取暖就用煤球炉子,后来改成了电暖器,但屋里还是冻得人直哆嗦,睡觉都要穿着厚厚的衣服。"

实际上,不光居住环境差,棚户区还存在多种安全隐患。西于庄街道党工委办事处工作人员介绍,由于电路元件老化、杂物随意堆放、道路过窄等原因,棚户区常年存在消防隐患。"有的胡同我侧着身子都进不去,更别说消防车了。"除此之外,防汛、环境卫生等问题在棚户区也十分突出。

2017年,天津市区棚户区改造"三年清零"行动开始。棚改任务量最大的红桥区,积极打开脑袋上的"津门",解放思想、大胆创新,在全市第一个采用政府购买棚改服务模式实现融资贷款;在全国第一个发行棚改专项债券,撬动银行融资贷款401亿元。这些资金先后用在了西于庄、西沽南、丁字沽等多个项目中。红桥区还把西沽南项目和西于庄项目打包,共同设计债券发行方案。从这两个项目整体来看,收益和融资达到平衡。

自西于庄棚改工作启动以来,为了让更多棚户区居民得到妥善安置,红桥区坚持从完善棚改工作体制机制、精准施策解决棚改难点问题入手,全面落实"战区制"和区级领导蹲点包片机制,多名区级领导牵头各棚改项目,深入一线、靠前指挥,各部门协作联动,充分发挥职能作用,形成强大合力。为满足被征收居民多样化的安置需求,让百姓通过棚改改善生活,全区加强资金筹措和房源筹集、管理,坚持精准帮扶与棚改安置同步推进,坚持法律服务、司法调解、房屋产权认定提前介入,坚持一把尺子量到底,着力解决棚户区居民家庭困难和各类矛盾纠纷,依法维护棚改公平正义。

"房屋征收是百姓生活中的大事儿。我常想,如果自己是棚户区的居民,我会怎么办?"西于庄地区危陋房屋征收改造工程指挥部第五分指挥部负责同志说。于是她带着感情、带着责任,全身心地投入动迁工作,把群众利益放在第一位,设身处地为被征收居民着想,了解他们的所急、所需、所盼,用真心、热心、耐心服务棚户区百姓。

2019年9月,西于庄这个天津中心城区最大的棚户区实现了清片,累计一万一千万多户家庭、近三万居民圆了安居梦。同年11月1日,喜讯传来,红桥区超额完成市里下达的66.26万平方米棚改"三年清零"任务,实际完成73.77万平方米,提前实现棚改"三年清零"目标,使3.33万户超过十五万居民受益。

定向安置房项目从规划到设计,再到施工,水平高、质量好,住得舒服。"这辈子能住上这么大的屋子,知足了!"从十多平方米的小平房乔迁到宽敞明亮的楼房里,红桥区西于庄的老住户们满脸都是幸福的笑容。

(二)"倒春寒"中演绎温暖故事

2022年3月18日,一场降雪让津城市民感受到了"倒春寒"的威力,"幸好还在供暖期"成了大家由衷的感叹。80岁的刘大爷家住西青区中北镇,记账的习惯他坚持了30年。他发现,最近几年,向来挑费高的冬天,月月都有结余,多则一千多,少则几百,而在过去,省下这笔钱挺难。

刘大爷过去住在南开区易川里,三十多年的老楼,采光弱,保温差,过去一到11月初家里就得开着电暖气,老人为了省钱就在屋里穿着厚厚的棉袄。为了能住得暖和点,老两口搬到了采光更好的高层。真正的改变还得从6年前说起。从2016—2017年的供暖季开始,天津连续6年实施弹性供暖,供暖时间从规定的120天左右,延长到151天,而这延长的供暖,并没有增加群众采暖费。提前供暖、延后停热,也让刘大爷家的电暖气没了用武之地。

2021年夏天,老伴得了脑梗,闺女工作又忙,伺候人的活儿都落在刘大爷身上。刘大爷说,他老伴最怕的就是乍暖还寒,一冷一热。2022年3月18日,天津下起了雪,刘大爷担心老伴儿的病情又要反复,原本他计划把家里的空调打开,救救急,可没想到,暖气很快就升温了。

善始善终,并不是说说而已,得知要下雪,从3月17日半夜开始,华苑热源管理中心各岗位人员24小时在岗,保障燃料供应,根据气温变化和供热需求,随时调整供热负荷。华苑供热服务中心也派出了5支巡查队伍,对十几千米的管线找漏点,哪里不热随时修。

虽然屋外的温度一下降了十来度,可刘大爷家里一直稳定在二十三四度,老伴的病情几乎没受影响。看着外面纷飞的雪花,刘大爷感叹:"这好政策!比老百姓想得还周到。"

二、成就见证:高水平安居工程保障住有所居

(一)解决历史遗留房屋产权证问题,让"有恒产者有恒心"

为解决历史遗留房屋产权证问题,天津坚持以人民为中心,不断创新不动产登记服务举措。本着"尊重历史、面对现实、实事求是"的原则,分类施策,制定十条切实有效的解决措施、意见。对实物还迁安置房屋,不再办理销售许可、简化维修资金缴纳和购房资格证明手续;对未办理规划验收项目,按照拆(拆除违章)、罚(行政处罚)、补(补办手续)原则,简化办理程序;对无法办理竣工验收备案的,以消防验收及工程质量验收(或安全鉴定)替代等,通过这些有效举措,缩短房屋产权证办理时间。

2017年以来,天津先后解决了近三十六万户群众历史遗留房屋产权证办理问题。深入推动"不动产登记一网通"改革,与49家金融担保机构合作,银行端服务网点达到719个,抵押登记业务覆盖面达到90%以上,在全国率先开启"全城通办、不见面审批、一趟不用跑"模式。实现不动产登记"0、1、3"工作日办结时限、不动产登记与水电气热等市政公用服务联动过户、不动产登记业务通过天津政务服务客户端"津心

办"(App)办理、全面启用不动产电子证照、不动产登记跨省通办、"交房(地)即交证"等创新服务举措,方便企业群众办事。

天津在2019年、2020年全国营商环境"登记财产"指标评价中连续被列为标杆城市。2021年11月15日,国务院办公厅发布通报,对国务院第八次大督查发现的"天津市优化不动产登记服务方便企业和群众办事"等48项典型经验做法给予表扬。

(二)打造智慧公积金平台,提升群众办事效率

公积金制度一直被两个大难题困扰:一方面,企业反映缴存公积金太难了,不但每个月要例行跑一趟公积金中心,遇到新员工报到、老员工离职又要跑一趟,一月下来尽在单位与公积金中心之间来回跑了;另一方面,职工也反映用公积金太难了,提取公积金,到银行打印还款凭证要跑一趟,到公积金中心登记又要跑一趟,等到公积金账户有钱了,提取到银行卡上还得跑一趟。这样来来回回,加上排队等候,半天很快就没了,如果资料没带齐,半天白折腾,什么也没办成。

近年来,恰逢国务院、住房和城乡建设部和天津全力推进"互联网+"建设,终于找到了解决这两大难题的钥匙,全力打造智慧公积金平台。如今,天津市智慧公积金平台已建成并在全国第一个通过住房和城乡建设部验收,长期存在的两大难题终于得到根本解决。

依托智慧公积金平台,天津10.9万家企业签订网上缴存公积金协议后,每月登录单位网上服务大厅,就能为所有在岗职工缴存公积金,两三分钟就妥妥搞定了;遇到新职工报到,单位经办人员在网上轻松操作两步,新公积金账户就开立了;老职工离职也不再是难题,网上办一下封存,企业什么都不用管,该职工每月就自动停缴了。网上缴存服务一推出,就受到了企业欢迎,网上缴存率很快就达到了99.81%,实现了单位缴存足不出户网上办结,打通了服务缴存单位的"最后一公里"。

单位缴存网上办

个人网上服务大厅建立以来,全市372万缴存职工获得了实实在在的便利。职工可以随时随地查公积金。单位缴存公积金了,公积金贷款要还款了,职工拿出手机,登录天津公积金App或微信公众号,就可轻松查询公积金缴了多少钱,某月某日要偿还多少公积金贷款。每月都有接近一百六十万职工通过互联网了解本人公积金账户实时动态。

职工使用商业银行的按揭贷款买房,提取公积金还贷,再也不用在银行、公积金中心来回跑了。天津市公积金中心已与工、农、中、建等19家银行建立了合作关系,实现了按揭贷款还款数据联网共享,职工还完贷款,就能登录个人网上服务大厅,轻松操作四步、不到2分钟就能将公积金提取到本人银行卡上,已有39.3万名职工享受到了数据智慧联网的实惠。

个人网上服务大厅随时查(韩阳摄)

职工使用公积金,再也不用准备一堆证明资料了。天津市公积金中心通过推进与市婚姻、低保、房屋等政务数据联网共享,让数据多跑路,减少了职工很多烦恼;低保特困职工,通过民政部门数据联网核验,就可足不出户在网上提取公积金补贴家用;大病职工,再也不用提供一堆诊断证明和收费发票了,通过医保信息核验,就可以快速审核并提取救命钱;全款购房职工,再也不需要复印购房合同和发票了,通过房管部门购房信息联网核验,就可以全程网上自助提取公积金;到天津工作的职工,通过住房和城乡建设部转移接续平台核验信息,就可全程网上将外地缴存的公积金转移到天津公积金账户。

跨省办理公积金一站式服务,使身在外地需要办理公积金业务的职工不用再为无法跨越的距离而犯愁。天津市公积金中心引入OCR(光学字符识别)技术、支付宝人脸识别等新科技、新技术,清除了网上提取公积金的所有障碍。业务上线前一天,就有一位离开天津到成都工作的职工,急需用钱,甚至订购了飞往天津的机票,咨询客服得知第二天可全程网办,不断夸赞这项服务真是"及时雨"。截至目前,已有近七万名离津职工网上提取了公积金,解了他们的燃眉之急。同时天津市公积金中心积极落实"跨省通办",与全国346个公积金中心合作,帮助身在外地的职工打印和邮寄公积金缴存明细、异地贷款证明,为在外地购房的职工办理公积金提取。

(三)管好房修好房,让群众安心度汛

2021年入夏,面对防汛工作的严峻情势,天津相关部门立足于"为民管好房修好房"工作职责,着眼于群众急难愁盼的民生需求,聚焦解决人民群众的操心事、烦心事、揪心事,下大力保障房屋住用安全,确保群众安心度汛。

让老百姓住得安全可不是件小事。"房屋修缮就像给房子'看病',中医讲究望闻问切,修房子也一样,必须到现场实地查勘,才能'对症'制定维修方案。"天津市房产管理服务中心修缮工程部负责同志曾这样形容房屋修缮工作。为确保直管公房住用安全,自入汛前5月中旬开始,天津市住房和城乡建设委建立专项检查机制,组织市内六区对直管公房进行全覆盖安全查勘维修,累计排查整治外檐、阳台栏板、落水口、雨水管及井盖设施等安全隐患869处,抢修漏房3084处。临近汛期,对房屋安全管理工作再检查、再推动、再落实,重点落实人员组织安排、防汛物资储备、机具设备检修、抢险车辆及内业资料等防汛准备。

百姓的呼声就是行动的号令。针对2021年气象部门的强降雨预警,天津市住房和城乡建设委提前部署安排,发出《关于进一步加强市内六区直管公房汛期安全管理工作的通知》,加大重点区域房屋监管力度。组织指导各区房管单位深入一线查漏补缺,强化问题整治,确保各项防汛工作落实到位。组织开展防汛演练,紧密结合辖区老旧严损房

屋现状,以实人、实物、实景、实战的方式,开展木结构房屋支顶加固、屋面漏雨苫盖、房屋积水断电、地下室排水等演练,有效提高防汛人员面对突发事件的应变能力、控制能力和协作能力。

组织开展防汛演练

"我为群众办实事"实践活动开展以来,直管公房管理单位与街区建立了"吹哨机制",在接到群众诉求后第一时间赶到现场处理。河北区屏花里14门居民反映楼栋前有积水,地面有塌陷问题,防汛抢修人员迅速组织排查漏水原因,准确判断漏水来源,协助解决了积水问题。通过红桥社区了解到植物园东里多个楼门地面老化、坑洼不平等维修问题,房管站主动征询居民群众意见建议,细化维修方案,严格施工质量,努力压缩工期,最大限度减少对居民影响,及时解决了植物园东里6个楼门居民出行不便问题,使一百七十多户居民受益。

保障安全度汛不添烦和愁。受台风"烟花"影响,2021年7月28日,天津市气象部门发布了暴雨蓝色预警,房管中心修缮部第一时间赶到劝业场站兆丰里、信厚里、义兴里、福利里、四面钟站太和里等严损房片区进行巡查,深入了解房屋汛期查勘维修及安全管理状况,实地察看了排险抢修具体点位,巡查走访63中宿舍平房、北草坝危陋平房及积水低洼等重点片区,监督指导管理单位抢险抢修工作,有效应对各类紧急突发事件。无论白天黑夜、刮风下雨,只要群众有需求,一声招呼、一个电话,第一时间赶到现场,尽心竭力为住户维修房屋、排忧解难。

"真是太感谢你们了,以前逢雨就积水存水的问题终于解决了!"河西区汉江里唐大爷兴奋之情溢于言表。2021年7月13日晚,天津普降大到暴雨,河西区物业管理中心东海站接到汉江里居民求助电话,"楼栋口雨水倒灌,马上就要漫进过道了",电话中传来了焦急的声音。防汛值班人员凭借高度负责的精神、过硬的技术和丰富的实战经验,立即冒雨装运防水沙袋,连夜对9—15门、18—24门楼栋口进行了围挡封堵,及时化解了水患,保护了居民财产安全。

三、时代答卷:住房保障体系显著提升生活品质

(一)住房保障不断完善,住房租赁市场健康发展

在万家灯火中,有一盏属于自己家的灯,是广大群众,特别是困难群众梦寐以求的。按照国家总体要求,天津陆续推出了经济适用住房、限价商品住房、公共租赁住房等政策,逐步构建"发放三种补贴、建设三种住房"的制度框架,形成了梯次衔接、分层保障、具有天津特色的住房保障体系。同时面对城市发展中的历史遗留问题,天津还不断创新优化不动产登记服务。

"十三五"期间,天津共建设"三种住房"86.6万套,修订《天津市公共租赁住房管理办法》,把非津户籍困难职工纳入住房保障范围,累计发放"三种补贴"14.3万户,发放金额35.5亿元,住房保障实现应保尽保。为加大对公共服务行业外来务工人员的住房保障力度,天津市住房和城乡建设委会同相关部门出台了面向公交、环卫系统非津户籍住

房困难职工租赁补贴政策,优先向这两个服务于天津城市建设行业的外地职工提供货币补贴支持,大大减轻了外来新市民生活压力。

天津市公交集团第二客运有限公司665路公交线路司机张先生,江苏徐州人,2019年退伍后应聘到公交集团做驾驶员工作,妻子随其来津,靠打零工为生,收入不稳定。大儿子在徐州老家上学,张先生与妻子及小儿子一家三口在津租房居住,每月租金一千多元,是一笔不小的负担。相关政策出台没多久,张先生所在公交二公司人力资源部的同事就找到了他,告诉他可以每月领取住房租赁补贴,赶紧办理申请手续。一开始张先生还不大相信,从没听说过外地人可以像天津市民一样享受本地的社会福利。

享受到住房租赁补贴的公交车司机张先生

"住房补贴没有外待我们外乡人,我爱天津第二故乡。"直到领到了第一个月的补贴378元,张先生才觉得自己"摊上"了好事。张先生说:"租赁补贴办起来还真方便,在工作单位就直接申请了,哪里也不用跑,现在都是系统联网审核,时间很快,转月补贴就发下来了。我现在不但觉得生活负担减轻了,还觉得天津这个城市越来越有家的感觉。我愿意把天津当成第二故乡,等孩子长大了,也让他来天津上学、工作,一起为天津发展作贡献！"

天津稳步推进保障性住房建设，不断完善住房保障体系，持续增强住房保障能力，把突出解决困难群众住房问题作为践行以人民为中心发展思想的重要实践，实施向符合条件住房困难家庭发放住房租赁补贴民心工程，增加公租房登记频次，拓宽房源登记渠道，创新招法解决申请家庭迫切需要入住公租房问题，让老百姓切实享受到党的惠民政策，不断提升获得感、幸福感。

"住房补贴真是雪中送炭，从此改变了我的蜗居生活。"红桥区居民邱先生，申请住房租赁补贴之前，一家三口挤在不足20平方米的伙单住宅中，卫生间与邻居共用，随着女儿一天天长大，越来越不方便。邱先生也曾有过换个大面积房屋的想法，无奈全家收入不高，无力承担高额房价。

天津不断完善以公租房和政策性租赁住房为主的保障性租赁住房政策体系，通过实物保障和租赁补贴并举的方式，对城镇中低收入住房困难家庭应保尽保。邱先生的母亲得知可以申请住房租赁补贴，帮儿子一家办理了申请手续。取得租赁补贴资格后，每月领到了729元的补贴，邱先生把自己的小房子租了出去，在女儿学校附近租赁了一套73平方米的两居室。

邱先生的母亲说："儿子家现在居住面积一下子扩大了3倍，加上自己房子的出租收入，每月只需额外再支付不到100元，就可以负担这套两居室住房租金，孙女也有了自己的房间，再也不用和邻居共用一个卫生间了。而且这里离学校也很近，儿子一家居住条件改善了，生活起来也更加便利、更加舒心了，这个租赁补贴政策真是让我们全家太受益了！"

2021年，为满足住房困难群体实际需求，天津市住房和城乡建设委通过增加公租房登记频次、拓宽房源登记渠道等举措，用心用情做好困难群众住房保障工作。公租房公开登记由原来的每年2次增加到了每年不少于4次;开通公租房房源登记网站及"天津住房保障"App公租房登记功能,申请家庭可以通过电脑、手机办理登记或者变更登记项目。同时针对部分申请家庭迫切需要入住公租房的问题,在房源充足的西青区大寺新家园9个公租房项目开启"随到随登、随登随选"模式,选择大寺新家园项目的申请家庭,不需要摇号,预约后直接办理登记、选房手续。

红桥区居民张先生之前与爱人一直租房住,2020年女儿出生,家里人口多了,急需一个稳定的居住环境。张先生通过报纸得知西青区大寺新家园公租房不需要摇号,他马上打电话了解办理流程,并在6月份通过手机App申请后,到大寺新家园亲和静园办理了选房手续。7月份搬进新家的那一刻,张先生特别激动,他说:"在外面租了这些年房子,没想到等到这么好的政策,住进政府的房子感觉踏实多了。再也不用担心哪天突然被房主告诉需要搬家。这个小区环境真好啊。我现在心情特别舒畅,感觉生活十分幸福。说到底,还是要感谢咱们国家这么好的惠民政策啊。"

住房问题关系着千家万户的基本生活保障,只有一砖一瓦为百姓筑起安全屋,一心一意为民众建好幸福家,才能筑牢保基本、兜底线的民生保障网,让百姓心里暖起来。面对住房困难群体,天津不断完善住房保障体系,扩大保障覆盖范围,努力构建多主体供给、多渠道保障的住房保障机制,切实把好事办实,把实事办好,办到群众心坎上,让住房困难群体不断感受到党的温暖和关爱。

发展住房租赁市场是实现住有所居的重大民生工程。培育住房租赁市场,既是妥善解决过去住房体系失衡、完善住房制度的现实要求,也是满足人民美好生活需要的民生工程,更是贯彻新发展理念、促进高质量发展的战略布局。天津持续完善政策措施,增加租赁住房供给,整顿、规范市场秩序,搭建服务监管平台,建立发展长效机制,努力实现人民群众住有所居。

出台奖补新政,加大土地供给。天津市住房和城乡建设委制定《天津市中央财政支持住房租赁市场发展试点资金使用管理办法》,以"谁投资、谁申报""早申报、早奖补"和"总量控制、跨年平衡、安全可控"为原则,确定申请主体,明确奖补类型和标准,规范申请流程和拨付程序,强化资金使用管理。该办法的出台,有力缓解了住房租赁企业经营压力,进一步激发了市场活力,撬动社会资本,推动天津构建供应主体多元、租赁房源充足、政府监管有力、租赁关系稳定有序的住房租赁市场。天津积极推动租赁住房用地供应,将土地供应向租赁住房建设倾斜,对位于市内六区、滨海新区核心区、环城四区轨道交通沿线的商品住宅地块按固定比例配建租赁住房,每年新建租赁住房不少于1万套,确保租赁住房有效供给。

精准对接需求,服务产业发展。天津市住房和城乡建设委坚持产业导向、项目导向和人才导向,面向服务北京非首都功能疏解、双城发展格局、制造业立市、"海河英才"行动计划、新动能引育五年行动计划等高质量发展战略,更好满足重点产业人员、引进人才、新市民等群体租房需求,精准布局租赁住房,解决产业人才的配套安居问题。通过新建、改建、盘活等方式,不断新增租赁住房,主要布局在中心城区、滨海新区及各开发区、静海中日(天津)健康产业发展合作示范区、宝坻京津中关村科技城等区域,形成了对产业、项目的有力支撑。积极对接新引进央企总部、中国石化天津南港高端新材料产业集群等重大项目,持续做好跟踪服务,为重点项目、央企总部、引进人才等提供租赁住房支持。推行租房居住证积分政策,对在天津租房居住且办理登记备案的,每年可积6分。

规范市场管理,维护承租权益。2020年以来,天津部分住房租赁企业采取"预付费""高收低租"等经营模式,扰乱住房租赁市场秩序。

天津市住房和城乡建设委从制度层面着眼,进一步规范住房租赁企业经营行为,促进住房租赁市场平稳健康有序发展,联合相关部门出台《关于规范整顿住房租赁市场秩序的通知》,从规范房源信息发布、强化网络平台监管、严格签订租赁合同、规范租赁服务收费、管控租赁金融业务、加强租赁企业监管、建立纠纷调处机制等10个方面提出了规范住房租赁市场发展的意见。为规范住房租赁交易行为,更好保护租赁利益相关方合法权益,研究制定《天津市住房租赁合同》示范文本,已在全市范围内启用,有利于帮助租房群众减少矛盾纠纷,提高住房租赁交易行为的规范性。

天津市住房租赁服务监管平台

开发租赁平台,提供一站式服务。为最大程度方便广大群众办理住房租赁业务,天津市住房和城乡建设委开发建设了天津市住房租赁服务监管平台,引入人脸识别、身份验证、大数据分析、区块链等技术,实现住房租赁交易身份核验、网签备案、大数据监测分析等全流程服务体系,确保"发布房源真实、发布人身份真实、发布行为真实",让租房群众实现"放心选房、放心选机构、放心选从业者"。平台实现了在线签约功能,有效解决了租赁双方不能到场签约的情况,使租房群众足不出户、随时随地就能完成交易。平台已与多家规模较大的房地产经纪机构和住房租赁企业实现数据批量对接。大力推动平台与提取公积金、申领居住证、教育、金融等公共服务平台互联互通。出台无房无住房公积金贷款职工租房可提取住房公积金政策,解决群众租房资金困难。

(二)"不怕老百姓占便宜",棚户区改造全面完成

由于历史原因,天津中心城区还留存了一部分较为集中的棚户区。其中红桥区西于庄、丁字沽北大街、同义庄,河东区东宿舍、东孙台,河北区新大路,和平区昆明路、山东路,南开区灵隐南里等地的平房普遍年头长久、居室窄小、低矮潮湿、缺乏管道燃气和暖气等生活设施,存在极大安全隐患。恶劣脏乱的居住环境、落后破旧的配套设施、捉襟见肘的家庭条件,让棚户区老百姓每天一睁眼,就要为了生存而忙碌、挣扎,无暇顾及其他。

一方面,这些棚户区都是多年来经数轮改造后遗留的"硬骨头",改造难度很大。房屋建筑密度大,户均住房面积小。棚户区中困难群体较多,包括低保户、特困户、残疾人、军烈属、丧失劳动能力人员、家庭成员中有患重大疾病人员、老少三代同居或四世同堂等多种类型,约占总改造户数的30%。未登记建筑普遍存在,房屋权属问题、家庭财产纠纷等历史遗留问题交织,情况十分复杂。

但另一方面,棚户区群众渴盼早点拆迁改造,可谓望眼欲穿。加快推进棚改,改善居住条件,是高楼大厦背后部分贫民屋百姓普遍而现实的呼声,也是考验当地党委和政府能否解决老百姓最关心、最直接、最现实的问题,回应好社会广泛关注、群众热切期盼的一大课题。

2017年,天津为改善群众生活水平,促进区域建设发展,审议通过《市区棚户区改造工作方案》,明确提出用三年时间,到2019年底完成市区147.33万平方米、共计6.24万户棚户区改造任务,棚改成为各区保

障和改善民生的重要工程。从2017年开始,天津陆续启动了河西区科技大学、绍兴道,河东区东宿舍、东孙台,河北区新大路,和平区昆明路、山东路,南开区灵隐南里,红桥区丁字沽、同义庄等新项目,同步加快河西区小海地小二楼、河北区三十五中、河东区鲁山道小二楼、红桥区西于庄等老项目改造进度。

在天津市委、市政府坚强领导下,全市上下并肩作战、攻坚克难,树牢一盘棋思想,市、区两级分别成立棚改组织机构,把棚改列为"一把手"工程,建立"分片包干"责任制。同时把棚改任务完成情况纳入各区绩效考评,实施清单管理,开展督查考核,确保任务落地。一场棚户区改造攻坚战在津城全面而声势浩大地打响。

天津采取了"地块自平衡、区域自平衡、全市统筹平衡"的资金平衡路径。具体来说,就是可以通过地块出让实现资金平衡的自行平衡;地块出让不能实现资金平衡的,区内寻找平衡地块解决;区内地块仍然不能实现资金平衡的,待项目完成后,根据届时土地出让实际情况,据实核算资金缺口,通过市级地块返还政府收益或提高区级留成比例,纳入全市统筹平衡。通过"三个平衡"政策统筹全市力量,兜起民生底线,破解长久以来制约市区棚改的最大瓶颈问题,为实施三年棚改打开了通道。同时天津还多渠道筹措房源,在充分挖掘各类存量安置房源基础上,通过市场化途径建设定向安置商品房;统筹全市地块,在市区遴选14个地块用于安置棚改居民,实现市区棚改安置需求全覆盖。

棚户区改造"三年清零"期间,各区坚持以担当作为践行初心使命,奋斗在棚改一线的广大党员干部坚持把"人民对美好生活的向往就是我们的奋斗目标"作为激励和鞭策,心系群众,严谨务实,不辱使命,无私奉献。棚户区群众的困苦,是他们肩上不可推卸的责任,他们不厌其烦,冒酷暑、顶严寒,逐一入户动员沟通,宣传征收政策。

按照群众困难程度,天津分别制定了惠民补偿安置政策,特殊困难家庭可根据方案领取困难补助。对于原住房面积小且他处无住房、所获补偿款总额不足以购买最小安置房的,可享受托底安置房一套,不补交房屋差价政策。精准帮扶困难群体,研究个性化解决方案,开展专项扶贫帮困活动,一揽子解决困难群众就业、入学、就医、低保等方面问题。据统计,三年累计发放各类困难补助近十五亿元,约三万人受益。

各区切实贯彻"不怕老百姓占便宜"的指示精神,一心一意为棚户区百姓着想,为困难群众解难题,算发展账、算民心账。坚持从实际出发,不搞"大水漫灌"式补偿,找准突破口、因地制宜、精准施策,"一对一"采取救助措施。对确有困难的棚改居民,采取发放生活补贴、优先安置孤寡老人、妥善安排就业、托底保障一套安置房等措施,切实解决他们的后顾之忧,确保做到住有所居,确保困难群众得到妥善安置、不留后顾之忧,让棚改工作既有"力度"又有"温度"。

2019年,天津市区棚户区改造"三年清零"工作提前一个月实现既定目标,实际完成148.56万平方米拆迁安置任务,6.3万户近三十万居民告别"蜗居",实现"出棚进楼"安居梦,全面兑现了天津市委、市政府对全市人民做出的"三年清零"庄严承诺。

棚户区改造项目的顺利进行,不仅使棚户区群众居住条件明显改善,为补齐民生短板提供了宝贵资源,还在全市释放出大量土地,为各区今后发展打开了空间,城市"留白增绿"效果进一步显现。三年来,天津累计投入改造资金千余亿元,通过实施改造,市区棚户区居民户均面积由原来的23平方米提升至65平方米以上,居住质量和生活水平得到明显提高。改造后,天津可整理盘活、可出让地块共56个,约可释放土地资源近三百八十公顷,其中可出让用地面积约二百七十五公顷,规划建筑规模约六百万平方米,包括住宅规划建筑规模430万平方米,商业、服务业、工业等规划建筑规模170万平方米。红桥区西于庄、西站,河西区小海地、陈塘庄,河东区东宿舍、东孙台,河北区三十五中、新大路等,将成为市区内不可多得的优质土地资源,为城市发展积聚新势能。通过棚改可为绿地、交通设施等建设提供土地约一百四十公顷。

在棚改任务最重的红桥区,随着"渔村"、丁字沽、西沽南、同义庄、运输六场等沿河项目的清片和围园路的违建拆除,彻底根除了长期以来北运河、南运河、子牙河和西沽公园的环境污染。2017年至2019年,在原零散平房点位上,红桥区新建了风貌里、胜灾等12个社区党群服务中心,改扩建幸福、彰武等9个社区党群服务中心,并建设了一批社区老年日间照料中心、老人家食堂、菜市场等公共设施。此外,还规划建设天津三中南片校区等2所中学、天津师范附小分校区等6所小学,计划扩建西青道中学及丁字沽等4所小学,规划新建碧春里幼儿园等14所幼儿园,建成投用后"一老一小"问题将得到有效缓解。

为加大文化遗产保护利用力度,各区在改造前还对棚改范围内具有一定历史、文化、艺术价值的建筑物进行了普查,由规划部门提前介入,深度参与方案设计,妥善加以保护利用。红桥区韩家大院、天津市基督教西沽堂、河北省航运局、天津市水运公司工人俱乐部、航运客运站、丹华火柴厂职工住宅、欣乐副食品店、河北区刘建章故居、造币总厂等多处文物保护建筑,结合规划加以开发利用,成为天津历史文化新名片。

(三)农村危房改造显实效,保障群众住房安全

建起广厦千万,才有幸福可盼。用一砖一瓦筑起百姓的安居梦,为他们叩开幸福生活的大门,这是初心更是使命。走进天津静海区大丰堆镇高小王庄村村民陈老汉家中,雅致的小院干净整洁,屋内地面一尘不染,质朴的农房焕然一新。农村危房改造民生工程让梦想照进现实,陈老汉一家人享受到四万多元的补贴资金,"高龄"老旧危房得以拆除重建。"这才几个月的时间,一家人就从原来破旧的老房子搬进了宽敞

明亮的新房,做梦都没想到,心里头真是太高兴了,这辈子都不能忘了共产党。"幸福的笑容洋溢在老汉脸上。

这是天津实施农村危房改造民生工程的一个缩影。群众的梦想,就是行动方向。天津聚焦保障和改善民生,将农村困难群众危房改造作为一项重要的民心工程全力推动,着力构建"安居、宜居、美居"的农村居住环境。

改造中的农村危房

把惠民政策用到群众的心坎上。在天津危改任务最重的蓟州区,农村危房绊住了不少困难农户改善生活质量的脚步。住在盘山脚下的五保户付大妈,老房子建于20世纪80年代,经鉴定为D级危房。在危改政策支持下,拆旧建新,"老房子后墙都歪了,墙上全是大口子,睡觉都不踏实,现在的新房子又结实、又敞亮,多亏了党的好政策"。付大妈的喜悦之情溢于言表。经过多年实践和不断完善,天津建立了一套较为完整的农村危改政策体系,明确危改对象认定、资金筹措、补助标准、建设方式、改造方式、建设标准等。天津出台农村危房改造补助对象认定办法,开通"天津农村危房改造"微信公众号,畅通农户报名渠道。建立信息共享机制,对困难户开展"地毯式"核实,逐一甄别、不落一人。

王大爷是宝坻区口东镇大坚庄村的低保户,妻子有残疾需要长期治疗,儿子没有固定工作,住了三十多年的老房子,墙皮开裂、下雨漏水,但家里拿不出钱修,这让一家人的生活陷入了困境。经过鉴定评估,王大爷的房屋可以在原址重建。从打地基到上房梁,两个月的时间新房就正式竣工,彻底解决了一家人多年压在心头的烦心事。"政府出钱又出力,不仅发放补贴,还协调专业施工队来建房,让我们住上了新房子。"王大爷感激地说。面对农村困难群众,天津市住房和城乡建设委多渠道筹措资金,实行积极帮扶政策,制定《天津市农村危房改造补助资金管理办法》,专户管理、专款专用、封闭运行、直补到户。

把房屋住用安全摆到解民忧的首选上。一直以来,农村住房建设处于无设计、无图纸、凭经验的状态,为提高危房改造设计水平,天津市住房和城乡建设委编制《天津市农村危房改造通用图》《天津市农村危房加固改造技术指南》,大力推广适合天津农村实际、造价低、工期短、安全可靠的农房加固技术,既保证住房安全,又减轻农户负担。实现危改质量检查全覆盖,对地基基础、主体结构等关键部位进行质量验收,确保房屋质量安全。

天津以消除农村房屋重大安全隐患风险、改善农村居住环境为重要抓手,全面启动农村房屋"体检"行动,重点对经营性农村危房进行了整治,确保经营安全。同时以增强农村房屋抗震性能为突破口,推动实施地震易发区房屋设施加固工程,积极向农村建筑工匠普及抗震改造技术。制定出台《高延性混凝土加固砖砌农房应用技术导则》,组织人员深入各区指导推动,为不断提升农房抗震水平提供了保障。

农村危房改造前后对比

把绿色元素纳入农房建设的新标。普通的木制门窗换成了崭新的铝门窗,"伤痕累累"的墙体"变身"为加固过的保温外墙……在静海区大丰堆镇大丰堆村,村民花大妈改造后的新居内不少设计都体现出绿色节能的理念。"以前到了冬天屋里总是阴冷潮湿,现在严实又暖和,厚被子都用不着了。"花大妈的脸上洋溢着喜悦。在农村危房改造过程中,天津大力推行节能保温的绿色农房建设,对门窗、墙体等进行节能改造的危改户发放节能补贴,大大提升了农房的舒适度,起到了良好的示范效应。

结合危房改造,天津市住房和城乡建设委坚持示范引领,组织编制新建农房通用设计图集,突出地域特色和乡村风貌,将抗震、节能、绿色、环保功能融入农房建设,免费提供给农户使用。以成片农村建筑风貌和性能提升为重点,引导群众在房屋改造中突出文化传承创新,在建筑风格上保持田园传统、突出天津特色,在综合功能上体现天津创造,着力提升打造一批具有历史文化、地域特色和乡村风貌的样板示范村。蓟州区渔阳镇西井峪村、宁河区宁河镇杨泗村等一批试点通过风貌引领、传承创新,建设品质和环境面貌有效提升,带动了乡村旅游和村民增收致富,加快了乡村振兴的步伐。

交通出行篇

新中国成立以来，天津交通取得了骄人的成绩。全市深入贯彻落实京津冀协同发展等重大国家战略，围绕综合交通、智慧交通、绿色交通、平安交通、美丽交通，全力推进交通基础设施建设，建成了铁路、公路、水路、航空等联系南北、沟通东西，全方位、日趋完善的现代化、综合、立体交通运输体系，在稳增长、扩内需、保障改善民生、优化空间开发等方面发挥了重要的基础支撑作用。党的十九届五中全会通过的《中共中央关于制定国民经济和社会发展第十四个五年规划和二〇三五年远景目标的建议》指出："加快建设交通强国，完善综合运输大通道、综合交通枢纽和物流网络，加快城市群和都市圈轨道交通网络化，提高农村和边境地区交通通达深度。"天津市交通运输相关部门扎实推进党史学习教育，将党史学习教育与政务服务深度融合，致力于优化营商环境，提升为民服务水平，不断提高"我为群众办实事"的能力，把学习教育成效转化为谋发展、促改革、抓落实的实际举措。

一、幸福图景：综合交通路网打通百姓"幸福路"

（一）"四好农村路"带动农民创业致富

要想富，先修路。一条条"四好农村路"修到了村头，通到了乡亲们的家门口，改变了过去"晴天一身土，雨天一脚泥"的面貌，实现了"出门水泥路，抬脚上客车"的梦想。

2021年以来，天津从建好、管好、护好、运营好四个方面精准发力，大力推动"四好农村路"建设，带动农业和乡村旅游发展，助力乡村振兴跑出"加速度"。一路通，百业兴。"四好农村路"串联起周边的各个乡村。路通了，乡村也变得"活泛"起来。

　　随着乡村振兴战略深入实施,天津全力完善立体交通设施,努力疏通乡村间的"毛细血管"。截至2020年底,天津乡村公路(乡道+村道)8864条,总里程达到10056千米。"十三五"时期,天津补贴资金10.1亿元用于乡村公路的新改建及大修。以宝坻区欢喜路为例,这条路展现了交通建设与农村地区资源开发、产业发展有机融合的实践。

　　欢喜庄村位于天津水稻主产区——宝坻区八门城镇,全村位于万亩稻田之间,四周河流纵横,"稻海渔歌"美不胜收。放眼望去,村落自然、质朴、绿色,景色处处精细宜人。但该村苦于通往主干路的乡村公路年久失修、坑洼不平,不但影响了全村农业生产力的发展,而且使本村优质的旅游资源无法宣传推广,导致农民致富手段单一,收入普遍不高。村委会主要负责同志说:"修路以前,双向会车都麻烦,更别说搞旅游了。现在好了,黑黝黝的沥青路面铺上,我们村小康致富路就打开了,走车方便了,路感也好了,游客心里也变得敞亮了,都说在这儿开车看风景都是享受。"

　　在通往宝坻区八门城镇欢喜庄村的路上,有一条东西向平坦宽敞的柏油马路——欢喜路。因为串联着欢喜庄、半截沽、刘张庄、刘家场、青白沽、葫芦沽、金蝉窝等周边9个村庄,且欢喜庄紧挨着这条六千米左右的路,村民便给它取了这个讨喜的名字。在2017年之前,欢喜路还是条4米宽的"土道"。村民想把稻草运出去,要先用小车一车一车把稻草拉到主道倒在大车上,然后大车小心翼翼地把这些稻草从这条坑坑洼洼的路上运出去。晴天,车子走后掀起一阵烟雾般的尘土;雨天,车子留下的则是两条泥泞不堪的车辙和被甩得四处乱飞的泥点子。

欢喜庄村路旁"欢庆丰收喜迎小康"稻田画

从2017年开始,这条路变了。村民最直观的感受是路变宽了。从4米宽变成了6米宽的路面,以前两辆公交车并排错不开,现在双向行驶丝毫没有压力。欢喜路似乎一眼到底,像极了文艺电影里常出现的场景。道路两旁笔直的白杨树整齐成排,农家楼房点缀其间,蒲扇一样的荷叶层层叠叠铺满了以前不起眼的水渠,一眼望去满眼的绿色,一幅生动的美丽乡村画卷呈现眼前,沁人心脾。

有村民说:"两亩地出1吨稻草。以前1吨稻草装1辆小车,每次运草不少小车排队从那条坑坑洼洼的路排列进村,一吨一吨往外倒。收草的老板付的运输费增加了,给我们的利润就少了。现在修好了路,大车直接开到村里,装运稻草的人工费和车费每吨能省20元,2000亩地就能省下2万元。"

种植大户孟小伙高兴地说:"以前搞土地承包,因为这条路路况条件差,大型农业机械和运输车辆进村都困难,我干啥心里都没底,现在路铺好了,我就有信心了,2021年一口气承包了一千多亩的水稻田,还引进了'优99'小站稻品种,预计亩产就能达到500公斤以上,还没到收获呢，就早早被大型粮油供应商预订一空了。这都要感谢党的好政策啊，让我们农民的日子越过越好。"

在欢喜庄村，有1800亩地用于稻蟹立体种养。早在2009年，天津宝坻区八门城镇欢喜种植专业合作社就已经开始试种并取得成功。这里，成为天津小站稻主产区；这里，也成为稻蟹立体种养"第一人"。2012年，合作社升级成为"欢喜庄现代生态农业示范园"。在之后的几年，由于知名度和路况的限制，这个园区一直不温不火地经营着。直到2017年，欢喜路升级改造完成，干净宽敞的马路带来了一波又一波的游客，这给欢喜庄村及周边村庄带来了经济收益，也带来了知名度。

2020年欢喜庄村举办"天津市中国农民丰收节"

"农业示范园有很多农事体验，有采摘、垂钓、观光车游览，以及配套完善的食宿。这里汇集了农业观光和农业生产，受到了越来越多的关注。现在，很多中小学研学项目汇聚于此，同时还有很多项目活动在这里举办。比如2019年，农业示范园承办了宝坻区的农民丰收节；2020年，这里是天津市中国农民丰收节的主会场。这些活动也让越来越多的人认识了这里。现在很多人慕名而来。我们也在开发民宿，现在已经有7家民宿正在建设中。"宝坻区八门城镇欢喜庄村村委会主要负责同志说。

现代生态农业示范园发展起来,当地的村民脸上也有了笑容。据了解,欢喜庄村129户人家入股了合作社,合作社后来升级为现代生态农业示范园后,他们的分红也水涨船高。每个村民每年能拿到1.5万元的分红和200斤新打下来的稻谷。另外,由于欢喜庄村的土地已经实现100%流转,村民手里的土地集中在种植大户手里,采用机械化生产,收成好了。路通了也逐渐打开了农产品销路,种植大户加紧生产,村民的土地价值提升。以前一亩地的土地价值是1000元,现在涨到了一千四百元左右。而且由于把土地集中承包给了种植大户,村里的年轻人可以去厂里上班,又多了一份工资收入。

发展起来的旅游业带来了人气,也让小企业的经营好了起来。种植水稻、饲养螃蟹成为欢喜庄村的重要产业。欢喜庄村有2100亩地,其中耕地1986亩。这其中又有1800亩地用于稻蟹立体种养。以前一片片废弃的坑塘现在都种上了大片的荷花,下面养着螃蟹。示范园负责同志说:"最近几年路通了,旅游火起来了,我们的螃蟹销量也高了。之前,我们的产品好,但没有人知道。我起初是卖给当地的游客,有的时候客户再介绍客户过来。中秋的订单,少的时候每天十几单,多的时候每天三四十单,有的时候还要多,能卖到五六万元。"

四通八达的路网建设带动了一个村的产业。得益于农村公路带来的便利,欢喜庄村特色产业发展迅速,一大批特色农产品走出乡村,形成了"产业跟着公路走,公路促进产业活,产业带动农民富"的良好态势。

(二)12328成最有温度的热线

"小区门前终于不积水了,再也不用蹚水出门了,感谢政府解决了我们的难题!"家住西青区汇颐花园小区的白大爷拉着汗水湿透全身仍专心清掏淤泥的工作人员动情地说。

2021年7月,西青区汇颐花园小区的白大爷感谢政府解决出行难题

2021年7月,天津市交通运输委接到西青区汇颐花园小区居民白大爷通过12328服务热线反映,该小区门口排水不畅,经常积水,导致居民雨季出入小区困难。接到诉求后,天津市交通运输委立即派出专业人员深入现场排查,发现小区门口地势比主干道路低,雨水无法直接通过主干路上的收水井排走,小区自设的收水井和与主干管网上的收水井相连的PVC管多年未清掏导致淤堵。此段排水管道虽然距离不长,但是涉及多家产权单位。考虑到夏季降雨频繁,小区八百多户居民在雨季不得不蹚水出门,极其不方便,在天津市交通运输委的安排部署下,市交通运输工程建设服务中心立即联系道路养护管理部门、属地排水部门和小区物业共同研究解决方案。

汇颐花园小区门前堵塞多年的排水管道全部接通

白大爷反映问题的当天下午2时左右,技术员、操作工人带着抢险车、高压水冲车先后到达现场,他们冒着高温,连续工作三个多小时,将两个收水井、收水支管彻底清掏干净。主管道疏通了,但是小区自设的PVC管口直径仅100毫米,且为曲线形式连接,现有工具、设备无法继续疏通。经商量研究,决定尝试用室内下水道疏通的办法进行疏通,经过两个多小时的施工,管道中间有一米多长始终无法彻底疏通。眼看天色已晚,小区居民提出明天再修吧,但是考虑到当晚天气预报有降雨,如果晚一天,小区居民的困难就会延长一天。"雨情就是命令,能今天疏通就不拖到明天,尽一切力量连夜修好!"天津市交通运输工程建设服务中心计划统计部负责同志说。他当即联系正在附近实施公路养护项目的天津市交通运输基础设施养护服务中心第三分中心,请求派人帮忙,晚上7点40分,该中心的技术人员带着1名电工和3名操作人员到达现场,同时带来了工具车、发电机,以及路面破除工具。经破除后发现1米范围内的PVC管完全被压碎,砂石泥土嵌挤得十分密实,工作人员连夜进行拆旧换新。晚上11时左右,在多个部门的通力配合下，汇颐花园小区门前堵塞了多年的排水管道全部疏通，围观的居民自发地鼓掌致谢，小区居民的心结也随着管道的疏通全部打开了。

在党史学习教育中，天津市交通运输委把党史学习教育成效转化为"我为群众办实事"的具体行动，着力解决好人民群众急难愁盼问题，不断增强人民群众的获得感和满意度。把为群众办实事切实落实到具体工作中，坚持把解决问题和人民满意作为12328电话服务的根本目标，加强组织领导，夯实制度基础，强化队伍保障，狠抓办理质量，限时办结率、答复满意率和回访满意率等服务指标持续攀升，位居全国和天津市前列，使12328成为天津市便民服务专线中最有温度的热线电话之一。

（三）政府引领企业助残暖人心

2021年11月5日上午，天津津一助残公益服务中心代表王女士、天津市希望之家伤友代表王先生将写有"政府引领企业 助残温暖人心"和"热心服务爱传递 帮残助残暖人心"等话语的五面锦旗和一封感谢信送到了天津市交通运输委，对在天津市交通运输委引领下，天津市轨道交通行业为残疾人提供"快捷无忧 贴心一路"的优质服务表达衷心感谢。

残疾人社会组织送来五面锦旗

　　天津津一助残公益服务中心于2020年11月在天津市开展了"出行在天津"体验地铁无障碍设施活动,2021年10月又与天津市希望之家联合组织了"金秋十月 畅游津门"的全国脊椎损伤伤友活动。活动期间,天津轨道交通人秉承"用心用情服务 彰显责任担当"的理念,通过贴心、暖心、细心的服务,让参加活动的人员体验到了天津轨道交通完善无障碍设施、关爱每个乘客的不懈努力。

残疾人体验地铁无障碍设施活动

　　天津轨道交通运营集团客运管理部负责同志代表各轨道交通运营单位表示:"我们将继续实施无障碍设备设施的提升改造工作,继续在提升服务上下功夫,努力让行动不便的乘客感受到方便贴心,并虚心接受群众监督,全力提升天津轨道交通无障碍出行服务水平。"

　　天津市交通运输委负责同志表示:"人民群众的肯定是对我们工作的鞭策和鼓励。近年来,虽然我们在完善无障碍设施、为行动不便的乘客提供主动服务方面做了一些工作,但还存在很多不足,我们欢迎各界人士多提宝贵意见,来帮助我们改进工作。我们将始终坚持'以人民为中心'的思想,把党史学习教育同为群众办实事有机结合起来,用真心真情为行动不便的乘客乘坐轨道交通提供顺畅无忧的出行保障,让他们切实感受到轨道交通服务的温度。"

二、成就见证：交通便利化，为美好生活全面提速

（一）天津地铁为群众办实事，确保乘客平安出行

天津轨道交通运营集团始终坚守以"人民为中心"的发展思想，在着力保障和改善民生上下功夫，用力用心用情为群众办实事、解难题，不断彰显国有企业、窗口单位、民生行业的担当作为。

（1）在保畅通保安全上准用力。一是着力提高运能运力。为进一步满足市民早间出行需要，集团眼光向内主动挖潜，经过反复测算推演，通过增加上线列车数量、优化线网运行图等措施，自2021年4月20日起，将地铁1号线早高峰时段最小行车间隔由3分50秒缩短至3分30秒，将地铁5号线、6号线最小行车间隔由5分钟缩短至4分30秒，市民出行更加舒心。二是尽力拉近"双城"距离。自2021年7月12日起，地铁9号线每日早5：57、晚23点在塘沽站至天津站间各专门开行1列次直达快车，单程运行时间42分钟，较普通列车节省10分钟。为了这10分钟，近四百名各岗位员工每天要提前30分钟做发车准备、延迟30分钟做收车工作。每天多1小时的坚守，让乘客的回家之路更顺畅，让津滨双城的通行更便利。三是全力保障汛期安全。针对2021年汛情的严峻形势，集团把防汛预案提升到最高等级，做到"三个到位"：成立车务、车辆、供电、通信等10支共计一千一百余人的专业抢险队和职能后备支援队，确保人力到位，关键时刻拉得出、冲得上、打得赢；在沿线各站和关键点位储备约九万袋沙袋、二百套挡水板、近一千五百卷彩条布的防汛物资，增加260台移动水泵，确保物资到位，满足现场防汛需

求;为各站配备三千余把爱心伞、近十万个伞套,确保保障到位,帮助乘客顺畅出行。同时集团坚持"人民至上、安全至上",明确了"降、限、关、停"标准,一旦出现重大汛情将果断采取应对措施。

(2)在优服务塑品牌上很用心。一是一个App通京津。集团主动落实京津冀协同发展战略,推动"天津地铁"App与北京"亿通行"App实现双向互认,乘客可利用本地App在两地乘坐地铁,无须再换票取卡或下载异地App,实现"一个App在手,乘车不用愁"。二是一次联程优惠共享。自2021年6月26日起,乘客90分钟内在地铁与公交之间换乘,使用天津城市一卡通或地铁、公交App支付时,在享受原折扣的基础上,可再享受"联程优惠"即减免1元,每天不限次数,真金白银地降低乘客出行成本。三是一张图逛遍天津城。集团设计编发"地铁生活圈"系列主题图册,首期推出"乘地铁游天津·博物馆篇",标注了地铁线路周边40家博物馆、纪念馆、展览馆,为广大市民、游客提供了游玩实用指南。在"天津夜生活节"启动仪式上发布了第二期"乐享津城·夜市篇",梳理了本市六十余家优质餐饮娱乐休闲打卡地,为市民、游客乐享津城夜生活、构建消费城市,绘制了一部美食宝典。

2021年天津轨道交通运营集团设计编发"地铁生活圈"系列主题图册

（3）在抓细节见精神上暖用情。一是列车变温，服务升温。为满足不同体质乘客乘车时的差异化需求，推出列车夏季"同车不同温"的"大招"，列车空调由集中控制改为分区控制模式，六节车厢实现"两端舒适、中间清凉"，乘客可以有选择地乘坐，并对这个人性化举措纷纷点赞。二是以客为尊，尽我所能。针对老年人、残疾人等特殊乘客群体，相继推出了"一站式"服务、"老年人自助购票专区""电话预约"、轮椅升降台等一系列贴心服务，首创了残疾人持"爱心码"免费乘车功能，让天津地铁"快捷无忧、贴心一路"的服务品牌得到了最真实的展现。三是"天地"对接，一路畅行。在天津市交通运输委组织下，地铁与滨海国际机场通力合作，以乘客视角审视并提升导向指引系统，机场在到港乘客测温处、行李提取处及到达大厅显著位置张贴地铁线网图和App二维码，乘客可提前完成乘坐地铁准备；地铁在各车站出入口张贴机场换乘海报及微信二维码，方便乘客了解最新航班动态、做好行程安排。

2021年推出列车夏季车厢"同车不同温""两端舒适、中间清凉"人性化举措

（二）促进双城通行便利化，提升群众幸福指数

在天津市区与滨海新区之间，每天约有二十五万人次的通行需求，公路承担着80%左右的交通量、轨道交通承担着约20%的交通量，通勤时间长是两地群众的普遍感受。提高两地间轨道交通的运输效率、改善服务体验，成为提升两地群众幸福指数的关键。为此，天津市交通运输委把津滨双城通勤便利化作为"我为群众办实事"实践活动的重要内容，组建专门工作小组，与"滨城"相关企事业单位开展座谈了解通勤需求，通过网络问卷、跟车调研等多种方式问计于民，广泛吸纳意见建议，认真研究改善措施，助力百姓便捷通行。

2020年，天津全面实施京津通勤便利化12条举措，实现京津城际运营公交化、支付优惠同城化、枢纽通达便利化、重点区域直通车等方面措施落实。北京、天津、上海、广州地铁App跨城互通，持续提升群众出行满意度。

为提升"津城""滨城"轨道交通快速通达能力，推进双城客运"公转铁"，加快形成便捷顺畅、经济高效、绿色集约、智能先进、安全可靠的现代化综合立体交通网，天津市交通运输委会同中国铁路北京局集团公司、滨海新区政府、天津轨道交通运营集团推出多项措施，促进津滨双城通行便利，为百姓出行提供新选择，切实为双城通行群众办实事、办好事。

（1）优化津滨轻轨9号线行车组织。为进一步缩短津滨之间通勤时间，服务保障夜间经济，拉动新消费增长点，天津交通管理部门组织天津轨道交通运营集团延长运营时间，2021年7月12日起，津滨轻轨9号线每日早晚间各开行1列津滨直达快车，更好满足双城乘客直达需要，缩短市民通勤时间。早间快车5:57从塘沽站始发，6:32经停直沽站，6:39到达天津站；晚间快车23:00从天津站始发，23:06经停直

沽站,23:42到达塘沽站。

(2)优化城际列车高峰开行时刻。积极协调中国铁路北京局集团有限公司,调整铁路运行图,优化重点车次发车时间,根据早晚高峰客流特点和乘客需求,对标通勤客流特点和上下班时间,精准调整、优化重点车次发车时间,为早晚高峰通勤旅客、选择京津城际延伸线的旅客留出了更为宽裕的接驳换乘时间。2021年7月11日起,天津站至滨海站方向C2557次列车由7:52发车调整至7:47,滨海站至天津站方向C2308次列车由17:28发车调整至17:40。

(3)优化公交接驳。组织滨海新区政府等部门优化公共交通接驳,推动津滨双城快速通达,满足乘客接驳需要。根据滨海站客流增长的情况,缩短滨海站公交车发车间隔,延长发车时间。2021年6月30日起,513路公交高峰时段发车间隔由15分钟调整为10分钟。2021年7月9日起,939路公交高峰时段发车间隔由25分钟调整为15分钟,947路公交最晚发车时间由20:00延长至20:30,以满足夜间到达乘客接驳需求。

(4)优化绿色出行服务。优化于家堡、响螺湾商务区慢行接驳模式,市民可选择多个品牌共享电动车,扩大滨海站乘客绿色出行可达范围。根据旅客需要,动态合理调整滨海站东西进站口共享单车投放量,共享单车企业采用App监控及路面巡查等方式适时关注滨海站周边共享单车使用情况,由管理人员进行高频度调整,并对东西进站口外车辆秩序进行有效管理,确保接驳车辆数量满足旅客需求,方便乘客接驳。

(5)改善塘沽站慢行交通条件。滨海新区交通运输、公安交管等部门指导共享单车运营企业增加运维人员,加强早晚高峰期塘沽站共享单车运维保障,做好车辆供应和停放秩序维护;坚持严查违法停车严重扰乱通行秩序的交通违法行为,进一步加大对塘沽站周边机动车乱停乱放管控和巡逻力度,对乱停乱放、逆向行驶等交通违法行为进行严厉查处。

（6）实施轨道、公交优惠换乘。近年来,天津公共交通发展成效显著,但公交、轨道两网融合度不高,公共交通吸引力不强的问题仍然存在。为方便市民乘坐公交和地铁,提高轨道、公交组合效率,引导便捷换乘出行方式,天津市交通运输委推出了常规公交与轨道交通联程优惠政策,2021年6月26日起正式施行,乘客在90分钟内公交换乘轨道交通(含轻轨)或轨道交通(含轻轨)换乘公交,就能享受1元联程优惠且不限次数,节省津滨轻轨9号线换乘乘客出行成本。

（三）优化公交路线网,通行提速助力民心工程

公交巴士公司着力从"我为群众办实事"实践活动上下功夫,把运营工作的重点与市民公交出行的诉求紧密贴合,努力让群众满意在公交。为了解决市民群众从北辰道铁东路地道公交站前往第一殡仪馆祭扫的公交空白,巴士公司提前开展调研,选择铁东路地道公交站和丹河北道地铁站两处为出发点,分别经外环线到第一殡仪馆和经铁东路到第一殡仪馆进行实地步行,测算后得出,从铁东路地道公交站经铁东路到第一殡仪馆全程3.6千米需要步行近一小时,从丹河北道地铁站到第一殡仪馆全程2.8千米需要步行三十多分钟。由于从铁东路地道公交站和丹河北道地铁站到第一殡仪馆属于公交空白,给清明期间前往祭扫的群众带来很大不便。

"以前我们老两口坐850路公交从铁东路地道下车走到北仓公墓要四十多分钟,现在有了这条清明公交专线几分钟就能到,太方便了。"坐在崭新的清明专线8路公交车上,从红桥区千禧园小区赶往第一殡仪馆扫墓的赵大娘老两口说。赵大娘满满的幸福感得益于公交巴士公司开展党史学习教育。据介绍,首次开通的清明专线8路是天津市公交集团14条清明专线中专门接驳地铁5号线的线路,2021年3月27日

开始运营,解决了市民乘坐公交车前往第一殡仪馆祭扫的"最后一公里"难题。

2021年3月27日清晨,负责清明专线8路运营的公交巴士公司新能源车队党支部书记于书记早早就来到车队,她说:"为了保证专线8路的服务质量,我们特别挑选了党员作为首班车驾驶员,也是在关键时刻、关键岗位把党员的先锋带头作用发挥出来,在群众面前展示出来,把好事办好。"受天气影响,首班车驾驶员马师傅正再一次给车做清洁,"我们新能源车队虽然人手紧张,但是这条清明专线只在周末和清明节三天假期运营,能让老百姓感到方便,我们就是受累也觉得高兴。"马师傅说。

天津市公交集团始终坚持问题导向,着眼于群众身边的小事、急事、难事,将深入开展"我为群众办实事"实践活动和天津市2021年20项民心工程紧密结合,从破解百姓出行"最初一公里",畅通服务群众"最后一公里"到优化线网"每一公里",多方面着手,聚焦解决群众出行中的实际问题。截至2021年9月上旬,通过优化调整,共填补公交线网空白、强化公交地铁接驳、新增优化公交线路57条。

1.裁弯取直、提升效率

"以前坐616路要围着雅士道、华苑路绕一圈,赶上早高峰堵车经常20分钟还没出来,为了上班不迟到只能骑一段共享单车,现在早晨坐公交车换乘地铁上班,和之前出门时间一样,到公司打卡比之前还能提前十几分钟,出门再也不用慌慌张张了。"2021年9月13日早高峰,在迎水西道站下车准备换乘地铁3号线的市民张先生说道。

让市民乘客称赞的是天津市公交集团"我为群众办实事"实践活动的又一次实践探索,通过前期调研,天津市公交集团运营业务部的专业人员发现公交616路开线时间比较早,随着人们出行方式的多元化和乘客需求的变化,客流也发生了变化。为了适应新形势,运营业务部门对客流进行了实地的摸底和后期的分析,经过充分论证,最后确定对公交616路行车线路进行裁弯取直,优化调整。调整后的616路撤销了长华里、中孚路等路段与其他线路重叠的8个中途站点,新增设康达尚郡1站。经过线路优化,让公交服务市民乘客的针对性更加明确,调整后节省了乘客候车时间,提升了上班族和学生的通勤效率,在一定程度上缓解了华苑地区道路拥堵状况,更大限度地发挥了公交运力。

2.快速反应、填补空白

从海泰南公交站开往天津站的公交638路比公交616路情况更为复杂,线路开通至海泰南公交站时,想要进入海泰地区只能走津静公路。为方便居民出行,638路选择绕行复康路。由于海泰发展四道和迎水道连接处正式通车,天津市公交集团运营业务部负责线网规划的工作人员在得知道路具备公交运营通行条件后迅速行动,第一时间对行车路线进行自测评估和客流调查工作,根据测评调查结果,确定对638路行车线路实行优化调整。从2021年9月16日早出库开始,公交638路裁撤城建大学、农学院等20个站点,新增红旗农贸市场、华苑地铁站等8站,调整后线路主要途经小区、农贸市场及地铁站等区域。对一条线路进行大刀阔斧的调整,也是公交优化线网的一次有益尝试,裁弯取直后的638路不但减少了乘车时间,方便了居民前往农贸市场买菜和换乘地铁出行,还填补了线路空白。

天津市公交集团运营业务部工作人员表示,以前迎水西里附近居民前往红旗农贸市场,需要坐11站公交车,调整后的638路运行距离短、时间短,只需6站就能到达,时间节省了一半左右。迎水道附近居民原来想前往和平区等方向,要换乘一趟或多趟公交地铁,优化线网后,居民可以乘坐638路直达一中心医院、中医一附属医院、海光寺、意式风情区、天津站等大型医院、综合商超、景区景点、交通枢纽地区,进一步填补市民出行的方向性空白,也能更快速疏散密集站点的客流。

3 优化线网、做好服务

随着天津市2021年20项民心工程"清单"落地，天津市公交集团坚持贯彻"以人民为中心"的发展思想，通过集团三级管理平台自测，结合市民百姓的建议和客服热线反映，了解乘客真实需求，第一时间成立线路线网优化调整工作专班，深入实地现场调研，梳理形成"办实事"清单，按照"急难愁盼"分级分批有效处理。

2021年3月以来，天津将填补公交线网空白、强化公交地铁接驳，作为全年重点工作。截至2021年9月初，共优化线网、裁弯取直线路53条，填补空白、新开线路4条。

实现快捷出行是推动公共交通高质量发展不可或缺的重要因素之一。天津市公交集团通过进一步提升整体服务水平，加快构建高效便捷、服务优质的公交线网，以服务群众出行、解决群众困难、满足群众需求为己任，真正把党史学习教育成果转化为推动各项工作的强大动力，坚持学习、实践同步推进，坚持学做结合、务求实效，把解决实际问题、推动实际工作作为衡量党史学习教育成效的根本标尺。

三、时代答卷：现代交通运输体系铺就康庄大道

新中国成立以来，天津交通运输取得了令人瞩目的发展成就。综合交通运输网络基本形成，路网密度位居全国前列；城市交通日益完善，居民快捷舒适出行体验大幅提升；公路、水路、铁路的快速发展，拉近了区域间的时空距离；世界一流大港的地位得到确立，机场辐射服务能力全面增强。交通运输的快速发展不仅改善了出行条件、提高了生活质量，更为天津经济社会平稳健康发展提供了有力支撑。

（一）公路网日益完善，运输质量效益双提升

新中国成立之初，天津的公路设施非常落后，全市仅有几条路段通车，总里程为791千米，没有统一技术标准，高等级路面为零。随着生产建设的迅速发展，公路基础设施建设步伐不断加快，1949年到1978年的30年间，天津公路建设投资累计达到2.22亿元。截至1979年末，全市公路通车里程3536千米，比1949年增长3.5倍，其中等级公路3403千米，占全部通车里程的比重超过96%，等级外公路133千米，仅占全部通车里程的3.8%。

改革开放以后，国民经济持续快速发展，公路运输需求强劲增长，公路建设得到中央和地方各级政府的重视，"要想富，先修路"逐步成为全社会共识，天津在统一规划的基础上，开始了有计划的公路基础设施建设。进入20世纪90年代，天津高速公路实现零的突破，通车里程达到30千米，之后高速公路建设步伐不断加快。

进入21世纪以来，天津公路建设投资逐年增加，尤其是2010年到2015年累计投资达到718.45亿元，年均投资近一百二十亿元，6年间累计完成公路建设投资是新中国成立以来至改革开放前公路建设全部投资的323.6倍。截至2018年，全市公路通车里程已达到16257千米，是新中国成立初期的20.6倍，是1979年的4.6倍。其中一级公路1209千米、二级公路2986千米、三级公路1190千米、四级公路9610千米，分别是1979年的41.7倍、8.8倍、1倍和5.3倍。等级外公路全部升级改造成等级公路。公路的路网密度排名全国第8位，实现乡镇和行政村公路通达率100%。全市高速公路通车里程达到1262千米，是1990年高速公路通车里程的42倍。

京津冀一体化公路网基本形成，建成津石高速天津西段、唐廊高速（一期）、京秦高速、京台高速4条高速公路和7条普通国省道接口路，对

外高速公路接口增加至16个,实现31个普通省际接口与京冀同标准对接。市域骨干公路网实现联网贯通,建成"津城"绕城高速、"滨城"绕城高速,建成104国道、九园公路等外环线国道功能外迁工程,建设了一批区区互通互联工程。海空两港集疏运网络加快完善,建成疏港联络线、塘汉公路,正在建设津石高速天津东段、塘承高速滨海新区段等集疏运通道,启动天津港集疏运专用货运通道前期工作。"四好农村路"建设成效显著,出台《天津市关于深化农村公路管理养护体制改革实施方案》等一系列政策措施,加快建立"路长制",高标准实施乡村公路维修改造工程3300千米,蓟州区西井峪路荣获全国"十大最美农村路"称号,实现建制村村村通客车、村村直接通邮和具备条件的建制村通公交,蓟州区、武清区成为"四好农村路"全国示范县。建成全国高速公路百佳示范服务区1对、优秀服务区4对,高速公路"营改增"和差异化收费政策明显降低运输成本。2020年公路总里程达到16411千米,其中高速公路、普通国省道分别为1325千米、2738千米,与2015年相比分别增加195千米、198千米,高速公路网密度位居全国第二,国省道平均拥挤度0.6,交通运行总体顺畅。

新中国成立之初,天津公路货运主要以畜力车、人力车为主,运输工具落后,劳动效率低下。1949年,全市专业运输部门仅有载货汽车56辆,总吨位179吨,完成货运量1050万吨、周转量4746万吨千米。从专业运输部门来看,畜力车完成货运量和周转量的比重超过98%。

20世纪70年代,国营专业运输机构几乎承担了天津全部公路货物运输任务,计划指令性强,运输效率较低。1978年,全市专业公路运输部门拥有运输汽车2146辆、1.03万载重吨,分别是1949年的38.3倍和57.8倍;全年货运量达到6417万吨、周转量8.42亿吨千米,分别比1949年增长9倍和28.1倍。进入20世纪80年代以后,尤其是1983年以来,全国道路运输市场完全开放,个体和民营运输企业大量涌现,全市载货汽车保有量达到39667辆,比1978年增长62.6%;完成公路货运量1.40亿吨、周转量26.60亿吨千米,分别比1978年增长118.2%和215.8%。

公路通,百业兴。改革开放以后,落后的运输工具逐步被现代化、大型化、专业化的载货汽车所替代,公路运输的装备水平大幅提升。进入新世纪,随着信息化水平不断提升和"互联网+交通"迅猛发展,天津公路货物运输效率大幅攀升,对腹地和周边经济的辐射带动作用不断增强。截至2018年,全市载货汽车保有量达到17.96万辆、140.55万载重吨,分别是1949年的3207倍和7852倍,年均增速分别为12.4%和13.9%。年完成公路货运量超过3.47亿吨,分别是1949年和1978年的33倍和5.4倍;年完成公路货物周转量超过400亿吨千米,分别是1949年和1978年的851.5倍和48倍,年均增速分别为10.4%和10.2%。

道路运输加快转型升级。客运班线达到311条,省际班线辐射全国14个省市,14个三级及以上客运站全部实现与京冀联网售票。道路货运向规模化、专业化发展,先进运输组织模式初见成效,14家企业开展甩挂运输试点,20家企业开展无车承运人试点,2020年批准网络货运经营企业39家、整合社会车辆六十五万余部。2020年道路货物运输周转量达到640.12亿吨千米,较2015年增长85.43%。

(二)城市公共交通今非昔比,通勤效率大幅提高

新中国成立初期,天津仅有电气车线路20条,线路长度79千米,营运车辆288辆,旧的有轨电车破旧不堪。1949年全市客运量7993万人次。其中公共汽车完成1124万人次,有轨电车完成6869万人次。进入20世纪60年代以后,有轨电车已不能适应城市发展的需要,从1964年开始到1972年底,天津拆除了全部有轨电车轨道,有轨电车完成其运送乘客的历史使命。1978年,全市公共交通运输线路105条,线路长度1678千米,营运车辆1205辆,分别是1949年的5.25倍、21.2倍和4.18

倍。全年完成客运量63730万人次,是1949年的7.97倍。改革开放以来,公共交通在城市通勤中的骨干作用更加突出。2018年,全市公共汽车保有量达到13813辆,营运线路924条,线路总长度23920千米,全年完成客运量12.41亿人次,分别是1949年的48倍、46.2倍、302.8倍和15.5倍。

地铁飞速发展。20世纪70年代初期,结合墙子河改造,天津开始建设地下铁路。1976年建成新华路站到海光寺站,营运里程3.6千米。1982年恢复地铁工程建设,年末完成了地铁通往西南角的工程,共5.2千米。1984年完成了地铁通往西站的工程,实现了新华路站至西站7.2千米的双线营运,成为市区一条主要运行线路。1985年,全市地铁营运车辆数达12辆,行驶里程25.75万千米,运送乘客472.29万人次。2006年地铁1号线全线建成通车。2012年地铁2号线、3号线和9号线相继开通,地铁线网初步形成。截至2018年,地铁1、2、3、5、6和9号线全面运行,地铁运行网络基本建成,地铁营运里程达到219千米,全年运送乘客4.08亿人次,分别是1985年的8.5倍和86.8倍。

轨道交通骨干地位显著提升,地铁6号线(一期)、1号线东延线建成通车,轨道交通营运里程达到232千米,较2015年增加92千米,地铁和轻轨实现统一运营管理,实现银行卡、App和一卡通等多渠道支付,京津冀交通一卡通覆盖全部地铁、公交线路。2019年日均客运量达到144万人次,高峰日客运量达到187万人次,较2015年分别提高82%、89%。2020年全市轨道交通日均客运量92.55万人次。建成国家公交都市建设示范城市,开延调公交线路超过300条,建成194千米公交专用道,公交站点500米覆盖率达到100%,新能源公交车辆占比达到80%,全面推进城乡公交一体化,实施公共汽车运营成本规制,运营智慧安全水平明显提升。2019年全市常规公交日均客运量达到305万人次,公共交通机动化出行分担率为59.6%,2020年日均客运量

173万人次。

出租汽车行业蓬勃发展。天津解放前,天津私人车行仅有十余辆出租汽车,1956年公私合营后增加到三十余辆,1975年成立出租汽车公司,全市出租汽车仅有八十余辆,客运能力略有增加。改革开放以后,各类出租车辆逐渐增多,1978年达到235辆,运送乘客数量达到88万人次,行驶里程467.20万千米。20世纪90年代后,天津出租汽车行业迅猛发展,截至2018年,全市出租汽车保有量达到31940辆,年运送乘客36860万人次,营运里程达到328364万千米,分别是1978年的135.9倍、418.9倍和702.8倍。出租汽车行业市场秩序更加规范,出台《天津市网络预约出租汽车经营服务管理暂行办法》等,完成巡游出租汽车信息化设备安装、运价调整,建成网约车监管平台,实施"三站一场"驻站式管理、出租汽车"亮星"创新管理等举措,群众获得感明显提升。

随着"共享经济"的蓬勃发展,共享单车成为解决城市居民出行"最后一公里"的重要补充。截至2018年,全市投放共享单车总量达到71.86万辆。共享单车运营管理逐步规范,出台《天津市关于鼓励规范互联网租赁自行车发展的指导意见》等系列管理办法,规范单车企业行为,实施精细化管理,形成"总量控制、动态调节"的管理模式,至2020年底,中心城区投放总量控制在34万辆,初步实现良性发展。

(三)天津铁路跨越式发展,"轨道上的京津冀"加快推进

天津铁路是中国铁路的发祥地。天津铁路起源于清光绪七年(1881年)修建的唐胥铁路,距今已有一百四十多年的历史。1949年天津解放后,成立天津铁路分局,所辖线路主要由京山、津浦、京秦三大干线及若干支线和联络线构成。1949年5月5日,天津正式开行直通沈阳和浦口方向的旅客列车,当时城乡百废待兴,人民收入低微,客运量

很小。新中国成立后,国家经济进入恢复时期,全国城乡工农业迅速发展,客运量日益增长,到1951年,天津地区铁路旅客发送量586万人,货物发送量263万吨。1978年,党的十一届三中全会胜利召开,全国工作重点转到现代化建设上,实行改革开放政策,各方面工作飞速发展。农村家庭联产承包责任制解放了大批劳动力,涌向全国各地参加生产建设,城乡个体经济、集体经济、旅游事业得到空前发展,加速了人员流动。1978年,天津地区铁路旅客发送量达到1458万人,货物发送量达到1877万吨,分别是1951年的2.5倍和7.1倍。

2008年北京奥运会前夕,中国第一条高标准、设计时速350千米的京津城际铁路高速列车开通运营。京津城际铁路不仅使北京和天津这两个人口过千万的特大城市间形成"半小时经济圈",实现了"同城化",还使中国铁路大步迈进"高速时代"。2013年12月1日,津秦铁路正式投入运营,2015年12月28日津保铁路正式通车,天津通往东北、华北、华东地区的快速客运通道连接成网,基本实现京津石中心城区与周边城镇0.5小时—1小时通勤圈,京津保0.5小时—1小时交通圈,有效支撑和引导区域空间布局调整和产业转型升级。2018年,天津地区铁路旅客发送量5075.31万人、货物发送量9247.70万吨,分别是1951年的8.7倍和31.4倍。

津沪间一日往返也成为现实。1978年4月1日,天津首列直达上海的列车开通,时速仅50千米,从天津到上海需几十个小时。2011年6月30日,津沪高铁时代开启。天津与上海间G211、G213、G125次列车相继开行。京沪高铁用新的中国速度,把天津、上海两大直辖市间1318千米的里程,缩短为(最短)5小时10分钟。也是从这一天开始,津沪间可以一日往返。从绿皮车、空调车、和谐号再到今天的复兴号……几十年来,津沪间的列车见证了中国铁路的跨越式发展,见证了几代中国人的奋斗历程,更见证了七十多年来中国的沧桑巨变。

区域铁路建设实现同图同步,京津冀地区城际铁路网规划、京津冀核心区铁路枢纽总图规划获批,四条高铁通北京(京津、京沪、京滨、津兴铁路)、一条高铁通雄安(津保铁路)格局正在加快形成,初步实现京津雄0.5至1小时通达。市域货运铁路环线基本建成,建成大北环、西南环线、南港铁路和进港三线等铁路及新港北铁路集装箱中心站,建成南疆矿石铁路等铁路专用线,基本形成环放式市域货运铁路网和"北进北出、南进南出"集疏港铁路网。铁路客运服务更加便捷惠民,京津城际延长线实现公交化运行,成功开行津蓟市郊列车、京蓟城际列车。

2020年,天津铁路总里程1368千米,其中高铁城际里程达到310千米,铁路营运里程密度位居全国第一;2019年客运量5332万人、货运量9887万吨,较2015年分别提高31.5%、18%;2020年客运量2636万人,货运量11124万吨,货运量较2015年提高32.8%。

(四)一流大港地位全面巩固,水路运输服务能力不断提升

天津因港而立、因港而兴。1404年12月23日,明成祖朱棣取"天子渡津之地"之意赐名天津,筑城设天津卫,足见港口在天津发展历程中的重要地位。1860年天津被辟为通商口岸,1861年1月20日正式对外开港。随着地区经济及海运事业的发展,天津港由开埠前的三岔口,到开埠后的紫竹林码头,逐渐向海河河口北岸东移。1949年,天津港货物吞吐量达31万吨。

新中国成立后,天津港经过1951年、1952年和1973年的三次大规模改造,港口面貌焕然一新。现在的天津港以其优越的地理位置、广联通达的服务网络和先进配套的设施设备,成为中国北方水陆交通枢纽、重要的国际贸易港。

天津港是我国沿海最早开展国际海上集装箱运输的港口之一。1973年,首条中日海上集装箱运输航线在天津港辟建。1981年,天津

港建成并投产使用我国第一座集装箱专用码头。1990年,国家确定天津港为中国北方集装箱运输中转枢纽港,标志着以天津港为中心的集装箱支线运输已经形成。

截至2018年,天津港拥有集装箱、矿石、煤炭、焦炭、原油及制品、钢材、大型设备、滚装汽车、液化天然气、散粮、国际邮轮等各类泊位176个,其中万吨级以上泊位122个,生产性泊位长度达到36783米,分别是1952年的8倍和13.3倍。

天津港运输网络四通八达,对外通达一百八十多个国家和地区的五百多个港口,集装箱航线覆盖全球主要港口,对内辐射腹地广阔,在内陆腹地布局42个"无水港",是京津冀、华北及西北地区最便捷的出海口,70%左右的货物吞吐量和50%以上的口岸进出口货物总值来自天津以外的各省、直辖市、自治区。2018年,天津港完成货物吞吐量5.08亿吨,分别是1949年和1978年的1637.9倍和44.9倍,年均增速分别为11.3%和10%;完成集装箱吞吐量1601万标准箱,是1978年的2281.6倍。

港口顶层设计更加完善。成立天津港建设世界一流港口领导小组、北方国际航运核心区建设工作协调小组,国家发展改革委、交通运输部联合印发《关于加快天津北方国际航运枢纽建设的意见》。港口设施能级持续提升,建成南疆港区27号通用码头、中石化天津液化天然气码头等8个码头工程,建成高沙岭港区10万吨级航道一期工程、大港港区10万吨级航道工程等,万吨级以上泊位达到123个,航道达到5条。智慧港口建设取得突破,完成全球第一个既有码头(五洲国际)集装箱堆场自动化改造,开工建设北疆港区C段智能化集装箱码头,实现全球首批完全无人驾驶电动集卡商业化运营,成为全球首个获批建设自动驾驶示范区的港口,建成京津冀港口智慧物流协同平台。绿色港口建设成效显著,2017年煤炭全部实现铁路集疏港运输,2020年铁矿石铁路运输5181.2万吨,铁路集疏运占比超过65%,集装箱海铁联运完成80.5万标准箱,较2015年增长160.8%;33个专业化泊位建成港口岸电设施,港作船舶低硫油使用率达到100%。港口辐射能力明显增强,累计开通集装箱航线130条,每月航班五百五十余班次,遍及世界上二百多个国家和地区、五百多个港口,建成覆盖天津港主要腹地的内陆营销中心111个。津冀港口合作深入推进,配合国家有关部委出台《加快推进津冀港口协同发展工作方案(2017—2020年)》《津冀沿海锚地布局方案》等,天津港(集团)有限公司与河北港口集团有限公司、唐山港口实业集团有限公司合资成立两个集装箱码头公司,开通环渤海内支线19条,2020年完成中转吞吐量185万标准箱,设立天津港集团雄安服务中心,开通绿色通道。口岸营商环境显著改善,开展口岸降费提效治乱出清优化环境专项行动,推行"一站式阳光价格"清单,建成港口统一收费管理服务平台,至2020年12月底累计降费达10.8亿元。推进实施集装箱进口"船边直提"和出口"抵港直装",共完成"船边直提"作业14.68万个集装箱,提升码头作业效率,陆运收提箱30分钟完成比例为87.49%,60分钟完成比例为98.34%,天津口岸整体通关效率在全国各主要海运口岸中位居前列。

天津港各项经济指标保持较快增长,2020年港口货物吞吐量达到5.03亿吨,集装箱吞吐量达到1835.3万标准箱,较2015年提高30.1%;2019年,出入境邮轮旅客72.6万人次,较2015年增长68%;2020年国际航运中心排名较2018年跃升10位。

内河运输是天津港水路运输最早的一种运输方式,起源于漕运,在天津港乃至天津的形成与发展中发挥了重要作用。新中国成立后,天津大规模进行河网化建设,推行机械化轮船拖带,天津港内河货运进入鼎盛时期。1960年,天津内河货运量172万吨、周转量3855万吨千米。之后,随着铁路、公路等多种运输方式的迅速发展,以及河道淤浅、变迁,内河货运逐渐退出历史舞台。2002年以来,天津对海河两岸实施自近代以来最大规模的改造提升。如今,天津海河已经成为独具特色、国际一流的文化和景观带,海河游船也成为宣传天津、展示天津的一张亮丽名片。

海河已经成为独具特色、国际一流的文化和景观带

新中国成立后,天津远洋货运经历了由国家、民营、外商共同经营到统一由国家经营的演进过程。为冲破美国对中国的封锁禁运,1951年6月15日,中国和波兰在天津成立中波海运股份有限公司,这是新中国成立后,最早的中外合资远洋航运企业。新中国成立以来至20世纪60年代,天津水路运输船舶主要以拖轮和驳船为主,1970年全市运输船舶保有量为236艘、7763载重吨,其中拖轮33艘、驳船203艘。

改革开放以来,国家工作重心转移到以经济建设为中心,南北间、国内外商品物资交流大幅上升,大型化、专业化的运输船舶得到快速发展。1978年,全市船舶保有量为241艘、109.21万载重吨,虽然船舶总量变化不大,但是载重吨比1970年增长一百四十多倍。

进入新时代,水路运输对经济的辐射服务作用更加突出。2018年,天津市运输船舶达到283艘、557.78万载重吨,分别是1978年的1.17倍和5.11倍。全年完成水路货运量8260.9万吨,水运周转量1326.6亿吨千米,比1953年分别增长149倍和9374倍。

(五)天津机场驶入发展快车道,区域航空枢纽建设见成效

天津是中国最早兴办民航运输的城市之一,被誉为"新中国民航摇篮"。天津滨海国际机场的前身是天津张贵庄机场,始建于1939年11月。1950年8月1日,新中国的第一条民用航线在天津开通,新中国第一家航空公司、第一所民航院校、第一支飞行队伍也相继成立,为此天津被赋予了"新中国民航摇篮"的称号。1979年张贵庄机场航站楼启用,航站楼面积5500平方米,可容纳约六百人候机。同年4月,天津机场用4架子爵号飞机,开辟7条始发航线,改革的春风从天津机场这个窗口吹进了津沽大地。当年,天津机场完成旅客吞吐量18471人次,货物吞吐量3030吨。

1995年,天津机场正式更名为"天津滨海国际机场",成为国际定期航班机场、国内干线机场。2002年,天津滨海国际机场加入首都机场集团公司,实现了真正意义上的企业化改制,步入了发展快车道,同年旅客吞吐量首次突破100万人次。2013年旅客吞吐量突破1000万人次大关,而从1000万到2000万人次,天津滨海国际机场只用了不到4年时间,跨入全球繁忙机场的行列。一方面天津滨海国际机场实现了量的提升,另一方面也着力提升运行和服务质量,天津滨海国际机场荣获"2016年度全球旅客吞吐量500万至1500万量级最佳机场第一名"和"2016年度亚太区旅客吞吐量500万至1500万量级最佳机场第一名"两项大奖,并荣获国际机场界服务质量最高奖"机场服务质量卓

越奖项",成为当年全球 5 个获此殊荣的机场之一,也是亚太区域唯一获奖的机场。截至 2018 年,天津滨海国际机场已实现双跑道运行,航站楼面积达 36.4 万平方米,比 1978 年扩大 66.2 倍。2018 年,天津滨海国际机场运营客运航线 188 条,通航 130 个城市;旅客吞吐量突破 2350 万人次,货邮吞吐量 25.88 万吨,分别是 1978 年的 4345 倍和 181 倍。

机场综合保障能力稳步提升,天津滨海国际机场总体规划和三期扩建工程预可研报告获得民航局批复,机场高峰小时容量由 28 架次提高至"31+1"架次。区域航空枢纽功能显著增强,初步形成国内干支结合,国际主要通航东北亚、东南亚和欧洲的客运航线网络,开通客运航线 270 条,通航城市 159 个,较 2015 年分别增加 87 条、44 个;累计建成异地城市候机楼(厅)30 座,开通地面班线 9 条,创新"飞机+高铁""飞机+邮轮"模式,试点开展国内中转旅客跨航司行李直挂服务,获评"亚太区旅客吞吐量 1500 万至 2000 万量级最佳机场"。航空物流中心建设有序推进,设立天津航空货运发展办公室,成立天津货运航空有限公司,开通货运航线 20 条,货运通航城市 20 个,建成大通关基地一期、中外运二期、顺丰电商产业园,空港口岸具备水果、种苗、食用水生动物、冰鲜水产品等指定监管场地功能。京津冀机场群协同发展,国家发展改革委、民航局联合印发《推进京津冀民航协同发展实施意见》,并得到全面落实,"三地四场"初步实现错位协同发展;2020 年充分发挥首都"护城河"作用,积极承接北京国际航班分流,天津滨海国际机场共保障国际航线客机 1353 架次、旅客吞吐量 16.1 万人次;保障国际航线货机 1559 架次、货邮吞吐量 7.3 万吨。

天津滨海国际机场实现客运快速增长、货运平稳增长,2019 年旅客吞吐量达到 2381.3 万人次,较 2015 年提高 66.4%;货邮吞吐量达到 22.6 万吨,较 2015 年提高 4%。2020 年旅客吞吐量 1328.5 万人次、货邮吞吐量 18.5 万吨。

（六）物流快递业快速发展，打造邮政发展新格局

近代中国看天津，百年天津看邮政。天津是中国邮政的摇篮、大龙邮票的故乡，天津在中国邮政史上写下众多第一。中国第一个书信馆——海关书信馆、中国第一条邮路——津京骑差邮路、中国第一个邮政公告——五一公告、中国第一套邮票——大龙邮票等都诞生在天津。

1949年，天津邮电局所总数108处，邮路长度1305千米，邮电业务总量761.77万元，发送函件1376.6万件、包裹24.6万件。1978年，天津邮电局所总数达到217处，邮路长度21183千米，邮电业务总量2710.25万元，发送函件4439.2万件、包裹162.8万件，分别是1949年的2倍、16.2倍、3.6倍、3.2倍和6.6倍。

近年来，随着电子商务的快速发展和营商环境的不断改善，天津快递业迅速崛起，相继建立空港、武清、东疆港快递专业类物流园，五十余家快递企业、全国性电商企业和跨境电商企业进驻。航空快递取得积极进展，顺丰、圆通等快递全货机落户天津滨海国际机场。大数据、云计算、自动化分拣、智能化终端技术广泛应用，智能快件箱、快递公共服务站、第三方服务平台等创新模式不断涌现。快递的公共服务能力水平明显提升，实现乡乡设所，在全国率先实现快递网络乡镇全覆盖。快递业走出了一条跨越式发展的道路，成为发展潜力最为突出的新兴服务业之一，也成为推动邮政行业快速发展的重要力量。2018年，天津邮电局所总数826处，邮路长度27019千米，邮电业务总量115.34亿元，分别是1949年的7.6倍、20.7倍和1514.1倍。全年发送邮政函件2374.79万件，快递业务总量超过5.76亿件，发送函件和快递业务量是1949年发送函件和包裹业务量总和的42.8倍。

物流快递业快速发展。初步建成空港航空快递物流园、东疆港跨

境快递物流园、武清电商快递物流园三大快递专业类物流园区,基本建立末端配送网络,次晨达、次日达、上门取件等快递业务稳步增加,快递上机、高铁极速达、冷链快递、跨境包裹、农村快递等新兴业务迅速增长,积极创建国家绿色货运配送示范城市,实现配送车辆统一标识、统一车型、统一平台管理、统一智能监控。

(七)交通运输治理成效显著,保障能力实现全面提升

(1)交通发展智慧度明显提升。交通运输数据资源全面整合,建成天津智能交通信息系统一、二期,京津冀综合交通出行服务信息共享应用示范工程,在全国率先搭建交通专有云平台,率先发布市交通运输政务信息资源目录,交通运输数据交换共享与开放应用平台已接入24家单位共一千八百八十余亿条数据,提供综合交通数据分析等决策管理服务。交通运输监测能力全面提升,视频监控100%覆盖高速公路、火车站等重点设施,重点营运车辆联网联控系统入网率和上线率达到100%。重点领域开展智能交通创新试点,建成智能网联汽车开放测试道路29.85千米、封闭测试场1800亩,在全国首次实现真实高速公路(宁静高速)无人驾驶汽车比赛,投入运营首批自动驾驶公交车(熊猫公交)。

(2)交通发展绿色度明显提升。打好污染防治攻坚战,提前完成"天津港不再使用柴油车辆转运煤炭"国家任务,大力推进"公转铁""散改集",停止使用国Ⅲ及以下柴油货车集疏港,港作船舶实现100%使用岸电,来津靠港船舶全部使用低硫燃油,在出租、邮政快递、轻型物流配送等领域大力推广新能源和清洁能源车辆应用,严格实施道路扬尘"六个百分之百"控制措施,减排成效明显。推进低碳技术应用,完成绿色循环低碳城市区域性项目、天津港绿色港口主题性项目,开展津石高速天津西段、邦喜公路绿色公路典型示范工程,高速公路、普通国省道

废旧路面材料循环利用率年均分别达到95%、80%。

（3）行业治理能力明显提升。行业管理体制改革深入推进,组建天津港航管理局、天津市道路运输管理局、天津市交通运输综合行政执法总队,完成天津市交通运输委直属事业单位改革,由35家减少至11家。"放管服"改革成效突出,取消、下放政务服务事项46项,实现"网上办"152项、"一次办"152项、"马上办"53项、"就近办"42项、信用承诺办理76项,成为全国"信用交通省"建设典型省份。法治体系更加健全,与京冀联合制定京津冀公路立法协同、行政执法、联合治超合作管理办法,制定和修订5部地方性法规规章、35件行政规范性文件,确定权责清单488项,制定交通运输法治保障配套制度32部,"四基四化"建设深入推进。坚持执法"长牙",开展"出清""利剑""猎鹰""护网"执法行动和京津冀联合治超专项行动,实现行政复议无撤销、行政诉讼无败诉,群众满意度明显提高。

（4）安全管理能力明显提升。基本建立起横向到边、纵向到底、覆盖全行业的安全责任体系,出台天津市交通运输行业安全生产管理规定等8项制度,建成安全生产平台,建立交通运输行业安全风险分析管控与隐患排查治理"双控"体系,实现京津冀应急处置联动。

今后,天津市交通运输部门将全面贯彻党的十九大和十九届历次全会精神,增强"四个意识",坚定"四个自信",做到"两个维护",坚持稳中求进工作总基调,立足新发展阶段,贯彻新发展理念,构建新发展格局,全面落实京津冀协同发展重大国家战略和"一基地三区"功能定位,锚定交通强市建设远景目标,以推动交通运输高质量发展为主题,以深化供给侧结构性改革为主线,以建设人民满意交通为根本出发点,以改革创新为根本动力,统筹发展和安全,加快构建便捷顺畅、经济高效、绿色集约、智能先进、安全可靠的现代化高质量综合交通运输体系,为全面建设社会主义现代化大都市提供坚强的交通支撑。

教育发展篇

天津教育的发展是新中国教育事业发展的缩影。新中国成立以来,天津教育始终与祖国共奋进、与时代同步伐,实现了从一个一穷二白、百废待兴的旧天津,向欣欣向荣、繁荣发展的社会主义现代化教育强市的历史性巨变。党的十九大报告指出:"建设教育强国是中华民族伟大复兴的基础工程,必须把教育事业放在优先位置,加快教育现代化,办好人民满意的教育。"在习近平新时代中国特色社会主义思想的引领下,天津不断深化教育改革,加强内涵建设,在立德树人、改革创新、促进公平、提高质量等多个方面砥砺前行,从学前教育、义务教育、职业教育、高等教育、继续教育等多个领域推动教育事业全面发展,教育现代化水平显著提升,人民群众的教育获得感不断增强。

一、幸福图景:教育惠民,让每个孩子快乐上学

(一)普惠学前教育让孩子得实惠

随着天津城镇化步伐加快、人口政策调整、户籍制度改革不断深化,以及"海河英才"行动计划、积分落户制度深入实施,全市学龄前儿童人数呈逐年增长趋势。面对新形势,天津一直坚持把学前教育发展列入民心工程,市、区两级财政持续加大学前教育投入。"十三五"期间,天津加快学前教育资源建设,实施两年行动计划,累计新增幼儿园学位16.2万个,"无证园"全部清零,实现幼儿园三级视频监控全覆盖。学前教育三年毛入园率达到92.3%,普惠园在园幼儿占比80%,公办园在园幼儿占比达到50%。普惠性学前教育的大力发展,让天津老百姓享受到了实实在在的实惠。

从党的十八大报告提出"办好学前教育""大力促进教育公平",到

党的十九大报告提出"办好学前教育、特殊教育和网络教育""努力让每个孩子都能享有公平而有质量的教育",天津学前教育事业在"公平普惠"的道路上阔步前进,实现了跨越式发展。2019年,天津出台了《关于学前教育深化改革规范发展的实施意见》《大力发展学前教育两年行动方案(2019—2020年)》,鼓励多种形式扩大普惠性学前教育资源,特别是推出了一系列政策措施鼓励和支持普惠性民办幼儿园发展,激发民办幼儿园提供普惠性学前教育服务的积极性,鼓励符合普惠性民办幼儿园认定办法且经教育部门认定的民办幼儿园转为普惠性幼儿园。

2017年,天津对在城区接收或利用小区配套幼儿园用房,开办教育行政部门所属幼儿园或者举办普惠性民办幼儿园的,根据办园规模,市财政一次性给予每所幼儿园100万元至200万元奖补资金。2019年,天津市教委等三部门联合发布《天津市普惠性民办幼儿园认定办法》,所有依法设立、年检合格的非营利性民办幼儿园,只要愿意为社会大众提供普惠性服务,经各区教育部门进行普惠性民办幼儿园等级评定,并根据等级评定结果对应的收费标准收费,就可以被认定为普惠性民办幼儿园。《大力发展学前教育两年行动方案(2019—2020年)》进一步明确了八项优惠政策,在税收、水电气热价格、租金、用地等方面给予优惠,大力支持民办园,特别是普惠性民办园发展。民办园按照规定享受税收优惠,用电、用水、用气、用热执行与公办园相同的价格政策。非营利性民办园租用住宅小区配套公共设施免租金,租用非公建房屋由区财政给予房租补贴。新建、扩建非营利性民办园,由所在区政府给予用地优惠。改造闲置资源办成普惠性民办园,市财政按每个学位5600元的标准给予一次性补助。建立普惠性民办园分等级补助机制,按照示范园4400元、一级园4000元、二级园3600元、三级园3200元、四级园2800元的生均年补助标准,由市、区两级财政给予补助,其中市财政补助50%。与原有的每年每学位500元的市财政补助相比,这个补助标准至少翻了两番。此举不仅大幅降低了普惠性民办幼儿园的收费标准,还进一步提高了幼儿园教职工待遇,从而助力普惠性民办幼儿园进一步提高办园质量。2020年,全市普惠性民办幼儿园达到466所,在园幼儿74198名。

天津解决"入园难""入园贵"问题

一串串数字的背后,是实实在在的变化。而对这些变化的感知,老百姓有最真切的发言权。"普惠性民办幼儿园生均经费按认定的等级实行分级补助,像我们这样的示范园,每生每年补助4400元,政府的支持为我们今后的发展打了一剂强心针。我们不用为'经费'发愁,更会一心一意办教育,努力提升保教质量。"河东区洪博幼儿园被认定为"天津市民办幼儿园示范园",看到刚刚出台的《天津市普惠性民办幼儿园生均经费补助项目和资金管理办法》后,园长张女士兴奋地表示。

近年来西青区张家窝镇学龄前儿童人数迅速增加,学位非常紧张,多数学龄前儿童只能进入民办幼儿园。"小型民办幼儿园办学条件有限,国际化幼儿园收费又高。"很多家长在孩子刚出生时就开始考察周边幼儿园,希望孩子能够顺利进入一所条件合适、收费合理的幼儿园。"当时非常焦虑,本来看中一所幼儿园,但是收费偏高。"家住张家窝镇香堤园小区的一位家长回顾为孩子考察幼儿园时的纠结心情说道。这所位于社会山南苑小区配套公建的幼儿园,原来每月收费3500元,但很快由于普惠性学前教育政策,该园转成了普惠幼儿园,这样有了市、区两级政府的补贴,收费降到了每月1590元,另外再交一部分伙食费。"没想到条件这么好的幼儿园,收费和公办园一样,孩子开心,作为家长也满意。"

在一系列普惠性学前教育政策的支持下,天津有一大批民办幼儿园改成了普惠园,保教费由每月2000元至5500元不等,按照评级不同降到了每月360元至1590元等五个收费标准。孩子入园不再贵了,是因为政府对提供普惠性服务的幼儿园都按评级标准进行了补助,真正实现了孩子教育好、家长负担少。

(二)"双减"政策落地让孩子减压力

2021年7月,中共中央办公厅、国务院办公厅印发了《关于进一步减轻义务教育阶段学生作业负担和校外培训负担的意见》,减轻中小学生的课业负担、作业负担,提升学校课后服务水平,全面规范校外培训行为,大力提升教育教学质量,确保学生在校内学足学好。因此从根本上说,"双减"工作是解决老百姓"急难愁盼"问题的民心工程,关系到教育的根本,关系到国家民族未来的发展。

作为改善民生的硬核任务之一,"双减"被写入《天津2022年政府工作报告》。为持续深入推进"双减"工作,天津推出包括完善"五育并举"课程体系、深化课堂教学改革、减轻学生过重学业负担、完善教育评价体系、加强教育教学研究等一系列举措,公布《提升新时代义务教育教学质量的若干措施》,指导各区各学校将"双减"各项工作真正落实到学生家长的心坎上,引导学生回归校园,有效缓解了家长焦虑情绪,构建了良好教育生态。

教育"内卷"曾一度让很多家长和学生疲惫不堪。近年来,校外培训机构无序增长,包含"不能让孩子输在起跑线上"等扭曲教育观念的培训类广告铺天盖地、夸大宣传、制造焦虑。中央"双减"文件颁布以后,天津立即行动,不再审批新的面向义务教育阶段学生的学科类校外培训机构,不再审批新的面向学龄前儿童的校外培训机构,不再审批新的面向普通高中学生的学科类校外培训机构,全面治理线上、线下校外培训广告。全市校外培训机构数量得到有效控制,违规培训行为得到有效纠正,校外培训广告治理基本完成。截至2021年底,义务教育阶段学科类校外培训机构减少1931家,全市义务教育阶段学校"5+2"课后服务实现100%全覆盖。义务教育阶段学生课后服务参与率达到95%,教师参与率达到96%,学生及家长参加学科类校外培训机构的冲动进一步降低,有效缓解了教育"内卷"现象,减轻了家长和学生的负担。

学生们的课余活动更丰富了

根据"双减"政策规定,学科类校外培训机构不得占用国家法定节假日、休息日及寒暑假期组织学科类培训。周末两天,以往家长、学生扎堆的学科类培训机构变得冷冷清清,艺术体育类培训成为"香饽饽",

足球、篮球等训练场馆几无空闲之地。因为不必再赶场似的奔波接送孩子补课，新学期第一个周末，许多家长都感觉时间很充裕。把周末的时间还给孩子，让他做自己感兴趣的事，"卸下包袱"的家长们正逐渐变得轻松与坦然。

孩子的课余时间更多了，家长们也不再为各种课外培训焦虑，但是也出现了一些家长因为工作无法按时接送孩子、看护孩子的情况。为了减轻家长负担，针对学生家长的不同情况，各小学纷纷制定灵活的放学时段，家长可以自由选择，学校全方位、立体化为学生、家长服务。每天无论多晚，教师们都坚持把最后一个孩子交到家长的手中。同时为了解决学生暑期"看护难"的问题，2021年暑假，从8月9日开始至8月20日，天津在和平、河西、河北、河东、南开和红桥六个区域试点开展小学生暑期托管服务，赢得了家长们的赞誉。天津试点区域共有一百多所小学开设了暑期托管服务。这些学校在校内开展符合小学生身心发展特点的拓展活动，包括开放教室、功能教室、图书馆、阅览室、运动场地等；围绕党史学习教育的年度主题，开展爱国主义教育；利用学校内外劳动教育资源，开展丰富多彩的劳动教育活动，培养学生树立正确的劳动观念，具备基本的劳动能力，养成良好的劳动习惯等。为了给孩子们提供更加丰富多彩的校园活动，各试点区教育局统筹规划各类资源，积极引进社会志愿服务。"学校托管真的是帮了我们的大忙！"走访中，多名受访家长表示。"我们是双职工家庭，没有老人在身边，以前假期，孩子只能送到私人'托管班'，收费很高又不安全。现在，学校有了托管服务，每天上班前把孩子送到学校，下班后再把孩子接走，孩子在学校，我们家长是一百个放心！"南开区中心小学学生家长刘先生说。

消除家长和学生的过度焦虑和紧张，消除学习的过重负担和无效的学习时间，消除家庭的经济负担和过重压力，消除学习上因无序竞争而导致的内耗，唤醒每个学生的生命价值和意义，"双减"让教育回归本真,大大提升了家长和学生的幸福感。

二、成就见证:优势特色教育,提升教育品牌影响力

(一)做实做强"鲁班工坊",塑造中国职业教育国际品牌

"鲁班工坊"是天津原创并率先实践的中外人文交流知名品牌,致力于在合作国家培养熟悉中国技术、了解中国工艺、认知中国产品的技术技能人才,是国家现代职业教育改革创新示范区的标志性成果,也是中国职业教育国际化发展的重大创新。

近年来,天津市委、市政府主动服务我国总体外交战略布局,将建设"鲁班工坊"作为推动优质职业教育"走出去"的重要举措,以"天津之为"奋力打造"一带一路"建设上的中国品牌。2016年3月8日,天津渤海职业技术学院在泰国建成第一个境外"鲁班工坊"。这是我国在海外设立的首个"鲁班工坊",标志着作为国家现代职业教育改革创新示范区的天津,正式开启把自己优秀职业教育成果输出国门,与世界分享之旅。此后,在英国、印度、印度尼西亚,一个个由天津职业院校建设的"鲁班工坊"在"一带一路"沿线国家和地区相继生根发芽、开花结果,得到合作国政府和社会各界的高度赞誉。

2019年3月28日,我国在非洲建设的第一个"鲁班工坊"——吉布提"鲁班工坊"正式建成并运营。吉布提"鲁班工坊"采取政府、学校、企业多方合作模式,由天津市人民政府、吉布提教育部、天津铁道职业技术学院、天津市第一商业学校、吉布提工商学校、中国土木工程集团有限公司共建。数年间,在南非、埃及、埃塞俄比亚……一个个"鲁班工坊"相继落地,建设模式也在不断推陈出新。截至2021年底,已有12个

"鲁班工坊"相继立足非洲、扎根非洲、闪亮非洲,向全世界展示了中国职业教育"走出去"的坚定态度与坚韧步伐。

2020年11月6日,"鲁班工坊"建设联盟在天津成立,天津职业大学当选理事长单位。该联盟是由中国院校、企业、科研机构和社会组织自愿结成的全国性、非营利性合作组织,目前共有72家成员单位。2021年4月29日,"鲁班工坊产教融合发展联盟"正式成立。该联盟以企业为主,院校、科研机构共同参与,首批成员包括32家国际型中资企业和18所参建"鲁班工坊"的职业院校。两个联盟的成立是推进国家品牌项目"鲁班工坊"服务"一带一路"建设的重要举措。

打造服务"一带一路"建设的"鲁班工坊",一直是天津市重点工作。为此,天津设立了"鲁班工坊"项目专项资金,鼓励有条件的职业院校在海外试点设立"鲁班工坊";开辟了"鲁班工坊"项目建设"绿色通道",项目工作人员不列入因公临时出国批次限量管理。通过实施一系列推动措施,2016—2021五年的建设历程显示,天津在"鲁班工坊"的建设过程中取得了丰硕的成果,不仅为"走出去"的中国企业提供人力支撑,还为众多国内企业搭建起国际舞台,助推中国企业走向世界。

"鲁班工坊"让天津优秀职教成果走向世界

"鲁班工坊"通过采取职业培训、学历教育等多种方式,在输入地开展职业教育和技术技能培养培训,有力地促进了我国企业的服务和产品输出,提升了中国企业在国际上的竞争力。"鲁班工坊"协助我国企业在"一带一路"沿线国家和地区开展了一些重大项目,如蒙内铁路、亚吉铁路、匈塞铁路、中泰铁路和中老铁路项目等。"鲁班工坊"为这些重大项目培养了一批可用的技术技能人才。泰国"鲁班工坊"除为泰国师生提供学习训练外,还对东盟国家职业院校师生开放,截至2021年累计交流培训学生七千五百余人次,其中8人次荣获所在国技能大赛奖牌,特别是2019年泰国"鲁班工坊"留学生参加泰国首届"职业教育宝石王杯"大赛,荣获金牌冠军诗琳通公主宝石王杯。已毕业的21名泰国留学生,7人到本科院校深造,其余均已就业,就业率达100%。此外,吉布提"鲁班工坊"为中国土木工程集团有限公司培训了大批高铁建设运营人才;肯尼亚"鲁班工坊"、南非"鲁班工坊"为华为公司在非发展培养信息与通信技术技能人才;摩洛哥"鲁班工坊"则为当地培养紧缺的跨境电子商务人才……可以说,"鲁班工坊"既为中国企业"走出去"培养了急需的本土化技术技能人才,降低了运营成本,又为中国技术、管理、标准、产品"走出去"搭建了平台。

自2016年第一个"鲁班工坊"建立以来,天津统筹各方面资源推动全市优质职业教育成果走出津门,截至2022年初,已在亚非欧三大洲19个国家和地区,落成了20家"鲁班工坊",建立了新能源、云计算、机器人等49个合作专业,累计开展社会培训超过1万人次,不仅为当地经济社会发展提供了人力保障,也为推动"一带一路"建设提供了有力支撑,搭建起与世界职业教育和海外企业对话与合作的新窗口、新桥梁,让天津优秀职业教育成果走向世界。

（二）深化思政课教学创新，不断增强亲和力、针对性

2019 年 8 月，中共中央办公厅、国务院办公厅印发《关于深化新时代学校思想政治理论课改革创新的若干意见》，明确了"坚持思政课在课程体系中的政治引领和价值引领作用，统筹大中小学思政课一体化建设，推动各类课程与思政课建设形成协同效应"的基本原则，并将"不断增强思政课的思想性、理论性和亲和力、针对性"作为未来大中小学思政课一体化建设的重要方向。

为推进天津思想政治工作大中小学一体化建设，天津市学校思政课建设委员会成立，统筹全市人力财力物力支持思政课建设。同时天津还制定了深化新时代学校思政课改革创新的 20 条举措，成立全市大中小学校一体化思政课教学指导委员会，指导思政课教育教学改革。按照每年 1.5 亿元设立思政课建设专项经费，为各级各类学校思政课改革创新提供坚实保障。投入 2000 万元支持建设了 10 门"一校一品"思政选修品牌课、100 门"课程思政"精品课程和 100 门中小学"学科德育"特色课，形成了覆盖大中小学的全课程支持体系。

经过三年的发展，天津学校思想政治工作不断迈上新台阶，各级各类学校都在积极推进思政课教学改革创新，深化实践教学，"大思政课"建设格局不断拓展，思政课教师队伍迅速壮大，在不断深入实施思政课创优行动中，逐步构建起一体化育人大格局。现如今，在天津大中小学的思政课堂上，站在讲台上的授课人不仅有学校的思政教师，还有全市党政领导干部，党史故事、国际时事等鲜活素材不断融入课堂教学中，广大青少年学生在思政课堂上表现出的抬头率、专注力与关注度更是让人欣喜不已。

为了不断增强思政课的思想性、理论性和亲和力、针对性，推进大中小学思政课一体化建设，天津全面实施跨学段共建，每所学校至少与

一所跨学段学校签约共建,联合开展课程开发、集体备课、教学研究等,共同践行"八个相统一"的教学要求。在思政课一体化建设过程中,力图做到内容上固本守正、方法上张弛有度、选材上贴合实际、形式上因"生"制宜。紧紧围绕增强课程的吸引力、感染力、说服力展开,充分尊重青年学生的主体地位,围绕、关照和服务青年学生成长发展,把学生的注意力吸引到思政课堂上来,引导学生"真学"理论;用真情实意感染学生参与其中,引导学生"真懂"理论;用彻底的理论说服青年学生,引导青年学生"真信"理论。

不断创新的思政课形式

思政育人除了要注重理论性,还要重视实践性,让学生在社会大思政课堂中"走起来""动起来"的过程中感受时代变化,让思政课形式更加鲜活、更有吸引力。从2019年起,天津将思政课实践教学与社会实践有机结合,将思政课实践教学与实践育人共同体建设结合起来,实施高校思政实践学分和中小学实践课堂制度,实现了社会实践的课内外一体化。思政小课堂同社会大课堂结合,让思政课"动起来"。试点建设5门新时代思政课实践教学创新课,挂牌实践教学基地45家,投入2000万元建成天津海河教育园区思政课实践教学基地,形成了系统化的实践教学体系。

传统教育与新媒体技术有机结合,让思政课更"圈粉"。近年来,天津不断开展思政课网络创新试点,建设天津市思政课智慧课堂管理系统,将VR(虚拟现实)、AR(增强现实)等新技术手段运用于学校思政课教育教学。建设推广"超级校园"思政App平台,覆盖55万大学生,可随时将思政教育内容精准推送给每位学生。在电视台设立"学习时间"思政课栏目,在广播电台设立"实践出真知"思政课栏目,在"抖音"等平台定期推送思政课短视频、微话题,打造具有天津特色的新时代融媒体思政慕课体系。

在互联网占据信息传播主导地位的今天,网络已经成为思想政治教育的重要载体。思政教育要真正实现入脑、入心,首先要做到"入眼",以鲜活的网络育人载体与表现形式,聚焦青少年、吸引青少年,形成注意力叠加。从一定意义上来说,谁赢得了互联网,谁就赢得了青少年。2022年3月21日,"津门网络大思政"平台正式上线。该平台由天津市委网信办、天津市教育两委、共青团天津市委员会指导,央广网天津频道主办,通过整合各种优质资源、各类优势力量,合力推进网络思想政治教育创新。通过增强网络思政的目标性、时代感和吸引力,讲好"青年话""少年语",确保主旋律在最有活力的领域"不缺席"、在最受欢迎的地方"不落伍",引导"强国一代"在实现中国梦的生动实践中放飞青春梦想,在奋进的新时代中书写人生华章。

办好新时代的思政大课,功夫在课上也在课下,在校内也在校外,在线下也在线上。面对新时代思政工作的新对象、新形势、新任务,天津始终在回应时代挑战,充分认识青少年群体网络育人的重要性和现实性,拓宽大思政教育渠道,构建多层次、立体化的网络思政格局。

三、时代答卷：兴教强教，办好人民满意的教育

新中国成立以来，天津教育实现了飞跃式发展，从学前教育、中小学教育、职业教育到高等教育都发生了翻天覆地的变化。特别是党的十八大以来，天津始终坚持把教育摆在优先发展的战略地位，大力实施"科教兴市""人才强市"战略，全面实施素质教育，深化教育体制改革，积极推进教育创新，天津教育实现了从"有学上"到"上好学"的高质量发展。

（一）加快学前教育发展，促进幼儿快乐健康成长

新中国成立初期，学前教育基础很薄弱，黑屋子、土台子、石板子是农村"育红班"的真实写照。城里好的单位设有自己的托幼服务，不仅数量极少，而且不正规，教师基本充当"保姆""阿姨"的角色。据《天津市教育事业统计资料》显示，1949年，天津仅有幼儿园28所，在园幼儿1388人，学前教育毛入园率仅为0.4%。1951年8月，政务院颁布《关于改革学制的决定》，提出，"幼儿园应当在有条件的城市中首先设立，然后逐步推广"，要求企事业单位自办幼儿园，主要承担为本单位职工提供托幼服务的任务，为家长参加工作提供便利条件。1979年全国托幼工作会议的召开，1989年《幼儿园管理条例》的颁布，2001年《幼儿园教育指导纲要》的施行，为天津学前教育一步步扎实前进指明了方向。

2010年《国家中长期教育改革与发展规划纲要（2010—2020年）》《国务院关于当前发展学前教育的若干意见》出台，明确了政府是发展学前教育的责任主体。连续三期学前教育国家行动计划的实施，使得

天津学前教育在短短几年内实现了跨越式发展。截至2010年底，全市幼儿园总数为1607所；到2017年底，发展到1997所，在园幼儿26.2万人。与2010年相比，幼儿园数量增加了24.3%。"入园难""入园贵"问题得到明显缓解，公益普惠的学前教育公共服务体系初步形成。

党的十九大明确提出"办好学前教育""幼有所育、学有所教""努力让每个孩子都能享有公平而有质量的教育"。"幼有所育"已经成为党和政府高度关注的重要民生事项。人们对幼儿园的期望与要求，已经不仅仅是"看护"或提供"托幼服务"，而是对孩子进行有质量的学前教育，为孩子今后的发展奠定良好基础。

学前教育今非昔比

2018年，《中共中央国务院关于学前教育深化改革规范发展的若干意见》的出台，使儿童的发展、家庭的需要、国家的未来真正得以三位一体，成为学前教育性质定位、办园体制、经费投入、教师队伍、质量管理的共同目标。2019年7月，天津市委、市政府在《关于学前教育深化改革规范发展的实施意见》中提出，到2020年，全市学前三年毛入园率要超过85%，普惠性幼儿园覆盖率（公办园和普惠性民办园在园幼儿占比）要超过80%。2019年，天津制定《大力发展学前教育两年行动方案（2019—2020年）》，提出按照新建一批、改造一批、规范一批幼儿园的要求,于2020年确保补齐10.8万个学前教育学位。两年间,天津市委教育工委、天津市教委积极创新办园体制,探索建立"优质园办新园、新园独立运行"的集团化管理体制,实现新建幼儿园高端起步、高位发展。同时支持民办园发展,出台八项优惠政策,在税收、水电气热价格、租金、用地等方面给予优惠;实施普惠性民办园等级评定,按等级分别给予每生每年2800元至4400元的补助。

加强学前教育财政保障。天津市财政两年投入10亿元,保障幼儿园资源建设、保教人员培训、三级监控建设等工作。制定机关企事业单位办园和村办幼儿园生均公用经费拨款标准,实现了各级各类公办园生均公用经费1200元拨款标准全覆盖。此外,天津还规范了幼儿园收费管理,按等级制定公办园和普惠性民办园保育教育费政府指导价,同时对经济困难家庭儿童给予资助,有效解决了"入园贵"问题。

针对学位紧张问题,天津统一部署,实施资源攻坚。新建、改造、规范一批幼儿园,全力补齐10.8万个学位缺口。截至2020年11月底,全市新增学前教育学位124225个,超额完成任务。2020年学前教育三年毛入园率达到92.2%,普惠性幼儿园覆盖率达到80.9%,公办园在园幼儿占比达到53.1%,三项指标均已达到并超过国家要求。截至2021年底,全市幼儿园共有2346所,在园幼儿31.60万人。

天津学前教育毛入园率从1949年的0.4%提高到2020年的92.2%,天津教育大厦的底座——学前教育经历了从无到有、从弱到强的巨变,铸就了天津教育发展史的辉煌篇章。

(二)高水平发展基础教育,优质均衡发展新态势基本形成

新中国成立初期,天津基础教育发展缓慢。1949年,天津只有49所中学(其中包括中专及职校14所),在校学生2.3万人;329所小学,在校学生13.6万人;失学儿童17.1万,比在校生还多,学龄儿童入学率极

低。新中国成立七十多年来，一系列措施的坚定实施让天津基础教育发生了巨变。

　　1951年，政务院公布实施《关于改革学制的决定》，标志着新学制的建立，基础教育得到全面恢复。从1977年至今，国家高度重视基础教育，密集制定了重要政策法律及发展战略，形成了覆盖学前、小学、初中、高中的基础教育体系。特别是1986年颁布了《中华人民共和国义务教育法》，通过法律形式确保适龄儿童、少年接受义务教育的权利。天津对普及义务教育高度重视，采取了一系列措施，1994年在全国率先实现了"普九"的宏伟目标，提前6年达到国家规定的标准，迈入了全国先进行列，标志着天津基础教育从整体上进入了一个崭新的发展阶段。完成"普九"目标后，1994年天津及时出台基本普及九年义务教育后小学和初中的办学标准，为"双高普九"提出了新的标准和实施策略。同时天津致力于进一步发展高中阶段教育。到1999年，在全国率先基本普及高中阶段教育，高中入学率达到86%，远远高于全国48%的平均水平。

基础教育飞速发展

　　党的十八大以来，天津教育加速从"有学上"向"上好学"转变，进入"以提高质量和效益为中心"的内涵发展新阶段。天津连续实施《天津市义务教育学校现代化建设标准(2013—2015年)》《天津市义务教育学校现代化建设标准(2016—2020年)》,进一步提升城乡教育一体化水平,进一步深化教育教学改革,全面实施素质教育,全面落实立德树人的根本任务,实现义务教育更高水平的均衡发展。

2020年,天津启动"基础教育优质资源辐射引领工程",通过"支持市教委直属学校帮扶远城区教育发展""统筹中心城区与环中心城区、远城区结成区域发展共同体""推进远城区区内城乡义务教育一体化改革发展""深化义务教育学校学区化办学""探索优质公办学校集团化办学""鼓励高等院校举办优质公办附属学校""稳步引进国内优质教育资源""发挥'教育+互联网'支撑引领作用"八项重点任务建设,通过创建一批"跨域突破、体制创新、运行畅通、成效突出"的学区、办学集团和区域发展共同体,进一步缩小城乡、区域、校际差距。

为更好地促进义务教育优质均衡发展,2021年天津深入实施义务教育优质均衡发展三年行动计划,落实义务教育办学质量评价标准,确保16个区全部通过县域义务教育优质均衡发展国家督导评估认定。提升改造中小学C级校舍,确保安全达标。新建或提升、改造中小学体育场馆,补齐中小学体育运动场馆缺口。实施新增中小学教学仪器配置项目,按照标准补充、更新教学仪器设备。严格控制义务教育学校办学规模和班额。推进优质资源辐射引领工程,深化学区化办学和集团化办学,统筹推进城乡、区域、校际义务教育高质量发展。坚持将全市16个区全部纳入国家义务教育质量监测范围,确保相关科目学生学业水平和校际差异达到国家标准要求。同时实施品牌高中建设工程,遴选建设一批具有先进办学理念、核心品牌价值突出的品牌高中,形成全面发展的普通高中育人体系。在建成54个普通高中学科特色课程基地的基础上,建设十所左右品牌高中,形成可借鉴、可复制、可推广的普通高中发展范式与成功经验。发挥品牌高中引领作用,带动全市普通高中教育质量和办学品质的整体提升。

"十三五"期间,天津完成第三轮义务教育学校现代化标准建设,推动义务教育优质均衡发展,推进城乡义务教育一体化改革发展,建设50所特色普通高中和54个普通高中学科特色课程基地,义务教育巩固率超过99%,高中阶段毛入学率超过98%。截至2021年底,全市普通中学发展到535所,在校生53.16万人;小学895所,在校生75.19万人,全市基础教育优质均衡发展新态势基本形成。

新中国成立以来,天津基础教育一步步走来,实现了飞跃式发展,为天津及国家发展提供了强有力的人才支撑。进入新时代,天津基础教育已经成为天津的一张亮丽名片,"学在天津"成为众多学子心中的夙愿。

(三)推进职业教育改革,打造高标准现代化职业教育体系

新中国成立以来,天津职业教育不断发展壮大,有效支撑了天津产业发展,在全国职教改革发展中起到了引领和示范作用,形成了具有时代特征和天津特色的高标准现代职业教育体系。

1950年,天津开始发展为地区新兴产业培养技术人才的职业教育,建立了一批职业学校。改革开放初期,天津在已有职业学校的基础上,进一步扩展中等职业教育体系。1983年天津职业大学成立,这是新中国成立以来天津的第一所高等职业院校。之后,大批高等职业院校建立,高标准职业教育体系逐步建成。至2005年,天津高等职业院校共25所,在校生达到10万人。同年,教育部与天津市共建首个"国家职业教育改革试验区",天津职业教育的发展迎来了黄金时期。从2005年被教育部确立为首个"国家职业教育改革试验区",到2010年升级为国家职业教育改革示范区,再到2015年进一步升级为唯一的国家现代职业教育改革创新示范区,天津职业教育在改革发展的道路上一

直走在前列。

党的十九大做出了中国特色社会主义进入新时代的科学判断。立足新起点,国家统筹部署并全力推动职业教育、校企合作等一系列工作的高质量发展。作为目前国内唯一的"国家现代职业教育改革创新示范区",天津努力加大职业教育财政投入,从提升职业院校综合实力、完善投入机制等多个方面入手,致力于满足社会、公众对高质量、多样化教育的需求,从而促进天津职业教育的改革创新。

职业教育成为天津品牌

"十三五"期间,天津专项投入超过20亿元,重点打造117个紧贴产业发展、校企深度合作、社会认可度高的骨干专业。建设科研创新平台,构建区域职业教育"两院四中心"科研体系和平台,已立项政策研制及产业研究重大项目10项,为深化产教融合提供理论支撑。海河教育园区10所职业院校设置专业近三百个,建设航天航空、装备制造、生物工程、电子信息、航运物流等优势专业组群。探索混合所有制改革试点,支持高职学院与行业企业合作,共建产业学院,吸引一批行业技术工程中心和企业文化体验中心落户职业院校。联合有关行业企业,成立电子信息、生物医药、养老幼教等7个市级行业职业教育教学指导委员会,组建升级28个产教融合职教集团,其中6个入选国家示范性职业教育集团(联盟)培育单位。推动一批职业院校与四千余家国内外知名企业在岗位实习、订单培养、联合开发技能培训包、共建实训基地等方面开展深度合作,努力推动形成产教良性互动、校企优势互补的发展格局。

实施职业院校提升办学能力建设项目。由天津市财政局安排的专项资金支持,取消了办学主管部门和学校安排配套资金的比例要求,为职业教育快速发展提供了有力的资金保障。在相关政策与资金的扶持下,天津以"一带一路"建设等为载体,通过海外援建项目,让世界看到了大国工匠的责任与担当。着眼京津冀协同发展和服务区域经济发展的大背景,天津依托全国先进制造研发基地、新兴产业平台等优质资源,为加工制造、交通运输、新能源等各领域毕业生提供更多的就业机会和实践平台。

截至2020年底,天津全面完成国家现代职业教育改革创新示范区建设任务,高水平举办全国职业院校技能大赛,挂牌成立我国首个本科层次的应用技术大学,7所高职院校、10个专业群入选全国"双高"计划,大力推进"1+X"证书制度改革试点,获批17个教育部现代学徒制试点单位。天津目前有职业教育类本科层次高校2所;独立设置高职院校25所,其中中国特色高水平高职学校和专业建设单位7所,国家示范校3所、国家骨干校3所;中等职业学校46所,其中国家示范校14所、国家级重点校12所。

这些年,天津职业教育取得了辉煌的成绩,特别是在泰国、英国、印度、印度尼西亚、巴基斯坦、吉布提、埃及、葡萄牙等"一带一路"沿线国家相继建立"鲁班工坊",将天津最优秀的职业教育与世界各国分享,服务国际产能合作,为"走出去"的中国企业精准培养本土化技术技能人才,提升了中国企业在国际上的竞争力。除了打造"鲁班工坊",天津职业教育还积极助力京津冀协同发展。2015年5月,由天津医学高等专科学校牵头,联合京津冀三地18家卫生职业院校、医疗机构、企业,成立京津冀卫生职业教育协同发展联盟,合作提高人才培养质量,促进区域卫生事业、健康产业和养老服务产业发展。在三地职教互动过程中,天津探索形成的"五业联动"和"政、行、企、校、研"五方携手机制,在三地众多产业中推进校企深度融合,在装备制造、现代服务、健康服务和环保等领域,12个服务京津冀协同发展的产教对接平台先后建立。此外,天津市教委还与雄安新区管委会签署合作协议,协助雄安新区构建高素质技术技能人才培养培训体系。

从一百多年前的"工学并举"到如今"全面建设新时代职业教育发展标杆";从创办"鲁班工坊"推进职业教育国际化,到服务京津冀协同发展;从深化职教办学机制改革的产业、行业、企业、职业、专业"五业联动",到构建"中高本硕"贯通培养的现代职教新体系,天津职业教育形成了一批可复制、可借鉴、可推广的经验做法,走出了一条具有中国特色的现代职教发展之路,为国家持续贡献着职业教育领域的"天津模式""天津经验"。

(四)坚持以提高质量为核心,全面提升高等教育发展水平

新中国成立后,天津高等教育经历了快速发展。进入新世纪,从"985""211"工程的启动落实,到"2011计划"构建四类协同创新模式,再到"双一流"建设对高等教育提出的新要求,天津高等教育绘出了属于自己浓墨重彩的一笔。

1949年,天津普通高等学校共有专任教师441人,在校学生4600人;1980年,共有中央部属院校和天津市属院校16所,设系别八十余个,专任教师8312人,在校学生3.02万人;2004年,普通高等学校中本科院校共有18所,在校生28.61万人,5所独立院校成立;现今,天津已拥有本科院校20所,独立学院10所。"十三五"期间,天津高等教育毛入

学率超过65%,5所高校、12个学科进入国家"双一流"建设行列,111个本科专业和111门本科课程入选首批国家级一流本科专业和课程建设点,全国新工科教育创新中心落户天津大学,中国民航大学成为博士学位授予单位。2所独立学院转制,新增2所高职院校,启用天津体育学院、天津中医药大学新校区。新增2个省部共建国家重点实验室,建成6个省部共建协同创新中心,获批2个高等学校科技成果转化和技术转移基地,新增合成生物学前沿科学中心,地震工程领域首个国家重大科技基础设施落户天津大学。启动高校人工智能创新行动,支撑服务信创产业发展。推出21个高校社科实验室和43个高校智库。高校专利授权量年均增长14%。高校获得国家自然科学奖、技术发明和科技进步奖占全市比例分别达到100%、71%和34%。天津茱莉亚学院和天津音乐学院茱莉亚研究院招生开学。设立天津市外国留学生政府奖学金,来津外国留学生达到3万人次。孔子学院(课堂)达到89个。截至2021年,天津高校"双一流"建设项目全部通过国家首轮验收,"世界一流"建设学科增至14个。全市共有研究生培养机构24所,普通高校56所,在校生58.34万人。一个个耀眼的数据,是天津高等教育迅速发展的最佳证明。

南开大学

进入新时代,建设世界一流大学和一流学科,是党中央、国务院作出的重大战略决策。2017年9月21日,教育部、财政部、国家发展改革委印发《关于公布世界一流大学和一流学科建设高校及建设学科名单的通知》,公布世界一流大学和一流学科(简称"双一流")建设高校及建设学科名单,天津多所高校榜上有名,南开大学、天津大学、天津工业大学、天津医科大学、天津中医药大学5所天津高校入选"双一流"建设高校。其中南开大学、天津大学为一流大学建设高校,天津工业大学、天津医科大学、天津中医药大学为一流学科建设高校。这5所天津高校共有12个学科进入首批"双一流"建设学科名单,分别是南开大学的世界史、数学、化学、统计学、材料科学与工程,天津大学的化学、材料科学与工程、化学工程与技术、管理科学与工程,天津工业大学的纺织科学与工程,天津医科大学的临床医学(自定)及天津中医药大学的中药学。

2021年,围绕服务国家重大战略、天津产业布局和区域经济社会发展需要,天津继续实施加快推进"双一流"建设,促进高等教育高质量内涵发展。启动顶尖学科培育计划,试点建立学科建设特区,分两个层次遴选建设四十个左右高水平学科,培育南开大学化学、天津大学化学工程与技术、天津中医药大学中药学、天津工业大学纺织科学与工程、天津医科大学临床医学等一批顶尖学科,冲击国内顶尖、世界一流,强化自主创新和原始创新源头供给,着力解决经济社会发展中的关键科学问题和重大关键性技术难题。

同时天津进一步优化高等教育布局结构,建成天津医科大学新校区,完善天津中医药大学、天津体育学院功能建设,支撑大健康产业和公共卫生事业发展取得明显成效。建成中国民航大学新校区,成为航运中心建设新的支撑。建设天津美术学院、天津音乐学院新校区,服务大运河文化保护传承利用,提升区域文化品质。支持天津农学院更名大学。推进独立学院转制工作,优化高校类型和布局结构。通过学校整体转型、部分二级学院转型和学科专业转型,加快地方应用型本科高校建设。

站在新的历史起点上,带着大学的使命与高等教育的职责,天津高校将扎根中国、融通中外、立足时代、面向未来,为天津经济社会发展服务,不断创造新的辉煌。

(五)构建终身学习"立交桥",满足人民群众发展需要

构建服务全民终身学习的教育体系,形成人人皆学、处处可学、时时能学的学习型社会,是文明进步和国家强盛之基。新中国成立之初,国家积贫积弱、百废待兴,全国70%的人口是文盲,农村文盲人口的比例更是高达80%,国家建设事业面临着极其艰难的人才困境。1951年新中国颁布的第一个学制最主要的特点就是建设完善各种形式的工农干部学校、补习学校和训练班。从20世纪80年代初期开始,高校举办函授、电大、夜大、各种脱产学习班及高等教育自学考试制度等多种形式,形成了系统的成人与继续教育体系。1981年,高等教育自学考试制度在天津等地开展试点工作。

随着终身教育思想的出现、传播,终身学习思想、学习型社会理念开始从理念层面转向实践层面。2012年,党的十八大进一步提出"深化教育领域综合改革……完善终身教育体系,建设学习型社会""加强职业技能培训,提升劳动者就业创业能力"的目标要求。党的十九届五中全会通过的《中共中央关于制定国民经济和社会发展第十四个五年规划和二〇三五年远景目标的建议》,确定"十四五"时期教育事业的主要目标是"建设高质量教育体系",强调"完善终身学习体系,建设学习型社会",这对步入高质量发展阶段的我国教育新发展格局提出了更高要求。

近年来,天津高度重视建设终身学习体系。《天津市国民经济和社

会发展第十四个五年规划和二〇三五年远景目标纲要》中提出："完善终身学习体系。建立政府主导、部门协同、社会参与的终身教育发展机制,发挥在线教育优势,扩大面向各类人群的终身学习服务,建设学习型城市。"《天津市教育现代化"十四五"规划》强调:"全面开展学习型城市建设动态监测,完善各类学习型组织评价指标体系,建立学习型城市建设过程和建设水平动态信息数据库,以测促建,推动提高学习型城市建设水平……形成终身教育体系比较完善、各级各类教育协调发展、学习机会开放多样、学习资源丰富共享的学习型城市。"

建设终身学习支持服务体系

"十三五"期间,天津不断深化继续教育改革,加强继续教育体系和内涵建设,在天津市教委等九部门印发的《关于进一步推进天津市社区教育发展的意见》,以及《天津市贯彻落实老年教育发展规划(2016—2020年)实施方案》《关于进一步开展学习型城市建设监测项目工作的通知》等一系列促进继续教育发展文件中,持续打造"五个全民""职继协同""社老融合""区校联合体"等优质品牌项目,率先建成"四层级办学、四体系交叉、四集团覆盖"的终身学习服务体系,率先推行"职继协同、双周推动",加快推进学习型城市建设,率先建成覆盖全市、服务终身学习的区域型职业教育集团,率先构建"区校联合体"服务全民终身学习,率先将继续教育纳入教育综合督导督政,服务天津全民终身学习、服务天津学习型城市建设,创造了继续教育天津品牌和天津经验。2020年,天津高质量完成首次学习型城市建设监测项目工作,在全国学习型城市建设与监测工作交流研讨会上受到专家组肯定,认为天津学习型城市建设进入了国内学习型城市建设的第一梯队,典型经验应在全国推广。

随着天津终身教育体系的不断完善,逐步形成由市、区、街(乡镇)、村(居)、家庭构成的五级终身学习支持服务体系,各级各类教育纵向衔接、横向沟通,学历教育和非学历教育、线上学习和线下学习相互融合,学校教育与家庭教育密切配合、良性互动,不断满足市民日益增长的多样化、个性化、便捷化学习需求,为人民群众带来获得感、幸福感、安全感,形成了具有天津特点的学习型社会氛围。

新中国成立后,天津教育实现了飞跃式发展。特别是党的十八大以来,天津教育取得了一系列辉煌成就。波澜壮阔的"十四五"已经启航,在新发展阶段,天津将实现学前教育普惠优质发展,义务教育优质均衡发展,职业教育标杆示范发展,高等教育竞争力明显增强,终身学习体系更加开放灵活,教育现代化总体水平显著提升,教育发展主要指标位居全国前列,现代教育治理体系更加完善,高质量发展体制机制全面建立,教育改革发展成果更公平地惠及全市人民,服务全市和区域经济社会发展能力明显增强,人民群众对教育的满意度、获得感显著提高,为2035年建成质量一流、公平普惠、优势突出、人民满意的现代化教育强市奠定了坚实基础。

文体生活篇

自1949年新中国成立,在中国共产党的团结和带领下,天津人民跟全国人民一道努力奋斗,不断实现着从"小康之家"到"小康社会"、从"总体小康"到"全面小康"、从"全面建设"到"全面建成"的小康梦想。党的十九大报告明确提出,"满足人民过上美好生活的新期待,必须提供丰富的精神食粮"。在迈入全面小康的伟大征程中,天津的文化、旅游、娱乐、体育事业的发展,在全国取得了令人瞩目的成就。公共文化服务的丰富性、便利性和均等性显著增强。文艺创作繁荣发展,文物保护利用全面推进,非物质文化遗产保护传承卓有成效。文化产业发展迅速,新型文化企业、文化业态、文化消费模式日益多元。文化与旅游深度融合,旅游景区、休闲度假、乡村旅游、红色旅游等旅游产品文化内涵不断提升。精神文明建设战线持续深化全域全民全方位文明城市创建,全心全力培养时代新人,推动着全市精神文明建设在新的起点上实现了更大发展,文明已升华为天津的地域品格与城市气质。从竞技体育到群众性体育活动,从国际赛事摘金夺银到闲暇时跳起欢快的广场舞,全民健身和竞技体育获得了长足发展。市民的精神生活更加丰富,精神面貌深刻改变,精神力量显著增强,人民群众的获得感、幸福感、安全感有了前所未有的提升。

一、幸福图景:文体惠民工程丰富群众生活

(一)书香天津引领全民阅读

书籍是人类智慧的结晶,阅读是精彩人生的开始。天津市委、市政府高度重视全民阅读工作。

2019年4月12日,天津市委常委会研究讨论通过了《关于深化全

民阅读建设书香天津的意见》，意见明确指出，深化全民阅读、建设书香天津是一项事关城市长远发展、增强综合竞争力的战略工程。

以"新时代·新阅读"为主题的2019书香天津·全民阅读系列活动，以庆祝新中国成立70周年为契机，开展读书月、春季书展、青年读书节等丰富多彩的主题阅读活动，歌颂党、歌颂祖国、歌颂新时代，大力推动习近平新时代中国特色社会主义思想深入人心，为提升天津城市文化软实力，加快建设"五个现代化天津"提供了强大精神动力和文化支撑。

以"云端阅读·智慧阅读"为主题的2020书香天津·全民阅读活动主打线上特色，通过推出一系列数字化阅读产品和活动，满足了不同群体的多元阅读需求，启动仪式上参与网络直播互动的人次达三十余万。充分发挥"互联网+"的技术优势，加强数字阅读服务，成为这次天津全民阅读工作的最大亮点。

2020书香天津·读书月启动活动

以"书香颂百年·永远跟党走"为主题的2021年新时代乡村阅读季暨书香天津·读书月示范活动，重点开展了10类活动，分别为系列主题阅读活动、青少年读书节、农民读书节、读书大讲堂、最美书店评选、阅读推广交流会、优秀读书人物和优秀阅读品牌推荐、津版精品图书荐读、各行业特色阅读活动、各区特色阅读活动,引发了市民广泛关注。

其中天津出版传媒集团旗下6家出版社向静海区12个示范(最美)农家书屋捐赠图书,助力乡村文化振兴,培育乡村文明风尚,进一步提升农家书屋服务效能。

其间,静海区津版书城每天营业至22时30分。书城负责同志表示,这样做就是为了方便下班后的上班族和学生来这里阅读,店里经常开展多种主题活动,吸引读者阅读正能量图书,让更多人与书为友,感受阅读之美。

静海区付家村农家书屋的特色文化品牌之一是周末课堂。书屋经常请天津大学的大学生与村内小学生结对,提供学习辅导,并组织家长和中小学生到天津大学游学参观,还组建了阅读分享群、为种植户开办学习班、邀请专家开展知识讲座……通过系列活动,让乡亲们开阔了眼界,增长了农业知识,也提高了农产品的产量和质量,助力乡村振兴。对此,静海区书香天津·天视小记者代表说:"平时大家有时间最喜欢的就是来书屋读书,读书让老年人丰富生活,让年轻人领悟人生真谛,让孩子们懂得读书的重要性。这个暑假,我参加了书屋的'读书使我快乐'亲子阅读活动,扩展了知识面,提高了阅读能力,活动特别受大家欢迎。"

传承津城文脉,开启盛世书香。五年间,3556个农家书屋、两千多个职工书屋、200个城市书吧阅读新空间、近三百家图书馆、6条地铁线"书香专列"、15分钟阅读圈、24小时书店,如雨后春笋般涌现。书香馥郁,正绵延在津沽大地的每一个角落。天津全民阅读工作走出了一条具有天津特色、模范带动作用的发展之路。

(二)绿水青山带动村民致富

天津蓟州,山水、文化皆风景。

曾经,守着绿水青山的蓟州人却过着苦日子。

而今,蓟州区牢固树立"绿水青山就是金山银山"的发展理念,依托山水文化资源,大力发展乡村旅游。

清代学者王晋之曾在他的《家山吟》一诗中,这样描写天津蓟州区穿芳峪镇小穿芳峪村秀丽风光:"东北三十里,有峪曰穿芳。入山不见村,惟有树苍苍……"

但是在很长一段时期内,小穿芳峪都处于贫困和落后的状态。小穿芳峪村党支部的孟书记介绍说:"以前,污水横流、垃圾遍地,村貌脏乱差,别说是游客,连本村人都不愿意多待。"在2012年,小穿芳峪人均年收入仅8400元,而附近的毛家峪村已达到了4万元。

后来,"能人"孟书记被请回村里担任村干部。他开始带领村民,按照园林式景观设计,对每一户宅院进行了打造。同时成立旅游公司,统一配送客房餐厅用品、食材,农家院经营走向标准化。他说:"这是我们发展乡村旅游的本钱,但是农家院要想华丽转身,得有个明晰的规划,变单一业态为综合产业。"村子实现景观化改造后,又先后建成了乡野公园、农耕文化体验园、房车基地等休闲旅游项目,并入选"中国美丽休闲乡村"。

孟书记带领村民发展乡村旅游的一个重要举措就是以宅改为契机,释放活力,让当地的乡村旅游从单打独斗发展到团队发展。

过去,小穿芳峪村农家院发展缺乏规划,面临着土地资源紧张的困境。到2015年,小穿芳峪村成为宅基地改革试点,村子开始了一场"变形记":村民以宅基地入股,宅基地流转入村集体,由村集体交给旅游公司统一对社会招商。这样一来,整合了土地资源,一家一户变成了抱团发展。

很快,经过统一规划,小穿芳峪村发展格局鲜明,村中东部为农业发展区,发展观光农业,西北部是生态保护区。村里重新选址,在村北部统建安置小区,村民集中居住;村民原有宅基地转为产业用地,由井田庐旅游公司经营,发展乡村旅游,实现了居住用地与产业用地分离,建设用地指标通过腾退村内空闲地和宅基地的途径解决。

平整的道路、乡野的木桥,小穿芳峪村中一座座农家小院错落有致。村内环境美了、夜晚亮了。农家院、农耕文化体验园等地也热闹了起来。

2019年文化和旅游部公布第一批全国乡村旅游重点村名单,小穿芳峪村榜上有名。

如今的小穿芳峪村,又进一步提升改造民宿:不但新颖别致、突出山村特色,在吃住玩等方面也是"精益求精"。村里的精品民宿都是农家四合院,门口挂着大红灯笼,特别喜庆。金秋时节,家家门前的柿子树、红果树上的果实累累。一套四合院,只接待十人左右,人少空间大,感觉特舒服。孟书记说:"精品民宿不求游客数量多,但求服务质量好,吃、住、玩等做到样样'精'。跟一些农家院比,虽然接待游客人数少,但游客感觉特过瘾,乐意多付费,游客满意,村民增收,双赢!"

村里传统的农民身份渐渐淡化,合格的服务者、经营者正在成为他们的新角色。随着小穿芳峪村越来越火,村民可以获得5笔收入:土地增值保值收益、苗木销售分红、农家院出租租金、村旅游公司收入分红及在村内打工的收入,真是满满的获得感。

天津市政协文化和文史资料委员会主要负责同志曾指出,包括小穿芳峪村在内的蓟州乡村振兴实践,不仅是天津蓟州区实现农村"富美强"、解决"三农"问题的样本,也是全国全面建成小康社会、基本实现现代化的典型范例,值得复制和大力推广。他将蓟州的先进经验归纳为五点:因地制宜、创新发展是前提,集中经营、统一管理是基础,做好规划设计、善于借助外力是关键,抓实支部、选人用人是保障,以人民为中心、增收致富是落脚点。

（三）"全民全运"助力打造健康天津

在天津这座充满乐观精神的城市，体育和健身是人们生活不可缺失的部分。天津市委、市政府始终把增强人民体质、提高身体素质、健康水平和生活质量，促进人的全面发展作为体育工作出发点和落脚点。满足人民群众不断增长的体育需求，切实实现好、维护好、发展好广大人民群众的健身利益，做到体育发展为了人民，体育发展依靠人民，体育发展成果由人民共享。

2017年第十三届全运会的成功举办，给天津带来了巨大荣耀，不仅留下了创纪录的18枚金牌和62枚奖牌，更是将"全民全运"的精神和理念注入天津这座城市的血液之中，让"全民健身"成为天津的又一张城市名片。

第十三届全运会开幕式

大力实施"全运惠民工程"。主要的目标任务是创立全运会举办地推进群众体育事业优化发展的新模式，建立群众体育与竞技体育协调发展新思路，建立体育事业与体育产业全面发展的新机制，促进人民群众参与体育的意识全面提升，让群众体育场地设施、健身组织和体育活动等得到全面改善,使广大市民的健康水平得到普遍提高,让人民群众充分享受到举办全运会带来的体育成果。

群众身边的体育健身组织工作越来越健全。天津共创建百余个示范型城乡社区居民健身会和村民健身会,以及千余个绿色健身站,打通了服务健身群众的"最后一公里"。天津打造了社会体育指导员网络工作平台,加大政府购买体育公共服务的力度,支持社会体育组织举办竞赛,承担健身服务、体育培训、科学研究等公共服务事项。

体育健身设施不断完善,"15分钟健身圈"逐步建设。天津新建了100个社区笼式足球场等多功能运动场地,建设了2200个健身路径,建设了10个体育公园、20条登山步道,以及水上公园智能型健身步道、海河划艇运动基地和航空运动营地等健身休闲设施,提升改造了山野运动基地等。

实施"全运惠民工程"期间,天津举办了大型健身赛事活动六百余项,参与市民达400万人。全市377所小学、199所初中和121所高中纳入了"8421工程"青少年训练体系;投入体育产业发展引导资金1000万元并发行体育惠民卡;推出"全运惠民·科学健身大讲堂""科学健身一点通"电视栏目进行科学健身宣传;实施天津体育文化精品工程,开展体育文化巡展进大学校园、进社区乡村、进场馆的"三进"活动等。

红桥区的西沽公园是天津的"老字号"公园,每天这里都吸引了大批的市民前来锻炼。自从"全运惠民工程"启动以来,公园内健身设施和服务功能日益丰富,先后增设了体质测试中心、室内健身房、室外足篮球场、乒乓球长廊、充气膜游泳馆、健身步道等多种健身场地设施,已经成为天津全民健身的名片。

三条石街太极队的72岁领队董大爷说:"十三届全运会举行的这一年里,咱们西沽公园多了许多新面孔。我们这里增加了许多新的健身设施,有些场地和设施就连我们这些锻炼多年的人都感到无比新奇。因此借全运会这股'东风'前来晨练的人也越来越多。全运会举办期间，我们收看了太极拳、武术等群众项目的比赛转播，看到我们每天在练的项目上了全运会比赛，健身队也变得更有凝聚力，这也让那些以前不怎么锻炼的街道朋友们焕发了健身热情，加入我们当中。"

二、成就见证：文化体育事业多点开花，亮点纷呈

（一）实施"两年行动计划"，推动旅游业提档升级

党的十八大以来，天津旅游业发展呈现持续快速增长的态势。2019年《天津市促进旅游业发展两年行动计划（2019—2020年）》颁布实施，目标在于围绕"旅游发展全域化、旅游供给品质化、旅游治理规范化、旅游效益最大化"，打造50条名人故居游、文化博览游、乡村休闲游等精品线路，创建1—2个国家级全域旅游示范区、5个市级全域旅游示范区、10个全域旅游示范镇，培育10个市级特色文化旅游村，新增1—2个国家AAAAA级旅游景区，实现天津旅游业全面提档升级。

大力推进的重点项目包括：一是积极融入大运河、长城国家文化公园建设，做好大运河文化保护传承利用，充分利用杨柳青古镇、陈官屯古镇及南北运河沿线文化旅游资源，打造北运河武清段精品游，向游客充分展现千年运河的古韵今风。二是加大海洋旅游开发，提升改造东疆湾沙滩景区等亲海旅游项目。以国家海洋博物馆、泰达航母主题公园、方特欢乐世界、妈祖文化园为中心，推动海上游艇、游船出海等项目的开发开放。三是以国家会展中心建设为契机，积极培育会展旅游市场。办好中国旅游产业博览会，开展专业研讨会、博览交易会和大型体育赛事等商业活动，促进消费市场的提档升级。四是统筹天津博物馆、

周恩来邓颖超纪念馆、平津战役纪念馆、北疆博物院、广东会馆、天后宫、鼓楼、文庙、邮政博物馆、体育博物馆等文博资源,打造津门故里等多条精品文博游线路。提升改造五大道、鼓楼、古文化街等小型专业博物馆,建立天津市博物馆文化旅游发展联盟。同时实施促进旅游业发展五个方面的20件实事,推动旅游业高质量发展。

(1)打造多条精品线路。一是推出爱国主义教育、近代中国历史、万国建筑博览3条精品旅游线路。二是提升改造古文化街、五大道、一宫花园3个亮点片区。三是启动改造民园体育场、睦南公园2个节点片区(张学铭旧居、纳森旧居、顾维钧旧居、疙瘩楼等纳入民园体育场片区,并对外开放;润园、高树勋旧居、吴颂平旧居、卞万年旧居等纳入睦南公园片区,并对外开放)。四是打造5个文化旅游示范村(蓟州区马伸桥镇西葛岑村、宝坻区黄庄镇葫芦窝村、武清区河北屯镇李大人庄村、静海区台头镇北二堡村、宁河区板桥镇盆罐庄村)。五是打造津门故里、海晏河清等13条精品文博游线路。

(2)举办文化旅游活动。一是办好2019中国旅游产业博览会。二是举办第六届全国大众冰雪季启动仪式。三是办好第六届中国汽车(房车)露营大会暨第四届中国·天津体育旅游大会。

(3)深化体制改革。一是推进天津旅游集团、蓟州旅游集团等文化旅游企业混合所有制改革。二是推动水上公园、小站练兵园、西青精武门·中华武林园等国有、集体景区市场化改革。

(4)提升旅游信息化、智能化发展水平。一是打造20个标准化旅游咨询中心,新建改建90座旅游厕所,提高景区服务水平。二是建设文化旅游大数据分析平台,实现旅游数据互联互通。三是实现文化中心区域5G网络全覆盖。四是在"三站一场"增设旅游大巴停车场和旅游团队休闲场所。五是按照AAAA级以上景区营业时间和客流量,开通公交客运线路、调整运营频次。六是在全市主干道路新增100个旅游交通标识标牌,完成50条登山步道建设。七是推动A级旅游景区移动支付消费功能全覆盖。

(5)恢复传统休闲游趣活动。一是挂牌恢复"中国北方古玩集散中心"。二是培育2—3个旧物、旧书交易跳蚤市场。三是推出100件旅游商品,打造10个"天津礼物包"。

(二)发展壮大国家动漫园,创造全新产业模式

唐僧师徒、葫芦娃、功夫熊猫、美人鱼、一休哥……进入国家动漫园,绿植掩映下一众动画人物雕塑跃然眼前,生动传达出园区特色,也将园区环境装点得清幽闲适。

2011年5月27日,我国第一个部市共建国家级动漫产业园——中新天津生态城国家动漫园正式开园。国家动漫园是生态城第一个启建并投入运营的产业园区,是文化部门确认的第一个国家级动漫产业园区,也是全国版权示范基地和天津市电子商务示范基地。

经过多年的建设与运营发展,国家动漫园实现了"高端制作、人才培训、技术研发、产业培育、展示交易、国际交流"六大功能定位,形成了一定规模的产业载体和较为完善的产业配套,吸引了一批优秀的动漫游戏、影视文化、数字娱乐、产业投资等行业知名企业。园区已初步形成以动漫影视游戏、互联网+科技、出版传媒与教育咨询、金融投资四大领域为主的文化创意产业集群。

得益于园区内一流的硬件平台和优质的产业配套政策,好传动画、A4漫业等一大批动漫企业在这里得到快速成长。

好传动画在2011年入驻国家动漫园ThinkBig孵化器时,只有4个人。现在,好传动画团队规模已达一百五十多人,并与海内外诸多创作团队和公司建立业务合作。企业创始人尚先生说:"我们和园区的公共技术服务平台有过多次合作,包括《大护法》的音频制作等。这些年来,

生态城和国家动漫园为企业提供了稳定而持续的税收政策支持,还获得了免费的专业技术服务。"

2019年,由生态城文创企业好传动画携手六道无鱼动画工作室,在成都、广州和北京三城接连举办了《大理寺日志》《雾山五行》两部原创国漫剧的试映会,超过九成观众给予满分好评。《大理寺日志》《雾山五行》之所以在试映期间就收获了超高人气,靠的是作品精良的制作。影片中,跌宕起伏的剧情、硬朗不羁的画风、火花四溅的动作场面让人印象深刻,古风与现代音乐元素相结合的片头曲和配乐,以及出色的声音设计也成为一大看点。而两部影片的音频制作就是在国家动漫园产业技术服务平台完成的。

近期,国家动漫园又开始打造国家动漫园数字文化新技术实验室,为园区入驻企业提供完整的人工智能内容生产解决方案,促进人工智能与数字文化产业深度融合。到2021年,国家动漫园累计注册企业已超6000家。

(三)大力弘扬女排精神,塑造天津城市精神

2003年1月25日,天津女排与八一女排的决战中,天津女排首次夺得联赛冠军。

2021—2022赛季中国女排超级联赛于2022年1月5日晚在江门体育中心落幕,天津渤海银行女排在决赛第二回合以3比0再胜江苏女排,从而在三场两胜制的决赛中以总比分2比0胜出,以赛季十七场比赛全胜仅失一局的骄人战绩夺得本赛季排超联赛冠军,实现了国内女排联赛进入排超时代后的首个"三连冠",也是队史上第十四次夺得国内联赛的冠军。

天津女排获得第14个联赛冠军

天津女排十几年来以优异的战绩、卓越的表现创造出了一种精神，那就是"锐意进取、迎难而上、顽强拼搏、争创第一"的天津女排精神。

天津女排不仅创造了这种精神，也一直践行和传承着这种精神。从丁红莹到李珊、张娜、张平、魏秋月这四位奥运会冠军；从殷娜、王茜、李莹、张晓婷、陈丽怡到李盈莹、王媛媛，一代代的优秀运动员承上启下，让天津女排这支王者之师长盛不衰。从天津女排老一代教练员到王宝泉再到陈友泉，一批批的优秀教练员一直捍卫着天津女排在国内排坛的霸主地位。

天津女排一直是天津体育的一面旗帜。她们用一场场胜利、一个个冠军，书写着属于天津体育的奋斗故事，展现着独特的天津城市精神。

为了让女排精神融入所有市民生活中，惠及更多民众，2021年《天津市加快推进"排球之城"建设实施方案（2021—2030年）》正式颁布，主要发展目标有二。

一是近期目标（2021—2025年）：女子排球项目竞技水平保持国内领先，男子排球项目进入国内先进行列，排球职业俱乐部管理水平和品牌影响力不断提升。建设国内一流排球青训体系，各区力争实现30%

的中小学成立学校排球代表队,全市建成排球特色学校不少于50所。构建竞技、校园、职工、大众排球赛事体系,经常参与排球项目的青少年人数达到30万人。全市新建、配套完善室内外排球场地200块。积极承办国际一流排球赛事,中国排球超级联赛天津主场赛事关注度不断提升,创办自主品牌国际赛事。排球产业格局基本形成,与文化、旅游、商业等产业融合发展,为天津建设国际消费中心城市作出积极贡献。推出一批以排球运动为主题的文化活动和文学作品。努力实现天津排球运动特色强、基础牢、覆盖广的发展目标。

二是远期目标(2026—2030年):女子排球项目达到国际领先水平,男子排球项目达到国内领先水平,排球职业俱乐部综合实力国际领先。拥有自主品牌国际赛事,排球主场文化具有广泛影响力。天津特色排球青训体系构建完成,后备人才储备充足,全市建成排球特色学校不少于100所。竞技、校园、职工、大众排球赛事体系有效运行,经常参与排球项目的青少年人数突破50万人。全市向公众开放的排球场地超过500个。排球产业规模和发展质量处于全国前列,提供适应群众需求、丰富多样的产品和服务,形成市民积极参与、公共服务完善、市场资源有效配置的现代化排球事业发展体系和特色鲜明的排球城市文化,将天津建设成为具有国际影响力的排球名城。

可以说,建设"排球之城"是推动天津排球事业高质量发展,建设体育强市、"运动之都"的重要举措,也是新时代精神文明建设的重要标志,能够提升人民群众的幸福指数。

三、时代答卷:高标准布局,擘画高颜值文体蓝图

自1949年天津解放,党和政府立即开展新社会的文化建设。改革

开放以后,天津文化朝着大繁荣、大发展的方向阔步迈进。

党的十一届三中全会以来,天津市委、市政府紧密结合天津实际,认真贯彻落实党中央决策部署,积极稳妥地推进文化体制改革,取得了明显进展,有力推进了文化事业和文化产业协调发展,为文化的长远发展和繁荣提供了体制机制保障。1986年《关于文化局直属院团体制改革实施方案》实施,文艺院团改革拉开序幕。1999年天津津源影视有限责任公司成立,实现影、视、录一体化,制、发、放一条龙。2000年以后,天津广播电视网络有限公司、北方网股份有限公司、天津日报报业集团等一批现代化产业集团,先后组建,形成矩阵。天津市政府在改革开放之初就把开辟新的电视频道、增设新的电视栏目、发展有线电视和修建现代化的电视塔列入改善城乡人民生活的20件实事,积极推动天津广电事业快速发展。并先后建成天津广播电视塔、天津图书馆、广播电视新闻中心、平津战役纪念馆、自然博物馆新馆、周恩来邓颖超纪念馆、天津日报大厦、今晚报大厦、图书大厦、天津博物馆等标志性文化设施。在此期间,文艺工作者们积极深入生活,贴近群众,大力满足人民群众精神文化需求,不断繁荣天津文艺舞台,努力打造精品力作,在艺术创作与表演方面取得了可喜成就。

进入21世纪,尤其是党的十八大以来,天津的文化和旅游更上了一个新台阶。

(一)繁荣文化事业和文化产业,打造魅力人文之都

1.文化芳菲满津沽

"十二五"期间,天津建成了文化中心等多个重大公共文化设施。各区图书馆、文化馆、街道(乡镇)文化站、村(社区)文化活动室基本实现全覆盖并免费开放,四级公共文化设施网络更加完善。完成公共电子阅览室建设计划。天津图书馆和市内六区图书馆实现通借通还。在

全国率先出台《关于加快构建现代公共文化服务体系的实施意见》。3
个区、5个项目入选国家公共文化服务体系示范区(项目)。基层文化
活动更加活跃。

党的十八大以来,公共文化服务水平有效提升。截至2020年底,
全市共有市级公共图书馆1个、群众艺术馆1个,区级公共图书馆19
个、文化馆16个。不断完善街镇和村居文化基础设施建设,创建综合
性文化服务中心近三千个。完成天津歌舞剧院、天津交响乐团迁址扩
建工程的调整立项,平津战役纪念馆、周恩来邓颖超纪念馆的改陈立
项,积极推动天津非物质文化遗产馆新建项目。实施天津京剧院(滨湖
剧院)、天津青年京剧团(中华剧院)修缮工程。圆满完成天津大剧院第
三期委托运营招标工作。

知名的"网红"打卡地——滨海新区图书馆

天津滨海新区图书馆以超强设计感和传播力成为全球网红。滨海
新区图书馆负责同志介绍,一是培育新型文化地标,以"滨海之眼"为符
号推广图书馆形象。精心维护建筑空间品质,输入新理念和新资源,积
极把内涵建设从提升内容含量跃迁到提升概念含义。二是培育新型文
化场景,生动呈现图书馆是滋养民族心灵、培育文化自信的重要场所。
以"书山"为环境营造沉浸式场景,观众的阅读行为在这里演变成读、

看、停留、体验、联想、秀等。三是培育新型公共服务供给主体,以滨海文化中心综合体为依托,实现综合性、融合化、一站式服务。

天津出版传媒集团连续几年坚持推出系列阅读活动,成为天津推动全民阅读活动的排头兵。值得一提的是,天津开通了全国第一列"书香地铁"专列,率先启动了地铁图书漂流活动。天津地铁每天承载数以万计的乘客,为发挥地铁文化窗口功能,开辟地铁阅读这一新的文化阵地,加快提升"书香天津"的影响力和美誉度,按照天津市委宣传部部署,天津出版传媒集团、天津轨道交通集团和天津市新华书店共同打造的"书香地铁"专列,成为天津市一道别致的流动风景线、一张亮丽的文化新名片。在主题地铁专列上,乘客可免费阅读放置在座位上的图书,天津市新华书店坚持定期在专列上举办图书漂流和系列主题阅读活动,将阅读文化带进车厢,让人们在出行途中放下手机静心阅读,为这座城市增添了浓浓书香。

到2021年,围绕庆祝中国共产党成立100周年,举办"奋斗百年路 启航新征程"群众性文艺演出和第六届市民文化艺术节等演出活动,天津博物馆"红色记忆——天津革命文物展""周恩来邓颖超纪念馆基本陈列""平津战役基本陈列"3项展览入选中共中央宣传部、国家文物局向社会公开推介的庆祝中国共产党成立100周年的109项精品展览。开展第三批基层综合性文化服务中心达标验收工作。截至2021年末,全市共有艺术表演团体115个,文化馆17个,博物馆69个,公共图书馆20个,街乡镇综合文化站255个。全市电影放映单位109个,放映场次111.92万场,观影人数1682.64万人次,实现票房收入7亿元。全年出版图书9417万册,期刊2571.28万册,报纸1.85亿份。

2.产业驶入快车道

改革开放为天津文化产业发展带来新的机遇,文化产业市场迎来大发展、大繁荣。出版图书种类从1978年的457种,增加到2017年的

7803种,增长了16.1倍,图书印刷总数从1978年的7367万册,增加到2017年的8081万册,增长了9.7%,报纸种类从1978年的2种,增加到2017年的40种,报纸总印数从1978年的11864万份,增加到2017年的37727万份,增长了2.2倍,期刊的种类从1978年的17种,增加到2017年的243种,增长了13.3倍,期刊总印数从1978年的1229万份,增加到2017年的2860万份,增长了1.3倍。2004年至2016年天津文化及相关产业增加值从62.1亿元增加到802.3亿元,占全市生产总值比重从2.0%提高到4.5%,提高了2.5个百分点。

早在1983年,天津就推进了以承包为主要形式的文化事业改革。1986年,天津文化事业开始进行整体规划,合理调整布局,确定院团编制,精简多余人员,一些文化单位开始企业化经营的试点。1992年,天津市文化产业公司成立,文化产业逐步从单纯"以文补文"向"多种经营、多业助文"发展,初步形成多层次、多形式、多体制的格局。通过资源整合形成一批有一定影响力和竞争力的文化产业集团公司,同时在文艺演出业、艺术品流通业、文化旅游业、电影发行放映业等方面形成了若干可圈可点的亮点。

"十二五"期间,文化产业快速发展。全市文化产业增加值年均增长20%以上,2015年超过七百八十多亿元。文化与创意设计、金融、科技、旅游融合更加深入。国家数字内容贸易服务平台落户天津。新增国家文化产业示范基地4家,市级文化产业示范基地达到47家,示范园区19家。一批原创动漫作品取得良好社会效益和经济效益。

"十三五"期间,天津出版业乘势而上奋力进取,各家出版社都推出了一批唱响主旋律、传播正能量的优秀出版物。其中联合海峡文艺出版社推出的《海边春秋》获第十五届精神文明建设"五个一工程"优秀作品奖;多本图书入选中宣部主题出版重点出版物;多个项目入选国家出版基金资助项目;多部图书获得中华印制大奖、金牛杯优秀美术图书奖,入选"农民喜爱的百种图书""出版百种科技新书";打造了《头颈部整形外科解剖学》《中国政治制度史》等一批精品力作;"卡通尼奇幻博物馆"系列丛书和《3D中国经典故事立体书·哪吒闹海》入选原动力中国原创动漫出版扶持计划;《20世纪中西马哲学会通的历程和逻辑》等多种出版物入选天津市重点出版扶持项目;多个项目入选中宣部对外出版项目、"丝路书香出版工程""经典中国国际出版工程"等国家各类"走出去"项目;《泥土里的想念》《读懂中国》等图书分别输出多个语种;《我在中国教政治》等多种图书入选"外国人写作中国"计划,图书版权输出签约数量再次取得两位数增长。可以说,伴随着一本本优质读物的推出,津版图书已成为全国图书市场上响当当的文化品牌。

党的十八大以来,在以习近平同志为核心的党中央坚强领导下,天津市文化产业战线坚定文化自信,增强文化自觉,紧紧围绕文化小康目标,坚持把社会效益放在首位、实现社会效益和经济效益相统一,推动文化产业改革发展各项任务落地见效,就促进文化与金融、贸易、旅游、科技等相关领域融合发展出台了专项政策,推动国有经营性文化单位转企改制,组建天津北方演艺集团、北方文创集团、北方电影集团等新的国有文化市场主体,成为文化产业发展的重要力量。文化产业创新创造活力极大地被激发。市民文化消费能力和水平进一步提高,电影观影人次从2012年的1716万人次,增加到2017年的2415万人次,增长了40.7%;电影票房从2012年的2.62亿元增加到2017年的7.67亿元,增长了1.9倍。到2021年,全市规模以上文化及相关产业企业实现营业收入1701.11亿元,按可比口径计算,比上年增长2.8%。

3.文艺唱响新时代

"十二五"期间,京剧《香莲案》、河北梆子《晚雪》、评剧《赵锦棠》等优秀作品荣获全国大奖。35个项目获得国家艺术基金资助。出台《天津市舞台艺术创作生产规划(2015—2017年)》,组建艺术指导委员会,进一步加强对艺术创作生产的组织引导。成功举办第七届中国京剧艺术节。组织天津市优秀剧目展演、名家经典演出季,推出天津文化惠民卡,艺术院团惠民演出形成常态化。电视剧《辛亥革命》《寻路》、纪录片《五大道》等影响广泛。农村电影放映工程、中央广播电视节目无线数字化覆盖工程稳步推进。到2015年底,全市数字影院达到58家,银幕398块,观众人次和票房收入保持两位数增长。

天津在全国率先推出文化惠民卡

党的十八大以来,文艺工作者们积极深入生活,贴近群众,大力满足人民群众精神文化需求,不断繁荣天津文艺舞台,努力打造精品力作,在艺术创作、舞台表演、影视创作方面,取得了更加可喜的成就。

天津京剧院新编京剧《康熙大帝》荣获第十五届文华大奖,天津评剧院创作的评剧《红高粱》入选文化部2016年度国家舞台艺术精品创作工程全国重点扶持剧目,评剧《非常妈妈》入选全国基层院团戏曲会演,儿童剧《寻找海力布》入选第五届全国少数民族文艺会演,评剧《赵锦棠》获得第十四届文华奖。

天津歌舞剧院创作演出了原创舞剧《泥人的事》、芭蕾舞剧《海侠》《吉赛尔》《睡美人》、歌剧《茶花女》《党的女儿》、原创当代舞剧《人民音乐家》、原创音乐剧《一盏明灯·焦裕禄》、芭蕾舞国标舞舞剧《海河红帆》等思想性、艺术性、观赏性俱佳的优秀剧目。天津交响乐团创作了交响乐《天津组曲》。天津市杂技团原创杂技剧《唐人街》赴欧洲演出。

一大批优秀作品层出不穷，由天津市委宣传部、天津广播电视台联合出品的电视剧《寻路》、纪录片《五大道》分别荣获中国电视剧"飞天奖"、全国电视文艺"星光奖"；电视剧《寻找邓颖超》入选全国2016—2020年百部重点电视剧选题。纪录片《一双手中的一带一路》《零号球队》入选国家新闻出版广电总局2016年度"双百计划"扶持项目。基层反腐题材电视剧《啊，父老乡亲》列入天津市委宣传部重点剧目，获得国家新闻出版广电总局剧本扶持。

4.遗产保护成共识

"十二五"期间，文化遗产保护成效显著。大运河（天津段）入选世界文化遗产名录。天津圆满完成第三次不可移动文物普查，共调查登记不可移动文物2082处。天津市全国重点文物保护单位达到28处，市级文物保护单位212处。划定公布《天津市境内国家级、市级文物保护单位保护区划》。天津自然博物馆迁入新址，杨柳青木版年画博物馆建成开放，全市各类博物馆达到72家。对各级各类博物馆开展绩效考评，博物馆社会服务水平进一步提升。非物质文化遗产保护体系进一步健全，国家级、市级代表性项目分别达到32个、157个，国家级、市级代表性传承人分别达到20名、221名。

党的十八大以来，天津市非物质文化遗产保护工作成效显著。2019年1月1日，《天津市非物质文化遗产保护条例》正式实施，标志着天津"非遗"保护工作进入了有法可依的新阶段。到2019年，天津国家级和市级非物质文化遗产代表项目分别为35项、250项，先后制定了《天津市非物质文化遗产保护专项资金管理办法》等一系列政策文件，归集了项目档案，建立了项目数据库，完成了非物质文化遗产代表性项目及传承人名录体系建设。2021年8月1日,《天津市市级非物质文化遗产代表性传承人认定与管理办法》正式实施。

近年来,红桥区不断提升历史文化遗产保护水平,彰显历史文化底蕴。一是积极推动大运河国家文化公园重点项目建设。聚焦大运河国家文化公园7个重点项目建设,牵头做好天津运河桃花文化商贸旅游节、大运河游船观光、义和团纪念馆提升改造及文化文物资源数字化管理云平台项目的实施;会同相关部门积极推动北运河风景林廊项目、竹园提升改造项目和大运河环境治理项目建设,确保重点项目建设落地落实。二是扎实推进文物保护和利用。认真履行文物安全管理责任,健全文物安全责任制,加强不可移动文物预防性保护和日常监管,有效治理和遏制各类安全隐患。加强爱国主义教育基地保护利用,推进学校、社区等组织开展社会教育活动,强化爱国主义教育和红色教育功能。三是加强非物质文化遗产保护与传承。深入挖掘"非遗"资源,做好区级"非遗"代表性项目和传承人认定,公布第十批区级"非遗"代表性项目。举办"文化和自然遗产日"非遗宣传展示活动,积极推动"非遗"工作服务全区经济社会发展。

2022年,大运河天津段历史文化遗产数字化采集及第八批全国重点文物保护单位第五批天津市文物保护单位记录档案编制工作,顺利完成。截至目前,总计完成九宣闸等60处大运河天津段沿线各级文物保护单位记录档案572卷,新开河火车站旧址等6处第八批全国重点文物保护单位记录档案69卷,张官屯窑址等15处第五批天津市文物保护单位记录档案149卷,共790卷档案的编制和审核工作。这些记录档案充分利用文字、图纸、照片、拓片、电子文本等形式,有效著录了文物保护单位本体记录等科学技术资料和有关文献记载、行政管理等内容。在各方的共同努力下,大运河天津段历史文化遗产数字化采集及第八批全国重点文物保护单位第五批天津市文物保护单位记录档案编制工作按时、保质完成。推进了天津市文物保护专业人才业务能力的提升，补充和完善了天津市文化遗产保护"四有"工作成果，为天津今后文化遗产保护和传承进一步夯实了工作基础，也为落实《大运河天津段遗产保护规划（2011—2030）》《大运河天津段核心监控区国土空间管控细则（试行）》《天津市大运河文化保护传承利用实施规划》《大运河遗产保护与管理总体规划》等一系列规划，以及开展大运河国家文化公园建设提供了坚实的专业支撑。

5.文明新风别样好

文明永无止境，"创文"没有终点。"十三五"时期，天津提出"要把天津建设成为文化繁荣、社会文明的魅力人文之都"。全市大力开展群众性精神文明创建活动，大力弘扬社会主义核心价值观，道德讲堂走进社区街道，志愿服务活动遍地开花，用人文素养提升城市魅力，文明幸福的现代化天津愈见清晰。

尤其是党的十八大以来，天津市文明城区创建工作已经形成了"5+7+2+2"的格局，即5个全国文明城区、7个全国文明城区提名城区、2个未提名全国文明城区的天津市文明城区、2个天津市文明城区争创区。

2017年《天津市志愿服务条例》正式出台，这一精神文明建设的专项法规，推动志愿服务实现制度化常态化。

2018年《天津市预防和治理校园欺凌若干规定》出台，这是全国首部规范校园欺凌预防和治理的地方性法规，旨在推动文明校园、平安校园建设。

2019年《天津市促进精神文明建设条例》施行，这是天津首部对精神文明建设做出集中规定的地方性法规，建立健全精神文明建设考核制度，有利于调动社会各方面力量参与和促进精神文明建设。它的正式实施，为全域创建文明城市提供了法制保障，为提升城市品位和塑造城市形象提供制度保障。

天津市文明办以培育和践行社会主义核心价值观为根本,连续六届开展天津市道德模范评选。"蓝领工匠"张黎明、"阳光奶奶"吕文霞、"献血哥"栗岩奇……一批批道德模范的榜样力量,转化为广大市民的生动实践,人们争相学习"身边榜样",推动形成崇德向善、见贤思齐、德行天下的浓厚氛围。

近年来,天津推出宣传时代楷模张黎明等重大典型,累计推出宣传全国道德模范11人、市道德模范115人、"天津好人"2660人,全国文明单位203个、全国文明村镇46个、全国文明校园4所、全国文明家庭7户。

截至目前,全市注册志愿服务队伍近一万五千个,注册志愿者超过240万人,形成遍布全市的志愿服务网络。

全国新时代文明实践中心建设试点中,滨海新区、津南区、北辰区、武清区、宝坻区5个区榜上有名,新建社区未成年人"快乐营地"800个,提升改造"五爱"教育阵地1000个,新建乡村学校少年宫57所。

2020年,在第六届全国文明城市入选城市(区)名单中,天津西青区、北辰区、滨海新区以直辖市城区第2、第3、第5的成绩上榜,入选数量、综合成绩均取得历史性突破。和平区、河西区也成功实现卫冕,天津全国文明城区数量一举达到5个。南开区、东丽区、武清区、河东区、宝坻区、河北区、津南区入选第七届全国文明城市提名城市(区)。天津文明城区数量达到14个,占比达87.5%。以文明城区创建为牵引,文明单位、文明村镇、文明社区、文明校园、文明家庭等各项群众性精神文明创建活动均取得较好成绩。

天津还充分发挥全国文明城区示范引领作用,用好5个全国文明城区的创建经验做法,通过"文明带提名""老带新"结对共建的方式,把文明城区和提名城区结成一对对"命运共同体",推动"文明"与"提名"

相互借鉴、相互促进、相互提升。

2021年,天津以文明城区创建为龙头的群众性精神文明创建活动再升级,天津市文明委印发《天津市全域创建文明城市三年行动计划(2021—2023年)》。该计划以习近平新时代中国特色社会主义思想为指导,按照新时代文明城市创建标准,持续加大工作力度,实施正面推动,狠下真功夫、"笨"功夫,着力建设信仰坚定、崇德向善、文化厚重、和谐宜居、人民满意的文明城市。其中"天津市文明城区争创区创建基础工程",围绕社会关注、百姓关心、市民群众反映强烈的突出问题和治理难点开展工作,着力补齐创建短板弱项,每年推出不少于10项"创文"惠民项目,为百姓办实事、做好事、解难题。而"新时代文明实践拓展工程",目标在于推动文明实践中心建设与乡村振兴、基层党建、群众工作、社会治理贯通融合,实现更大发展、发挥更大效用。并完善以学习宣传、文化健身、互帮互助、文明风尚为主体的"4+N"新时代文明实践志愿服务品牌项目,持续提升群众参与度和满意度。

6.协同发展质量高

"十二五"期间,京津冀协同发展迈出新步伐。天津与京冀文化和广电部门签署交流合作协议,成立京津冀演艺联盟、"京津冀公共文化服务示范走廊"发展联盟、图书馆联盟等区域合作组织。开展京津冀河北梆子优秀剧目巡演、精品剧目展演,文化产业项目推介会,非物质文化遗产大展暨传统手工艺作品设计大赛等系列活动,京津冀文化交流合作更加紧密深入。

党的十八大以来,区域合作取得积极进展。建立健全体制机制,签署《京津冀文化和旅游协同发展战略合作框架协议》,联合发布《京津冀旅游协同发展工作要点》,共同签署《京津冀文化产业协同发展行动计划》。建立文化产业联席会议制度;搭建大数据支撑和微信宣传两个平台;每年组织开展京津冀文化产业协同发展十项重点活动,包括每年制订一个京津冀三地文化产业协同发展工作计划,每年至少举办一次京津冀三地文化产业联展活动,每年至少举办一次京津冀文化产业项目推介会等。定期举办京津冀文化旅游发展论坛、非物质文化遗产联展、全域旅游推介会等一系列文化和旅游主题活动,积极推进三地错位发展与融合发展,助力打赢脱贫攻坚战。持续实施"春雨工程",开展文化志愿者边疆行活动。通过文艺演出、展览展示、人才培训与受援地区开展交流合作。开展"文化艺术云"交流活动,向受援地区推送"云演出""云看展"等线上文化体验活动。推出文化展演、交流体验和旅游推介"组合拳",加强对外和对港澳台地区的文化和旅游交流合作。持续办好"欢乐春节"海外文化交流活动,举办中日韩文化产业论坛、中国国际青年艺术周(天津)暨"FEELING 天津"城市艺术节等,开展多项对港澳台地区青少年的文化交流活动,并在日本、泰国等地设立天津旅游推广站。

2019 年,"京津冀交响乐艺术发展联盟"正式成立。联盟的成立在共建、共享、共融的基础上,深化了成员间全方位务实合作。乐团通过联盟这个平台,在艺术创作、音乐普及和乐团管理等方面相互学习、相互支持、相互促进,共同提高,不断扩大乐团自身造血能力和交响乐艺术在三地民众中的影响力。同时以三个乐团为节点,公司院线为纽带,点线结合,形成环首都交响乐艺术走廊,并在此基础上,充分发挥院线公司的市场影响力,逐步形成立足本地、辐射全国、互惠互利、合作共赢的良性发展机制。

(二)深化文旅融合发展,全面提升文旅业整体水平

2018 年 11 月 30 日,天津市文化和旅游局举行揭牌仪式。近年来,天津着力开发都市风情、滨海休闲、乡村田园、民俗技艺等特色文旅资源,打造了一批高质量文化和旅游景区,推出了一系列优质特色产品,使文化和旅游产业成为全市经济社会快速发展的强力引擎和提升人民

幸福感的有效途径。

1.文化和旅游深度融合

以文塑旅、以旅彰文,积极推进文化和旅游融合发展。天津正在建设大运河国家文化公园(天津段),统筹推进10个文化旅游村创建工作,推出文化博览游、名人故居游、红色记忆游、津城工业游等52条精品线路,串联起知名景区、文博院馆、人气夜市与时尚打卡地,并以"天津礼物"为统一标识,打造出一批特色文创和"非遗"产品。

2021年,蓟州区深入实施文旅融合工程,加快转型提质。一是繁荣发展蓟州文化。启动平津战役前线司令部旧址维修工程,进一步规范零散烈士纪念设施管理。积极推进北少林武术、一品烧饼制作、剪纸、皮影、雕刻、葫芦烫画等传统技艺活态化传承,保护蓟州传统技艺多样性,开发特色鲜明、适销对路的文创产品。深化文明城区创建,加快新时代文明实践中心建设,培育一批城市书房、文化驿站、文化礼堂等新型文化阵地。二是加快文旅产业发展。加快推进长城国家文化公园、吉瑞凤凰蓟州文化艺术产业园、春光童话生态动物园、郭外库文化园建设,申创渔阳酒业老字号工业旅游示范基地。优化新城、古城、大盘山三大活力商圈业态布局,推进国家文化和旅游消费试点城市建设。做强"蓟州康养"品牌,筹划建设301医院术后康养基地,扶持尧舜牡丹康养基地规模化发展。三是提升旅游城市功能。加快实施仓桑公路改建、马营公路西延工程,启动通武—京抚连接线前期工程,提升城区主干道路品质。优化城市运行"大脑",实施一批智慧社区、智慧停车、智慧路灯项目。新建登山步道5条、多功能运动场3个、乡镇健身中心1个、乡村健身广场10个,更新村居健身园67个。健全生活垃圾、厨余垃圾、建筑垃圾处理体系,持续净化街景立面,推动环卫市场化服务项目落地,塑造干净整洁的城市环境。

2.文化和旅游同步提升

2016—2019年间,天津接待中外游客数量年均增长9.15%,旅游总收入年均增长11.5%,均高于预定目标。2019年全市接待游客2.47亿人次,旅游总收入4317.99亿元,在全国重点城市中分别列第七位和第六位。文化产业取得显著成绩,文化遗产保护成效显著,文化综合实力和竞争力显著提升。2020年,《天津市发展夜间经济十大工程(2020—2022年)》正式印发,主要目的在于加快夜间经济街区复商复市,逐步形成食、游、购、娱、体、展、演等多元化的夜间消费市场,进一步提升城市活力,激发消费潜力,拉动经济增长。发展夜间经济十大工程主要包括:发展规划引领工程、夜市改造提升工程、商旅文体联动工程、特色活动打造工程、业态品牌完善工程、夜生活文化培育工程、智慧夜市建设工程、全域夜间经济发展工程、宣传引导助力工程和配套措施保障工程。2020年,天津接待游客1.41亿人次,旅游总收入1354.46亿元。2021年,全年共接待国内游客1.79亿人次,比2020年增长26.7%;国内旅游收入1968.81亿元,增长47.9%。

3.文旅空间布局不断优化

"一带、三区、九组团"的空间规划布局得到持续完善。天津在保护大运河生态的基础上,加强对大运河天津段文化和旅游资源的规划,充实并整合海河及其两岸文化和旅游产品;都市文化休闲旅游区、滨海休闲度假旅游区、蓟州生态休闲旅游区已成为天津文化和旅游目的地的三大核心支撑;杨柳青古镇、精武门·中华武林园、佛罗伦萨小镇、小站稻耕文化特色小镇、天山海世界·米立方、天津欢乐谷、独流古镇等一系列重大文旅项目,成为各组团的亮点。2021年,推进长城、大运河国家文化公园建设,实施杨柳青大运河文化公园文化小镇遗址区等运河沿线考古及北洋大学堂、广东会馆等沿线文物修缮。

4."旅游+"战略效果明显

乡村旅游提质升级。制定《天津乡村振兴战略规划（2018—2022年）》，完成《天津市乡村旅游发展规划（2020—2023年）》。天津有中国乡村旅游模范村21个、模范户20个、金牌农家乐121个，中国乡村旅游致富带头人141人；建成18个全国乡村旅游重点村、200个市级旅游特色村（点）、24家天津市乡村旅游区（点）。中国邮轮旅游发展实验区建设成效显著，天津邮轮母港2017年接待邮轮达到175艘次，接待游客突破100万人次，均创历史新高。工业旅游持续健康发展，港口工业海上之旅、海鸥手表厂、天士力大健康城景区等19家单位入选天津市工业旅游示范基地。出台《天津市红色旅游景区（点）评定规范》，打造红色旅游经典景区，编制红色旅游精品线路，培育天津红色旅游知名品牌；一批红色旅游文创作品入选全国优秀红色旅游文创产品名录。夜间旅游活动更加丰富，通过打造"夜赏津曲""夜游海河"等夜间文旅品牌，促进夜间文化和旅游消费市场持续繁荣，2019年天津市被中国旅游研究院评为"夜间经济十佳城市"之一。智慧文旅取得新进展，天津市文化和旅游大数据平台成功上线；天津图书馆数字体验区入选文化和旅游部2020年度文化和旅游信息化发展典型案例；智慧景区创建工作取得新成效，借助AAAA级及以上景区监测系统指导景区进行技术升级；启动文物数字化保护项目，打造博物馆"智慧服务"，天津市博物馆公共服务平台向公众开放。2021年，组织开展"津门新地标"评选活动、"邂逅·天津"创意城市艺术计划、"年味天津"系列主题活动。

5.文化和旅游影响力显著提升

"近代中国看天津"文旅核心品牌更加巩固，"天天乐道、津津有味"被评为中国十佳旅游口号之一，基本达到城市文旅品牌宣传效应。落实《天津市促进旅游业发展两年行动计划（2019—2020年）》，精心编制12条"最天津"文化旅游精品线路，指导推动天津市全域旅游示范区

(街镇)创建,五大道景区和黄崖关长城景区通过文化和旅游部AAAAA级景区创建景观质量评审,和平区金街文化旅游区被评定为国家AAAA级旅游景区。创新举办2020年、2021年鼓楼钟声零点跨年市民联欢、鼓楼灯光秀等系列活动。运用"互联网+"思维打造城市文旅品牌,与抖音、携程等13家国内互联网领军企业及新媒体单位签署战略合作协议。

6.文旅活动品牌逐步形成

党的十八大以来,天津以成功举办中国旅游产业博览会、夏季达沃斯论坛、世界智能大会、第十三届全运会、全国"非遗"曲艺周等大型活动、展会和体育赛事为契机,加大文化和旅游宣传。尤其是"十三五"时期,天津平均每年主办或协办节事活动一百多场。其中中国·天津五大道国际文化旅游节、海河文化旅游节、黄崖关长城国际马拉松旅游活动、中国·天津妈祖文化旅游节等已连续举办多年,形成了天津文化和旅游的节事品牌,促进了文化和旅游市场繁荣兴旺。

(三)加快发展体育事业,提高全民健康素质

1949年新中国成立后不久,政府大力发展体育事业,中国很快丢掉了"东亚病夫"的帽子。改革开放以来,天津的体育事业飞速发展。进入21世纪,尤其是自2011年至2020年,基本上每五年就实现一次全面的提升。

1.全民健身活动蓬勃开展

"十二五"时期,天津市民的体育意识进一步增强,经常参加体育锻炼的人数显著增加,人数比例达到41.6%。体育场地设施不断增加,人均体育场地面积达到2.12平方米,社会体育指导员达到31000人。群众体育组织化、科学化、品牌化、常态化水平不断提高。全民健身活动形式多样、丰富多彩,形成市、区、乡镇(街道)、社区四级办群体活动格

局;社会体育组织和社会力量及社会热心人群组织全民健身活动方兴未艾,人民群众身体素质和健康水平不断提高。

"十三五"时期,天津全民健身公共服务体系日趋完善。以举办第十三届全国运动会和第七届全国残运会暨第十届特奥会为契机,大力实施"全运惠民工程"。截至2020年底,体育场地总面积3728.9万平方米,总数量28016个,"15分钟健身圈"初步形成。每千人拥有社会体育指导员2.6人,各级各类体育社会组织五千余个。群众性体育赛事和健身活动蓬勃发展,经常参加体育锻炼人数比例达到45%,城乡居民国民体质测定标准合格率保持在92%以上,位居全国前列。运用新媒体、互联网等普及推广科学文明现代健身方法,多元化科学健身指导体系初步形成。

2.竞技体育综合实力持续增强

"十二五"时期,天津运动员共夺得世界三大赛冠军35个、全国最高水平比赛冠军104个,为国家和天津赢得了荣誉,作出突出贡献。在2012年第三十届伦敦奥运会上,天津运动员获得3枚金牌、1枚银牌、1枚铜牌,是当时天津参加境外奥运会历史最好成绩。在2013年第十二届全国运动会上,天津代表团夺得20枚金牌、14枚银牌、11枚铜牌,位列奖牌榜第九位,荣获精神文明奖,取得运动成绩和精神文明双丰收。体育竞赛活跃,第九届全国大学生运动会、第六届东亚运动会、第十八届亚洲女排锦标赛、国际马拉松赛、环中国国际公路自行车赛等成功举办,展现了天津举办大型赛事的能力和水平。特别是围绕2017年第十三届全运会的申办和备战,为"十二五"时期竞技体育发展注入强大动力。

"十三五"时期,竞技体育实现新突破。第三十一届里约奥运会,天津市24名运动员参加8个大项16个小项比赛,取得3金、1银、2铜的优异成绩。在第十三届全国运动会,天津共获得19枚金牌、17枚银牌、27

枚铜牌,取得历史最佳成绩。闫文港在第十四届全国冬运会上获得钢架雪车冠军,实现天津冬运金牌零的突破。"十三五"时期,天津运动员在国际、国内高水平比赛中获得金牌总数达100枚。青少年体育后备人才培养体系不断完善,在第二届全国青年运动会上夺得23枚金牌。截至2020年,天津女排实现中国女子排球超级联赛13冠。网球男子团体和女子团体项目历史性夺得第11个和第19个全国冠军,始终保持在全国领先水平。

3.体育产业总体规模不断扩大

"十二五"时期,对体育重视程度和产业意识不断增强,结构和布局更加优化,发展质量和效益稳步提升,居民体育消费快速增长,从业人员不断增加。体育彩票发行数量不断刷新纪录,为体育事业发展筹集了大量资金。体育产业成为天津现代服务业新的增长点和国民经济新亮点。

"十三五"时期,体育产业发展呈现新活力。体育产业发展引导资金作用得到进一步凸显,累计支出引导资金2.297亿元,带动社会资本投资体育产业42.07亿元,对健身休闲业、竞赛表演业等9大类体育产业项目进行扶持资助,涉及体育产业项目120个。发行"体育惠民卡",每年注册5万张。成功创建3个国家级体育产业基地、16个市级体育产业基地。体育彩票销售突破170亿元,为体育事业发展提供重要资金支撑。2019年天津体育产业总规模达563.17亿元,增加值为164.47亿元,占当年全市生产总值的比重为1.17%,高于全国平均水平。

2021年,天津体育事业百尺竿头更进一步。政府启动了"排球之城"与"运动之都"建设工作。天津健儿积极参加奥运会与全运会,取得新突破。全民健身活动丰富多彩,社会各界广泛参与。制度保障全市公共体育设施建设稳步推进。发展青少年体育,积极推动体教融合。

大力发展"三大球"与冰雪运动。持续推动体育产业高质量发展。2022年,在北京冬奥会带动之下,"三亿人参与冰雪运动"更是从愿景变为现实,这是"以人民为中心"的体育发展思想的一个具象化缩影。天津也出现了大量的滑雪场地,吸引了无数前去感受冰雪激情的市民。

对于天津市民来说,最真切的感受就是体育离生活不再遥远,体育与未来息息相关。在新时代的征程上,天津体育继续砥砺奋进,让这座城市收获自豪感、荣誉感,让市民充满获得感、幸福感。

昨日的辉煌是明天的起点。文化小康是全面小康的重要组成部分。群众的文化、体育、娱乐等精神文化生活需求能否得到满足,不仅关系到群众的获得感、幸福感,而且关系到全面小康社会的成色。党的十八大以来各方面的成就已经证明方向道路的正确,党的十九大更是为宏伟的目标规划了路径,在天津市委、市政府和全市人民的共同努力下,文化自信将更加坚定,社会主义文化将更加繁荣兴盛。

医疗卫生篇

没有全民健康,就没有全面小康。党的十八大以来,党和国家把保障人民健康摆在优先发展的战略地位,作出了"实施健康中国战略"的重大部署,将发展医疗卫生事业纳入统筹推进"五位一体"总体布局和协调推进"四个全面"战略布局之中,进一步更新医疗卫生理念、拓展医疗卫生布局、深化医疗卫生改革、强化提高人民健康水平的制度保障,推动医疗卫生事业升级为卫生健康事业。天津深入贯彻落实党中央"实施健康中国战略"的重大部署要求,以人民群众健康需求为着力点,启动健康天津建设,坚持以人民为中心,不断优化资源配置,持续推进医药卫生体制综合改革,全力推动医疗机构高质量发展。覆盖城乡的医疗卫生服务三级网络不断健全,卫生健康队伍不断壮大,主要健康指标位居全国前列,卫生健康事业在全市经济社会发展全局中的基础性地位和重要支撑作用更加凸显,为全面建成高质量小康社会、开启全面建设社会主义现代化大都市新征程奠定了坚实的健康基础。

一、幸福图景:医疗保障为民生幸福加码

(一)市民看病40年变迁

前两天一大早,华山里居民郭大爷和老伴儿急匆匆来到河西区陈塘庄街社区卫生服务中心。熟门熟路进门右拐找熟人,老两口直奔主题:"我俩是不是遇着了骗子?"

屋内灯光明亮,人来人往,显然有点儿忙。医护人员细听几句才回过味儿来。经过交流得知,郭大爷早早办理了家庭医生签约手续,可他的老伴儿迟迟未签约。考虑到大娘或许出门不便,两名工作人员登门入户了解情况。

社区家庭医生入户为患者讲解如何用药

尽管没丢钱,可出示了社保卡,经常被周遭人告诫"不要和陌生人说话"的郭大爷想起这事有点儿怀疑,有点儿后怕。

听明白了咋回事,一名护士问老人,"您瞅瞅,去的人里有没有我?"郭大爷一见她,脸上立刻笑开花,"有,有!您那会儿没戴口罩,'变了模样'我竟没认出来。"

老人激动地说,医护人员上门送服务,他这是头一遭遇到。

改革开放四十多年来,天津医疗卫生领域变化日新月异,百姓看病经历了不少"第一次":第一次签约家庭医生,第一次享受转诊绿色通道服务,第一次诊室缴费挂号……

2017年6月,家庭医生签约服务在天津全面启动,签约患者在转诊、用药等多方面享受差异化政策。"签约家庭医生不是口头的,服务要实打实,签一个,履约一个,我们要对每位签约患者负责。"社区卫生服务中心负责同志表示。为了做到对患者负责,提高就医群众获得感,医护人员打破"小医院就是开药的"旧思维,逐步树立全方位、全周期保障居民健康的新理念。

一楼大厅右侧新设"健康之家",构建"先服务后诊疗"模式。暖黄色的导诊台后站着服务人员,提醒关注体重的玻璃塔里盛放着蔬菜和甜点,这里还有自助血压计、身高体重测量仪等设备供居民免费使用。

"来这儿先做健康评估。有病,有针对性治;没病,把心放肚里。"郭大爷是"健康之家"的常客,他说社区挨着医院,医院对过儿是菜市场,买菜回家顺道就能量血压,"老伴儿前段时间有事没顾上签约,没想到人家上门送服务"。

社区卫生服务中心还引入一批先进医疗设备:动态心电监测仪、健康一体机、便携式B超机、可穿戴智能设备、智能语音外呼设备……

在双山新苑,全科医生岑大夫领衔的家庭医生团队到付大娘家随访。打开随身带来的健康一体机,她们为老人量血压、测血糖、做心电图。发现付大娘血糖偏高,岑医生给出了膳食搭配和科学用药建议。

告别付大娘,团队出门又遇"老顾客"。熟人见面格外亲,对方迎上前,热情地问长问短……

"过去处方全手写,细胞计数人眼量。"岑大夫服务患者三十多年,谈及医疗卫生领域之变,她说:"如今不仅设施设备大变样,医疗卫生服务也在变,尤其是在基层,医患常走动,人情味儿更浓。"

说到人情味儿,和平区南市街道社区卫生服务中心医生张大夫也深有感触:"在社区医院,患者有更充足的时间和医生交流,还能看上大医院的'大专家'。患者满意度高,医患关系更融洽。"

"您换发型了,我瞅了半天。"

"老头住院一个月,我一个月没出门。这不,刚出门被风拍着了。"

…………

冬季的一个午后,不时有患者出入张大夫所在的诊室。有人先客套,有人直接求医问药,也有人咨询总医院的某位专家何时来院出诊。诊室外挂着两块牌子:一块写着"全科诊室",另一块标着"总医院和平区医联体专家门诊"字样。地上竖着一块专家介绍展板,上有肿瘤科、心内科等科室医生的出诊时间信息。

为推动优质医疗资源下沉,天津从2015年起推进医疗联合体建设。医联体内,居民可享受智慧导诊、预约挂号、专家坐诊等多项服务,费用按一级医院标准报销。当年,南市街道社区卫生服务中心被列为和平区医联体工作试点单位。

在张大夫看来,医联体犹如一汪活水,使得原先不相往来的"大分子""小分子"跳出了各自圈子,大医院专家到基层坐诊,小医院医生到大医院培训,双方常来常往,方便患者的同时提升了基层整体医技水平。"明天我要接着到总医院'充电'。"她说,中心全科医生需要利用零散时间接受技能培训,"导师临床教,我们现场学,受益匪浅"。

变化不止一面,新事儿不止一件。

张大夫的诊桌上有一台刷卡器,她介绍道:"这能用来挂号。"通过信息化建设,在这家社区医院,过去先到窗口挂号的情况已经改变,患者挂号、缴费、诊疗在医生诊室一屋搞定,大大缩减了看病时间。

"过去,有的社区医院'门可罗雀',进门黑乎乎的,冬冷夏热。"诊室内,一位代母亲来开药的年轻人说,"现在,真是太不一样了!"

(二)医保改革提高群众满意度

家住天津河北区的高先生患静脉曲张已有多年,近来症状越来越厉害。他来到家门口的第四中心医院,准备尽快把手术做了,没想到医生告诉他,现在术后当天就可以下地,转天就能出院回家。他听完笑着说:"真是没想到,早知现在这么先进,就不请那么长时间的病假了。"

手术顺利完成,第二天办出院手续时,高先生看着结算单有些惊讶,因为一共才花了2000元出头儿。虽然当初住院时医生就告诉他,现在这种病付费方式改革了,患者自己负担的比例大大降低,但他还是没想到,按照第四中心医院推行的大隐静脉曲张手术单病种付费+日间手术模式,从入院到出院的全部费用降低了67%。

　　过去大隐静脉曲张手术从住院到出院需要一周时间,总费用在11000元至12000元之间,医保报销后患者需自付六千元左右。现在从住院到出院只需要48小时,按单病种报销后,患者自付的费用降到两千元左右。

　　目前,天津市已推行的按病种付费的病种数达到167个,结算病例数达到3.5万例,发生医疗费用12.2亿元,患者平均个人负担降低30%以上。

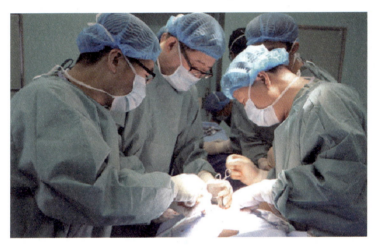

2017年,天津启动住院病种按病种付费和收费改革工作

　　单病种付费只是天津推进医保支付方式改革、减轻患者就医负担的多项举措之一。此外,通过扩大按人头付费范围,天津将糖尿病按人头付费扩大至基层医疗机构,使患者人均医疗费用降低5000元。通过提高医保门/急诊报销待遇,天津市职工医保门/急诊最高支付限额由5500元提高到6500元,居民门/急诊最高支付限额由3000元提高到3500元。

　　2017年,天津市政府印发《关于进一步深化天津市基本医疗保险支付方式改革实施方案》,推出十项重大举措,深入推进医保支付方式改革,引导医疗机构提升服务效能,减轻参保人员负担。政策实施多年,大大提高了群众的就医诊疗满意度。目前,医保支付方式改革已经覆盖所有医疗机构及医疗服务。

在强化医保基金预算管理的基础上,针对不同医疗服务特点,推进医保支付方式分类改革。住院医疗服务,主要推行按病种、按疾病诊断相关分组付费,长期、慢性病住院医疗服务可按床日付费;门诊医疗服务,可按人头付费,积极探索将按人头付费与慢性病管理相结合;不宜打包付费的复杂病例和门诊费用,可按项目付费。

按照以收定支、收支平衡、有所结余的原则,科学编制并严格执行医保基金收支预算,加快推进医保基金收支决算公开,接受社会监督。继续结合医保基金预算管理完善总额控制办法,提高总额控制指标的科学性、合理性。完善与总额控制相适应的考核评价体系和动态调整机制,对超总额控制指标的医疗机构合理增加的工作量,可根据全市医保基金预算执行情况和监管考核情况,按协议约定给予补偿。总额控制指标应向基层医疗卫生机构、儿童医疗机构等适当倾斜,制定过程按规定向医疗机构、相关部门和社会公开。

全面总结住院病种按病种付费的有益经验,综合考虑参保人员发病情况,选择临床路径明确、技术成熟、质量可控且费用稳定的病种,兼顾儿童白血病、先天性心脏病等有重大社会影响的疾病,实行按病种付费,不断扩大按病种付费的病种和医疗机构范围。做好按病种收费、付费的政策衔接,合理确定收费、付费标准,由医保基金和个人共同分担。逐步将日间手术病种,以及符合开展条件的医疗机构,纳入按病种付费范围。参保人员选择日间手术方式治疗所发生的医疗费用,参照住院有关规定报销,且不设起付标准。

全面推广糖尿病按人头付费方式,将承担基本公共卫生糖尿病健康管理服务任务的二级及以下医疗机构,全部纳入实施范围。积极推广其他特殊慢性病按人头付费方式,从治疗方案标准、评估指标明确的门诊特定疾病、门诊慢性病入手，进一步扩大按人头付费改革范围，先试点再推开，成熟一个、推广一个。探索普通门诊按人头付费方式方法，积极支持分级诊疗模式和家庭医生签约服务制度建设，主要依托基层医疗卫生机构逐步推行普通门诊统筹按人头付费方式，促进基层医疗卫生机构提供优质医疗服务。确定按人头付费方式的基本医疗服务范围，保障医保目录内药品、基本医疗服务费用和一般诊疗费的支付。探索将签约居民的门诊基金按人头支付给签约基层医疗卫生机构或家庭医生团队，患者向医院转诊的，由签约基层医疗卫生机构或家庭医生团队支付一定的转诊费用。

综合考虑疾病的多样性、复杂性，以及医疗机构的服务特色，积极探索其他形式的支付方式改革。对于精神病、安宁疗护、医疗康复等需要长期住院治疗且日均费用较稳定的疾病，探索采取按床日付费的方式，加强对平均住院天数、日均费用，以及治疗效果的考核评估。在国家统一安排下，探索建立按疾病诊断相关分组付费体系，加快提升医保精细化管理水平，逐步将疾病诊断相关分组用于实际付费。探索将点数法与预算总额管理、按病种付费等相结合，优化支付方式管理。探索符合中医药服务、中西医门诊治疗特点的支付方式，鼓励提供和使用适宜的中医药服务。

医保经办机构完善医保服务协议管理，将监管重点从医疗费用控制转向医疗费用和医疗质量双控制。全面实施医保智能监控，加强对医保费用的全面审核。医保监督检查机构把握监管规律，着力从事后纠正向事前提示、事中监督转变，从单纯管制向监督、管理、服务相结合转变。将医保监管延伸到医务人员和参保人员的就医诊疗行为，依法严厉打击各种欺诈骗保的违法、违规行为。

构建以参保人员个人负担程度和满意程度为核心的考核评价体系，强化对医疗机构工作量、参保人员满意度、参保人员个人负担率的考核,保证医保支付方式改革切实保障人民群众的实际利益。强化医保服务协议考核,对医疗机构执行医保服务协议情况进行考核评价。考核评价结果与医保基金支付挂钩。通过考核评价,防范减少服务内容、降低服务标准、推诿重症患者等行为。

健全医保经办机构与医疗机构之间的协商机制,促进医疗机构集体协商。充分考虑医疗机构服务能力、历史医疗费用状况、经济社会发展水平、医保基金支付能力等各种因素,合理确定医保支付标准和医疗服务内容,并根据实际情况适时调整,引导适宜技术使用,节约医疗费用。医保经办机构与医疗机构协商,充分代表广大参保人员的利益,发挥集团购买优势,确保改革后参保人员负担总体不增加。

以"结余留用、合理超支分担"为基础,根据不同支付方式的特点,进行调整完善,构建起更加健全、完善的激励约束机制,激励医疗机构加强自我管理,提高效率和质量。实行支付方式改革的医疗机构,实际发生费用低于约定支付标准的,结余部分原则上由医疗机构留用;实际发生费用超过约定支付标准的,超出部分原则上由医疗机构承担,对于合理超支部分,可在协商谈判基础上,由医疗机构和医保基金分担。

充分考虑医保基金支付能力、社会总体承受能力和参保人员个人负担,坚持基本保障和责任分担的原则,按照规定程序调整待遇政策。科学合理确定药品和医疗服务项目的医保支付标准,按照国家改革部署要求,严格规范基本医保责任边界,基本医保重点保障符合"临床必需、安全有效、价格合理"原则的药品、医疗服务、基本服务设施的相关费用。公共卫生费用、与疾病治疗无直接关系的体育健身或养生保健消费等,不得纳入医保支付范围。

经第三方调查显示,自天津深入推进医保支付方式改革以来,住院患者综合满意度达98.1%,门诊患者满意度达90.8%。

二、成就见证：便捷优质医疗卫生服务解百姓之忧

（一）构建"15分钟健康服务圈"，把健康送到百姓家门口

家住华明家园翠园的范大妈今年六十多岁，患有心脏病、高血压、下肢深静脉血栓等慢性病，每个月都要去医院复诊开药，很不方便。自2017年签订家庭医生服务协议后，她只要提前一天打电话预约上门陪诊服务，就能享受华明社区卫生服务中心家庭医生孙大夫的治疗和服务，这是华明社区卫生服务中心为老年人服务的一项新举措。范大妈说："我每个月都需要拿药、测量血压。每次就医前，只需打一个电话，就能看上病，还不用花挂号费，非常方便。特别是签约了家庭医生后，有个头疼脑热的，来找孙大夫就都解决了。"

华明社区卫生服务中心组建了18个家庭医生服务团队，孙大夫就是其中的一员。他说："有越来越多的居民感受到了签订家庭医生服务协议的便利，从最早以医生为主进行宣传签约，现在已经变成了居民自愿来找我们签约。"孙大夫有九百多名签约患者，他专门建立了3个微信群，不管是预约检查还是需要用药指导，甚至在身体不适时，患者都可以在群里咨询，他都会逐一耐心回复，这也得到了广大患者的认可。

"十三五"时期，天津着力推动完善基层医疗卫生服务体系，这种基层医疗服务场景几乎每天都在真实上演，不断完善的基层医疗卫生服务体系架起了市民医疗卫生便利的"快车道"。高水平医疗服务能力的背后，是全市围绕增加优质资源总量、重点调整三级医院布局结构、整体提升区级机构服务能力、全面强化基层服务功能的基本发展思路和生动实践成果。

"就近就医越来越便利,在家门口就能找到大医院、名医院的专家看病,再也不用跑老远排队挂号了。"全市基层医疗卫生服务体系的不断完善带给市民越来越切身的就医体验和感受。到"十三五"时期末,基层医疗卫生机构总诊疗4101.7万人次,占全市总诊疗人次的41.68%,较2016年的34.44%提高了7.24个百分点。全市基层医疗卫生机构共5348家,其中社区卫生服务中心124家、乡镇卫生院143家、社区卫生服务站500家、村卫生室2374家、门诊部713家、诊所和医务室1494家,相比"十二五"时期,基层医疗卫生机构数量同比增长15.83%。全市有效签约居民四百余万人,签约重点人群数二百六十余万人,重点人群签约率保持在60%以上。

基层医疗卫生机构的标准化建设也达到了新的水平,城乡每个街道(乡镇)均建有1所基层医疗卫生机构(城市社区卫生服务中心或农村乡镇卫生院),城市每3到4个居委会有1所社区卫生服务站,农村1.5千米范围内有1所标准化村卫生室,基层村居普遍设有心理咨询室,服务网络实现全市区域覆盖。社区卫生服务中心和乡镇卫生院作为公益性、综合性的基层医疗卫生机构,承担着常见病和多发病的诊疗、基本公共卫生服务、健康管理等功能任务,"15分钟健康服务圈"基本建成。

基层医疗卫生机构服务能力显著提升。"十三五"时期初,天津推进分级诊疗制度建设,基层医疗卫生机构服务能力得到进一步提升。2017年,全市总诊疗数为12170.76万人次,其中基层医疗卫生机构4828.58万,占全市总诊疗人次的39.67%,基层服务量占比在连续7年下降后出现回升。2021年基层总诊疗人次更是增长8.8%,普通门诊患者逐步向基层下沉。截至"十三五"时期末,全市35家基层医疗卫生机构建立疼痛门诊;162家基层医疗卫生机构参加国家"优质服务基层行活动"创建工作达到基本标准,33家达到推荐标准;90家基层医疗卫生机构推行标准化全科门诊服务流程;62家基层医疗卫生机构开展儿科特色诊疗服务；55家基层医疗卫生机构开展呼吸专病门诊服务。在"硬件""软件"全面提升的基础上，越来越多的特色服务、精准服务为津门百姓带来优质的医疗卫生健康服务。

随着家庭医生、家庭病房、健康驿站等便民健康服务的推广，在家门口看病，甚至看名医，已经是天津市民最为直观的感受。

郝大夫是河北区月牙河街道社区卫生服务中心的家庭医生，在月牙河街道这样的老居民区，失能、半失能老人病例不在少数，在辖区里每天总能看到她拎着出诊箱走家入户，为患者扎针灸、拔火罐、调整用药，耐心地跟大爷、大娘们重复解释病情，嘱咐用药。

满江北里的寇大娘家是郝大夫出诊的第一站，寇大娘患有糖尿病并发症，老伴儿齐大爷患有脑栓塞，行动十分不方便。自从签约了家庭医生，享受到贴心的入户医疗服务，老两口心里踏实了许多。"我和老伴儿的腿脚都不太利索，家住四楼，孩子们的工作又都很忙，顾不上我们，去医院看病实在是折腾。有了郝大夫的上门服务，可解决了我们的大问题。平时我们老两口感觉不舒服或者想开药，直接和她在微信上就沟通了。"提起郝大夫的入户医疗服务，80岁的寇大娘赞不绝口。

和平妇产医院为特定人群开展妇女保健服务

随着家庭医生签约工作的开展,履约服务也越来越重要。像孙大夫、郝大夫这样的家庭医生平日午间连班、下午延迟下班、双休日加班已成一种常态,入户需求量大的时候,每人每天就要入户三四家。除了给患者诊治,还要熟悉每一个人的医疗档案,在接诊的过程中熟悉并记住他们的体质,以便日后的治疗和养生保健指导。

自家庭医生签约工作开展不到1年的时间,仅月牙河街道社区卫生服务中心就已完成签约24411人,重点人群签约16827人,重点人群占比达到了68.9%。家庭医生有效引导了老百姓及慢性病患者就近到基层就医,缓解了上级医院的门诊压力。社区居民通过签约医生,在享受政策优惠的同时,还能感受到贴心的服务和药品保障,极大地提升了他们的就医感受。

家住河北区王串场街道萃华里的元大娘2013年诊断出高血压,随后的两年间多次出现胸闷、心前区疼痛等症状,到王串场街道社区卫生服务中心全科门诊检查评估后,医生建议她到上级医院进一步明确诊断。最后在医科大学总医院,老人被确诊为冠心病,做了支架手术。2015年,老人又发现自己血糖偏高,在四中心医院确诊为糖尿病。同时患两种慢性病,都需要长期检查、服药。频繁去大医院挂号、就诊、取药,对元大娘的精力、体力都是考验。

家门口的社区医院帮元大娘解决了难题,元大娘不仅在王串场街道社区卫生服务中心就可以取到需要的药物,她还被纳入社区慢性病管理范围内,每年都可以享受到4次面对面健康随访和1次身体检查。随着家庭医生的签约,老人享受到了惠民政策的红利,不仅报销比例从75%提升到80%,而且每次取药时限延长到了30天。提起这些,元大娘还是忍不住激动地说:"家庭医生政策真是好,老百姓真是省时省事又省钱,帮我解决了大难题。"

家庭医生签约服务是深化医改、推进分级诊疗的重要举措,天津自2017年启动家庭医生签约服务以来,在全市267家基层医疗卫生机构建立了两千四百余个家庭医生服务团队,全市每年签约总人数保持在四百万人左右。为了真正打通百姓健康服务"最后一公里",推进家庭医生签约服务,吸引群众到基层就医,天津提高签约居民医保报销比例和支付标准,实行起付线连续计算和30天长处方的政策,打通基层医疗机构与三级医院常见慢性病药品目录,引导群众主动到基层就诊。

"15分钟健康服务圈"的构建让患者不仅可以少跑腿,足不出户就能享受到全面、周到的健康服务,而且不出村居就能看上"名医",让百姓在家门口就医更方便、更放心,不断提高广大市民的幸福感和获得感。

(二)健全"互联网+医疗健康"体系,智慧医疗替患者分忧

门诊是患者就医的"第一站",也是一直被诟病最多的"三长一短"(挂号时间长、候诊时间长、取药时间长、就诊时间短)问题集中存在的环节。如今,互联网、大数据正在改变着人们的就医体验。为了让人民群众切实享受到便捷、实惠、安全的智慧医疗创新成果,天津市人民政府办公厅印发《关于促进"互联网+医疗健康"发展的实施意见》。天津通过全面推进以科技为依托的智慧门诊、智慧住院、区域智慧医疗等应用,不断健全"互联网+医疗健康"体系,通过智慧化就医服务优化群众就医流程,有效改善了医疗服务,提高了管理水平,提升了诊疗能力,群众就医感受明显提升。

市民王女士因胃部不适通过天津医科大学总医院的Q医系统预约了第二天上午的医生。王女士准时来到医院自助机器上取号、等候、就诊、取药,只用了半个小时就结束了就诊全过程。"以前特别怵头来医院看病,经常得等候五六小时,看病五六分钟,真是一点儿也不夸张。"王

女士说,预约挂号省时、省力,缴费在自助机上扫码完成,真是太方便了。

目前,医科大学总医院Q医智慧门诊的有效用户已经超过200万,活跃用户约一百五十万。门诊就诊时间大幅缩短,患者从挂号到医生接诊的等候时间由以前的平均71分钟下降到20分钟,从医生开具处方到缴费完成的平均用时从以前的13分钟下降到7分钟。天津医科大学总医院信息处负责同志说:"门诊楼的设计接待能力是3500人次,而现在每天平均接诊量是11000人次,但我们看到,门诊大厅内的患者并不拥挤,这就是智慧门诊带来的效果。"

截至"十三五"时期末,全市39家三级医院、14家二级医院先后上线了智慧门诊,普遍提供多渠道预约诊疗、自助机服务、手机在线结算、信息推送等便民、惠民服务,移动终端预约比例达65%,自助缴费比例达30.59%。推广门诊智慧化就医服务,群众就医流程进一步优化,就医等候时长大幅下降,实现了诊疗效率、就医秩序、患者感受的同步提升。

住院自助服务

智慧门诊只是智慧医疗的前端部分,"互联网+智慧住院"系统同样为患者带来了更加便捷的医疗服务。在天津医科大学总医院第二住院楼的住院服务中心,患者田女士正在办理眼科住院手续,她在智慧住院服务系统扫描身份证信息后,相关的住院信息全部显示在机器上,田女士核对无误后完成了电子签名。整套入院手续办理只用了三分多钟。"以前患者先要办理入院手续,再去缴纳住院费、连接医保,这就需要在多个窗口反复排队,经统计,患者办理一次住院手续要2到3个小时。"天津医科大学总医院住院服务中心负责同志说,"现在我们依托智能信息平台,把所有的功能做在一个系统里,每个住院楼都有一个住院服务中心,每台机器和工作人员都是同质化的,一口多能,患者再也不用跑来跑去办手续了,几分钟就完成"。

天津医科大学总医院开设了天津首家"智慧住院服务"系统,为患者带来便利。当医生给患者开具电子住院证后,患者只要通过Q医手机App和自助终端,就可以自助办理所有入院及出院手续,实现了患者少跑腿、数据多跑路。总医院平均年门诊量为345.13万人次,出院患者7.62万人次。出入院压力大,床位安排日益困难。对于患者来说,传统出入院手续办理极为复杂。总医院推进智慧住院服务系统建设,在第三住院楼一楼设有智能医疗自助服务区、住院服务中心和病房智能壁挂式自助服务机。

目前,天津医科大学总医院、市第一中心医院、市中医药研究院附属医院、天津医院等越来越多的医疗单位开始采用智慧住院服务系统,患者和医院医务人员都可通过手机App、网站、自助机等多种载体,完成电子住院证开具、床位智能排队、入院手续办理、住院押金缴纳、医保资格确认、住院每日清单查询、医护提醒、出院手续办理、出院康复指导、预约复印病历等住院相关操作,解决了患者和医院间信息互通不及时、排队等候时间长、办理医保手续烦琐等问题,大大降低医院劳动力的投入,提高住院患者就医体验,实现了"百姓少跑腿,数据多跑路"。

天津"互联网医院"建设已经初步形成规模。为了进一步方便市民就医,根据市卫健委发布的《天津市卫健委审批互联网医院和互联网诊疗机构名单》,天津市中医药研究院附属医院、天津市安定医院、天津医科大学总医院等12家医院已经把医院建到了"云"端,患者足不出户就可以享受到高品质的医疗健康服务。复诊续方、在线咨询、线上支付、药品快递到家……"互联网医院"的便利不仅限于让患者告别排队等候,还将不同级别、不同地域的医疗机构"串"在一起,让距离不再成为患者就医的障碍。

赵大爷患高血压十余年,因双下肢水肿到市第一中心医院肾内科门诊就诊,被诊断为慢性肾脏病4期,需入院治疗。医生把老人纳入慢性肾脏病管理中心管理范围,给老人制定饮食方案,帮助老人调整生活方式。出院后,医生又通过"互联网医院"制订周随访管理计划,帮老人预约门诊时间定期复诊,并通过线上图文了解老人在家中的膳食、生活方式及血压调整情况。经过3个月的强化综合管理,老人的每日食盐摄入量显著下降,蛋白质饮食结构合理,血压降到145/90mmHg,肾功能稳定。老人感激地说:"多亏了现在先进的技术,在家就能得到监督和指导,光靠我自己肯定没法控制得这么好。"

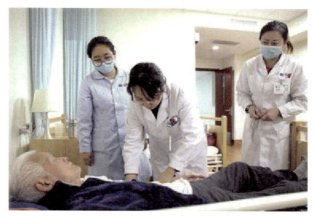

滨海新区首个"互联网+家庭病床"系统投用

天津市第一中心医院肾内科负责同志说:"互联网医院打破了传统就医的空间与时间限制,为医生、患者搭建了方便、快捷的沟通平台。一方面,我们医生可以直接在线上查阅历史处方、检验检查报告等关键诊疗信息,为复诊患者提供精准的咨询服务。另一方面,我们还可以为像赵大爷这样的慢性病患者提供专业的诊后服务,帮助患者在院外得到专业管理。"

随着"互联网+医疗健康"模式在天津遍地生花,患者就医有了好帮手,实现了"百姓少跑腿、数据多跑路"。

(三)打造"四朵云"平台,让居民享受便利医疗服务

"我们这边的一位患者需要预约一次胃镜检查,请您安排接收,谢谢。"这是一条发到近两百人的微信群里的信息,像这样的消息,天津市北辰中医医院外联部门每周都能收到几十次。这就是天津市医联体的1.0版,微信群就是最初的医联体交互平台。最早开始医联体建设的初衷就是希望通过实现优质医疗资源和患者双下沉,带动基层医疗卫生机构医疗服务能力和服务水平的全面提升,从而真正实现首诊在基层、大病在医院、康复在社区的医疗模式。

天津基层数字健共体糖尿病专病门诊

医疗联合体最初的设想是在卫生计生行政部门统一规划内,由三级医院(二级医院)和基层医疗卫生机构组成医疗机构联合体。在医疗联合体内,充分发挥家庭医生与社区居民签约服务优势,合理利用医疗资源进行上下联动,以高血压、糖尿病等常见病、多发病和诊断明确的慢性病为重点,初步建立基层首诊、双向转诊、急慢分治、上下联动的分级诊疗服务模式,实现大医院和基层医疗卫生机构诊疗信息互联互通,医学检查、检验互认,医学影像诊断互传、共用,方便居民在基层就近就医,减轻大医院"人满为患"的压力。

早在2015年,天津将建设医疗联合体列入20项民心工程,初步确定了"医联体"服务试点方案,在和平区、河西区的基层医疗卫生机构与大医院间建立10个医联体,开展诊疗信息互联互通、优先预约挂号、药品联动管理、慢性病双向转诊等8项服务,以社区常见病、多发病为重点,初步实现有序就医模式,缓解群众"看病难、看病贵"问题。

经过多年发展,天津医联体已经发展到2.0版、3.0版,医联体正在向数字健共体延展。

2020年1月,天津市政府与微医集团签署《数字健康战略合作协议》,达成共建数字健共体等合作,天津成为全国首个全面启动数字健康建设的省级行政区。2020年4月,在天津市卫生健康委主导下,由天津微医总医院牵头、协同全市二百六十多家基层医疗卫生机构共同组建的紧密型互联网医联体——天津基层数字健共体全面启动建设。2021年,全市二百六十多家基层医疗机构全部签约天津基层数字健共体。2022年,天津继续推进基层数字健共体建设成效显现,目前全市266家基层医疗机构已开通"云药房",开具云处方八十九万余单。

家住西青区中北镇日东里的张奶奶是一位独居老人,年近七十岁,患有糖尿病、脑梗、高血压、腰腿疼等多种疾病,出门不便,一直靠邻居帮忙买药,可一次意外中邻居也不慎摔伤,这让张奶奶买药更加困难了。

"张奶奶需要送药上门,这时,基层数字健共体的'云药房'就发挥作用了。"天津基层数字健共体区域运营负责同志说,张奶奶居住的小区属于他负责的范围,他来到张奶奶家中,询问病情,并讲解了基层数字健共体的"云药房"服务,告知老人可以在家中买药并等待快递送药上门。从这一天起,他正式担负起照顾张奶奶的任务。"一有需要我就给工作人员打电话,不管是买药还是其他事儿,他总是有求必应。"张奶奶说,现在她的病情已稳定,身体也渐渐好起来。

近年来,天津不断深化医改,推进基层数字健共体建设,将全市266家基层医疗卫生机构集结在一起,通过"互联网+医疗"的数字化手段赋能基层,使基层医疗机构更好地服务周边居民。天津基层数字健共体主要从推进基层卫生健康信息化建设、提升基层医疗服务能力、强化基层药品保障和完善医疗卫生资源集约配置四个维度,通过落地"云管理""云服务""云药房""云检查"这"四朵云"数字化平台赋能基层。

(1)推进基层卫生健康信息化建设,打造"云管理"平台。基层数字健共体通过建设市级云HIS、云公卫系统,推进基本医疗和基本公卫服务互联互通。目前,试点基层医疗卫生机构已完成数据管理平台和运营平台的搭建,初步具备统计、汇总、展示功能,初步实现基本医疗系统、基本公卫系统、家庭医生签约系统的数据互联互通。在此基础上,"云管理"平台通过"智能+人工"审核,保证处方审核全过程可追溯,进一步规范临床用药行为,有效减少了医保费用的滥用和浪费现象。

(2)提升基层医疗服务能力,打造"云服务"平台。基层数字健共体借助云巡诊车和云巡诊包等移动智能设备,上门为老百姓提供家庭医生签约、健康风险筛查、慢病随访、用药指导等服务,提升家庭医生服务半径,推进"服务进社区""服务进家门"服务体系建设。同时"云服务"平台还能为上门服务的医护人员配备医责险、意外险,以及视频记录仪,保障医护人员安全。目前,基层数字健共体内已有98家机构开通特需服务,以"线上申请、线下服务"的模式,为行动不便人群,以及其他有居家护理需求的特殊人群,提供静脉采血、导尿、留置/更换鼻饲管护理等58项特需上门服务。

(3)强化基层药品保障,打造"云药房"平台。基层数字健共体通过引入"互联网+药品保障"服务模式,建设了全市统一的"云药房"平台,用强化处方点评和监管、处方外流、现代物流配送药品等方式,解决基层医疗卫生机构药品保障不足等问题。同时"云药房"平台还通过组建药学服务团队,为居民提供针对性的药学信息服务、用药指导/回访、个体化用药及个人健康档案等服务,满足了社区慢性病患者多样化用药需求。目前,试点基层医疗卫生机构已在基层数字健共体内实现处方内部流转、处方智能审核、医保结算、药品统一供应等,截至2021年,共开具"云药房"处方三十七万余单,免费配送到家2万人次。

(4)完善医疗卫生资源集约配置,打造"云检查"平台。基层数字健共体通过部署云巡诊车、云巡诊包,可进行身高、体重、血压测量,血、尿常规检测等现场体检,检查结果同步上传到基本公共卫生平台,初步统一了基层检测能力,实现了检验信息互联互通、质量一致、结果互认。更进一步,"云检查"平台正在设计云检整体落地方案,着手在试点区实施建设,并同第三方建立合作,分阶段逐步覆盖所有基层医疗卫生机构,推进"基层检查、上级诊断"的服务模式。

构建四个"共同体",作为医联体创新发展3.0版,基层数字健共体"四朵云"平台以让老百姓就近享有公平可及、系统连续的"防、诊、治、管、健"一体化健康服务为目标,天津基层数字健共体在完善基层医疗服务体系上发挥了重大作用。随着基层数字健共体建设的快速落地并完善,天津已经初步形成了责任共担、管理统一、服务同质、利益共享的基层医疗服务体系,真正实现让居民足不出户就能享受到便利的医疗健康服务。

三、时代答卷:医疗卫生服务体系守护群众健康

促进全民健康为中华民族伟大复兴打下坚实健康基础。中国共产党一经成立,就把实现共产主义作为党的最终目标和最高理想。在中国共产党的领导下,制定了一系列符合国情的卫生政策和工作方针,不断探索推进一系列卫生改革措施,逐渐形成了中国特色卫生事业发展观和实践观。

新中国成立初期,按照全国统一部署,天津确立了"面向工农兵、预防为主、团结中西医、卫生工作和群众运动相结合"的卫生工作方针。从20世纪50年代到70年代末,天津广泛开展爱国卫生运动,改善环境卫生条件,普及健康知识,并逐步建立健全农村三级医疗预防保健网,培养了一支适应农村卫生工作需要的乡村医生队伍,并发展了农村合作医疗制度,人民群众健康水平得到了显著提高。

党的十一届三中全会以来,随着改革的不断推进,天津卫生事业发展取得了显著成就,医疗卫生服务体系日益健全,服务的可及性和均等化不断提高,卫生科技水平迅速提升,疾病防治能力不断增强,医疗保障覆盖面逐步扩大,人民群众健康水平明显改善,百姓切实享受到卫生事业的发展成果,全市健康水平达到世界发达国家中等水平。

党的十八大以来,党中央把人民身体健康作为全面建成小康社会的重要内涵,指出要使全体人民享有更高水平的医疗卫生服务,并且提出推进健康中国建设。2015年,党的十八届五中全会提出健康中国建

设。2017年,党的十九大提出实施健康中国战略,将维护人民健康提升到国家战略的高度,把人民健康放在优先发展的战略位置,为人民群众提供全方位、全周期健康服务。卫生健康事业进入高质量发展的快车道,人民群众有了更多的获得感和幸福感,带来了实实在在的健康福祉。天津深入贯彻落实党的十八大、十九大精神,全面开启健康天津建设,坚持以人民为中心,不断优化资源配置,持续推进医药卫生体制综合改革,全市卫生事业发展开启新篇章。

"十三五"期间,全市卫生健康工作全面推进,深化改革,各项工作取得了显著的进展和成效。居民期望寿命连年超过81岁,从2015年的81.33岁提高到2020年的81.91岁。孕产妇死亡率、婴儿死亡率持续控制在10/10万和6‰以下,主要健康指标位居全国前列。

(一)优化资源,夯实医疗卫生基础

1.医疗卫生机构大幅度增加

改革开放初期,天津卫生资源紧张,不能满足人民群众的就医需求。1978年,全市各类医疗机构3065家,病床1.9万张,每千人拥有病床2.4张,群众看病难、住院难、手术难成为当时的主要矛盾。从20世纪80年代初期开始,天津以家庭病床为标志,探索解决群众就医难问题。1982年大力推广家庭病床模式,当年开设家庭病床9466张(次),对缓解住院难起到了重要作用。1985年,为方便群众就医,出台了《个体开业医务人员及联合诊所管理暂行办法》,允许私人开业或组建联合诊所,以联合办医、社会办医为标志,打破了卫生部门独揽医疗服务格局,极大地缓解了群众就医"三难"问题。

2003年,在全国率先制定区域卫生规划,提出了天津卫生发展阶段性纲领和卫生资源优化配置的目标。在政府主导、多部门合作下,天津不断进行卫生资源调整,构建了以3个医学中心、5个区域性医疗中心和一批重点专科医院为龙头的城市社区医疗服务体系,相继新建、改扩建人民医院、眼科医院、医大总医院、泰达心血管病医院等数十所大型医疗卫生机构和一批基层医疗卫生机构,医院病床标准配置和群众就医环境得到较大改善。

党的十八大以后,天津进一步优化医疗资源配置,新建第二儿童医院、医大空港医院,改扩建天津医院、环湖医院、胸科医院、中医一附院,推进天津双湖康复专科医院和天津权健肿瘤医院建设,中医二附院迁入新址等。

截至"十三五"时期末,全市各类卫生机构5538家,其中社会办医2246家,占40.6%;全市拥有病床6.82万张,其中社会办医病床数为0.89万张,占13.0%;全市每千人拥有病床4.37张。

2.医疗服务体系逐渐完善

"十三五"期间,天津继续深入推进医药卫生体制综合改革。积极推动卫生与健康工作,出台《关于推进健康天津建设的实施意见》和《天津市深化医药卫生体制综合改革方案》及相关配套文件,启动"三区两院"医药卫生体制综合改革试点,探索建立现代医院管理制度。

公立医院综合改革持续推进。国家率先在4个直辖市破除了实行六十多年的公立医院"以药补医"旧机制,严格落实采购"两票制",取消耗材加成,调整医疗服务价格。在直辖市率先取消药品和一次性耗材加成,建立价格、财政等综合补偿机制,出台公立医院薪酬制度改革政策并推动实施。2018年度三级公立医院绩效考核天津排名全国第四。开展药品耗材供应改革,首轮"4+7"国家药品集中采购和使用试点工作超额完成国家任务,建立以京津冀为基础、东北华北地区加盟的区域化耗材招采联盟。基层卫生改革实现突破,全部村卫生室纳入镇村一体化管理,深化家庭医生签约服务内涵,有效签约居民四百余万人,签约重点人群二百六十余万人,重点人群签约率超过60%。医联体建设不断深化,2个城区、5个涉农区被确定为国家城市医联体和紧密型县域医共体试点区,组建11个专科医联体,有效推动优质资源下沉,基层诊疗占比从2015年的37.87%提升至2020年的41.68%。

优化医疗卫生资源布局,提升医疗机构服务能力。"十三五"期间,天津医院改扩建,环湖医院新址扩建,朱宪彝纪念医院、儿童医院马场院区等13个项目竣工,12个项目投入使用。推进基层医疗机构标准化建设,全市共布设267家社区卫生服务中心和乡镇卫生院,全市各涉农区全面实行镇村卫生服务一体化,"15分钟健康服务圈"基本建成。全市基本形成以5个医学中心为龙头,9个区域医疗中心、9个专科诊疗中心、远郊外围区属医院为主体,基层医疗机构为基础,较为完备的医疗卫生服务体系。实行分级诊疗制度,形成"健康进家庭、小病在基层、大病到医院、康复回基层"的新格局。强化基层医疗卫生服务体系建设,持续实施家庭医生签约服务,增加人均基本公共卫生服务经费,试点推进涉农区镇村卫生服务一体化工作。

推进医疗信息化建设。制定《关于促进和规范健康医疗大数据应用发展的实施方案》及《天津市智能医疗与健康专项行动计划》。全面推动以电子病历为核心的医院功能规范建设和智慧医疗建设。完善国家基本药物制度和药品供应保障机制,实施公立医院药品集中采购,加强药品采购全过程综合监管。

大力发展社会力量办医。研究制定支持社会力量提供多层次、多样化医疗服务的实施意见,并从规划与准入管理、执业运营环境营造、执业行为监督与管理三个方面开展工作。

3.卫生健康人才队伍不断壮大

改革开放以来,为提高医疗水平,天津着力加强各学科专业技术人员培养。1978年,全市卫生技术人员仅有4.07万人,其中医生为1.58万人,护理人员为1.26万人。

党的十八大以来,天津继续加强重点学科建设,形成了血液病、临床肿瘤、器官移植、中西医结合、心脑血管、骨科、眼科、口腔、肾病等优势学科。制定《天津市"十三五"卫生计生人才发展规划》,积极推进"三三五人才工程"(三项高端人才选拔工程、三项基层人才促进工程、五项专门人才提升工程)的贯彻落实。基本建立起高层人才梯队建设体系,制定了《天津名医遴选计划实施意见》《天津市卫生计生行业高层次人才选拔培养工程实施意见》,将卫生计生行业人才选拔培养工程纳入市级重点人才支持项目。建立健全覆盖全行业的专家人才联系制度,全面推行高层次人才年薪制管理。大力支持基层卫生计生人才队伍发展,进一步提高基层医疗机构中高级岗位结构比例,全面拓宽基层卫生计生人才发展空间。深入开展医师规范化培训工作,将培训范围覆盖至全行业。

到"十三五"时期末,天津卫生技术人员达到10.09万人,其中执业及助理医生4.11万人,注册护士3.82万人,分别比1978年增加6.02万人、2.53万人和2.56万人。

相比"十三五"时期初,天津执业(助理)医师数从每千人2.32人增长到3.14人,同比增长35.3%;注册护士数从每千人2.19人增长到2.72人,同比增长24.2%。"三三五人才工程"顺利实施,人才选拔培养、引进补充、分类评价和激励保障机制不断完善,选拔首批10名海河医学学者、50名津门医学英才和100名青年医学新锐,遴选首届180名天津名医。5年间全市卫生健康机构在岗职工增加两万五千余人,其中卫生技术人员增加两万三千余人,卫生健康人才队伍不断壮大,有力地支撑了卫生健康事业的发展。队伍短板弱项加快补齐,实施"儿科双十条"政策,千名儿科医师比例达0.81人;加强全科医生队伍建设,每万人口拥有全科医生数量达到3名,均提前超额达到国家目标要求。

此外,通过全面实施"131"创新型人才培养工程,天津加大了人才的选拔、培养、考核和资助力度,建立起以院士后备人才、学科带头人等为主体的多层次人才队伍培养体系和后备力量储备,聘请了一大批国内外知名医学专家,引进一些具有国内外领先技术水平的高级人才和享誉国内外卫生界的知名专家,引领全市医学科技向更高水平发展。

(二)提升能力,提供优质医疗服务

1.总诊疗人次大幅度增加

改革开放初期,由于卫生资源紧张,医疗服务运营能力不能很好地满足百姓就医需求。1980年,按照当时的统计指标,天津市县及县以上医院诊疗人数为1773万人次,其中门诊诊疗1594万人次,平均每日门诊诊疗4.36万人次。

到"十三五"时期末,天津医疗卫生机构总诊疗人数达12170.8万人次,其中医院诊疗7123.7万人次,社区卫生服务中心诊疗2199万人次,卫生院诊疗671.4万人次。天津平均每月门诊诊疗人数达1014.2万人次,折合每日平均诊疗33.81万人次,是1980年的7.8倍。从就诊结构来看,市民到医院就诊的比例高达58.5%,到社区卫生服务中心就诊占18.1%,到卫生院就诊仅占5.5%。

2.承接病患入院治疗能力大幅度增强

1980年,按照当时的统计指标,天津市县及县以上医院入院人数为25.1万人次,出院人数为25.0万人次,当年病床周转16.6次,病床使用率为88.5%。"十三五"时期末,天津医疗卫生机构入院人数为158.11万人,其中医院入院人数为148.47万人,社区卫生服务中心入院人数为1.30万人,卫生院入院人数为7.43万人,出院人数为158.02万人。全年病床周转25.5次,病床使用率为72.9%,床位紧张情况较改革开放初期大为缓解。从入院就医结构来看,市民住入医院的比例高达93.9%,住入社区卫生服务中心的病人不足1%,住入卫生院比例为4.7%。

3.医疗服务质量和群众就医感受进一步提升

聚焦"一老一小一急一投诉",着力解决群众就医难点、痛点问题。医疗服务明显改善,开展"百日行动"和"老年人就医服务月"活动,并将其固化为常态化制度实施。智慧服务实现二级以上公立医院全覆盖,有效缓解门诊"三长一短"问题,三级医院分时段预约诊疗率超过50%。院前急救居于国内领先水平,全市急救站点由69个增加到204个,院前医疗急救电话10秒接听率达100%,接报至到达现场平均时长保持在10分钟以内。危急重症救治能力建设成效显著,建成28个国家级胸痛中心,急性心肌梗死院内死亡率在全国率先出现拐点并连续6年下降,累计减少死亡2.43万人。22个卒中中心获得国家级认证,累计减少因缺血性脑卒中偏瘫致残1.46万人。服务缺陷闭环管理模式基本形成,患者投诉回复率和办结率达100%,办理满意率达92.31%。

(三)完善体系,提高健康保障水平

1.疾病防控能力不断提升

改革开放以来,天津进一步建立完善疾病预防控制与社区疾病综合防治工作的合作机制。以艾滋病、结核病和乙肝为防治重点,逐步建立了功能完善、反应迅速、运转协调、科学有序的疾病控制体系。天津建立了艾滋病防治机制和监测网络,每年对50万重点人群开展艾滋病监测检测,落实国家"四免一关怀"政策,提高了艾滋病病毒感染者发现率。推动结核病督导化疗进社区,对困难人群结核病病人进行免费治疗。全市2—13岁儿童乙肝疫苗接种率达到99.94%。天津免疫规划疫苗达到10种,可预防11种传染病,甲、乙类传染病发病率始终处于较低水平。

党的十八大以来,天津全面加强基本公共卫生服务体系建设,落实基本公共卫生服务项目,居民健康档案建档率达到83%,每年为超过

130万的老年人提供免费健康体检服务,社区管理高血压和糖尿病患者达到150万人。举办"健康大讲堂",组织健康巡讲,倡导健康文明生活方式,加强传染病防控和疫情报告管理制度建设,制定艾滋病、结核病等重大传染病"十三五"规划,完成心血管病高危人群早期筛查与综合干预项目。

公共卫生服务保障进一步增强。基本公共卫生服务更加均等,天津基本公共卫生考核成绩连续几年位列全国前三,人均经费补助标准从2015年的40元提高到2020年的99元,免费向全市人民提供21大类基本公共卫生服务项目。传染病防治工作成效持续巩固,天津甲乙类传染病及3种重大传染病报告发病率均达到全国最低行列,肺结核报告发病率连续6年全国最低。甲型肝炎连续16年、急性乙型肝炎连续5年、戊型肝炎连续8年发病率低于1/10万。麻疹发病率较"十三五"时期初下降了83.77%,未出现天津市籍白喉病例。慢性病防治成效明显,深入推进全民健康生活行动,健康公园等健康支持性环境达2334个。推进慢性病综合防控示范区建设,西青区等9个区建成国家级示范区,市级示范区覆盖率达到100%。实施大肠癌筛查、妇女两癌筛查、常见恶性肿瘤早诊早治、心脑血管疾病筛查、儿童口腔疾病综合干预等慢性病防治项目,完成筛查七百余万人次。慢性病过早死亡率较2015年下降10.37%。

"十三五"时期末,天津人口平均期望寿命达到81.68岁,天津人均基本公共卫生服务经费标准达到60元,比国家标准高10元。在国家卫生计生委、财政部年度基本公共卫生服务项目绩效考核中,天津排名全国第一。

2.重点人群健康服务扎实推进

改革开放以来,天津率先形成妇幼保健三级预防网络并实现了9项疾病筛查、4种疾病救助的控制传染病母婴传播和出生缺陷的工作格局,建立了"早期筛查—及时诊断—适时干预—结局追访"的工作模式。实行免费孕前筛查,筛查率达到90%以上。实施产前专项缺陷性疾病筛查,筛查率达到70%,为全国最高水平。通过实行儿童甲状腺功能低下、先天性心脏病及先天性耳聋等疾病的救治,有效减少了儿童智障和听力残疾的发生率。实施三级预防措施,减少传染病危害、控制出生缺陷取得显著成果。"十三五"时期末,天津孕产妇死亡率为5.95/10万,比1978年下降16.05个万分点;婴儿死亡率为3.57‰,比1978年下降9.44个千分点;5岁以下儿童死亡率为4.25‰,已低于发达国家6‰的平均水平。

天津在全国率先完成第二类疫苗集中采购管理体系建设,率先将水痘疫苗纳入免疫规划,免疫规划疫苗接种率始终保持在95%以上。妇女儿童健康促进计划圆满收官,5年累计惠及1927万人次,全市出生缺陷发生率持续控制在12‰以下,7岁以下儿童保健管理率达到90%以上,孕产妇系统管理率达到90%以上。精神卫生诊疗服务能力不断提升,全市共有70家机构提供精神障碍诊疗服务,精神科医生数达到5.20名/10万人,较2015年提高50%,严重精神障碍患者规范管理率达到90%以上。强力推动计划生育失独家庭长效扶助关怀机制,一次性救助金制度落地。

3.卫生应急能力不断增强

改革开放以来,天津完善了突发公共卫生事件应急处置相关预案,以及突发公共卫生事件与传染病疫情网络直报监测制度。组建公共卫生事件应急处置师资队伍,开展应急处置培训和演练。相继加强疾病预防控制中心、传染病医院、海河医院、120急救中心、妇儿保健中心和卫生监督所等公共卫生机构基础设施建设。

党的十八大以来,天津进一步强化卫生应急队伍专业化建设,启用公共卫生事件应急指挥决策系统,建立卫生应急处置案例分析评估机制,加强卫生应急信息化建设。夏季达沃斯论坛和第十三届全运会医疗卫生保障工作的圆满完成,大幅度提升了天津应对突发公共卫生事件的处置能力和紧急医学救援能力,进一步确保了全市的公共卫生安全。

(四)坚持创新,助力医卫事业发展

1.医疗制度改革稳步推进

新中国成立以来,我国一直实行公费医疗制度。公费医疗有优势,也有弊端,其中最主要的弊病就是低效和浪费。改革开放初期,天津医疗卫生改革借鉴了经济体制改革的做法,以搞活医疗卫生工作、发展医疗卫生事业、方便群众就医、提高防病治病质量、增进人民健康为主要目标,从提高服务效率、满足社会需求入手,逐步推行各种形式的责任制,推广家庭病床联合办医、后勤服务等,打破了"大锅饭、不核算、一刀切、独家办"的局面。

进入20世纪90年代,天津对初期探索中群众满意的改革方式加以发扬,对群众不满意的弊端予以纠正,对卫生改革的难点不回避、不绕过,不断改革,不断探索。1993年,制定卫生改革意见,要求医疗单位必须明确改革的基本目标,即坚持全心全意为人民服务的根本宗旨,向社会提供优质、高效的医疗卫生服务,增强医疗单位经营机制,开发新的卫生服务项目,进一步满足不同层次、不同形式的社会医疗卫生需求。1994年,公费医疗、自费项目收费标准并轨,为医疗市场发展创造了环境。1998年12月,国务院发布《关于建立城镇职工基本医疗保险制度的决定》,要求在全国范围内进行城镇职工医疗保险制度改革,所有用人单位(包括机关事业单位)及其职工全部参加城镇职工基本医疗保险制度。此后,天津公费医疗逐步退出历史舞台。

2.医疗卫生总费用总量增长、结构优化

自20世纪90年代中期,医疗卫生改革有自费项目以后,卫生总费

用构成分为三部分,即政府卫生支出、社会卫生支出和个人现金卫生支出。1996年,天津卫生总费用为39.71亿元,占全市地区生产总值的3.5%,天津人均卫生费用支出为418.85元。卫生总费用构成为:政府卫生支出占18.5%,社会卫生支出占54.1%,个人现金卫生支出占27.4%。

正式实施城镇职工医疗保险制度的第一年,即1999年,天津卫生总费用为53.27亿元,人均卫生费用支出为555.21元。卫生总费用构成中,政府、社会和个人现金卫生支出分别为17.2%、42.8%和40.0%。2002年,卫生总费用构成中,个人现金卫生支出达到峰值,占47.0%。2003年以后,卫生总费用结构逐步调整,政府和社会卫生支出比例不断提高,个人支出占比逐年回落。2016年,全市卫生总费用达到827.02亿元,是1996年的20.8倍,占全市地区生产总值的比重上升为4.6%,全市人均卫生费用支出达到5294.21元,是1996年的12.6倍。政府、社会和个人现金卫生支出分别为25.6%、43.7%和30.7%。

3.京津冀医疗卫生协同发展取得新进展

党的十八大以来,随着京津冀协同发展的深入推进,三地卫生战略合作有效推进:一是签署并落实《京津冀卫生计生事业协同发展合作协议》,在区域医疗、公共卫生、综合监督、妇幼保健、基层卫生等11个方面加强合作;二是签订《京津冀卫生计生事业协同发展行动计划(2016—2017年)》,启动药品、医用耗材集中采购制定,并加强采购全过程综合监管,京津冀134家机构对27项临床检验项目、17项医学影像检查项目实施互认和共享,启动京津冀医疗机构、医师、护士电子化注册管理改革和京津冀医师区域注册试点工作;三是加强卫生管理人才与专科人才的培养,服务深化医改和"一带一路"建设;四是发挥武清、宝坻、静海、宁河及滨海新区等重点承接区和承接平台作用,积极疏解北京医疗卫生功能;五是成功主办2015年京津冀卫生应急综合演练。此外,天津还积极推进中国中医科学院天津分院、中国医学科学院血液病医院项目和团泊国际糖尿病医院项目建设,京津冀医疗卫生协同发展不断深入。

4.中医药事业得到传承与弘扬

中医药是中华民族原创的医学科学,是中华优秀传统文化的杰出代表。党的十八大以来,党中央把中医药事业的发展放在全面深化改革、进一步扩大对外开放的战略高度,融入实现"两个一百年"奋斗目标、实现中华民族伟大复兴的中国梦的伟大实践。在市委、市政府的高度重视和大力支持下,天津中医药事业迎来发展的春天。2017年,全市拥有中医医院51家,中西医结合医院3家,病床总数9296张。改革开放初期的1983年,天津县及县以上的中医医院仅有5家,病床总数只有525张。1978年全市中医医生只有2600人;2017年全市执业及助理医师达到5075人,增长了95.2%。

中医药健康体系建设不断完善。天津制定《天津市贯彻中医药发展战略规划纲要(2016—2030年)》《天津市加快推进中医药健康服务发展实施方案(2016—2020年)》,有序推进中医药科技支撑平台和项目建设、中医临床研究基地建设,积极申报科技部国家临床研究中心;着力培育新兴业态,推动中医药健康旅游示范区、基地、项目建设;强化中医药人才培养,依托天津国家中医药和中医护理培训基地优势,举办全国专业人才培训班,提高天津市中医药影响力;加强国医大师工作室建设,建设全国和基层名老中医专家传承工作室。

中医医疗机构综合服务能力不断提高。同步推进公立中医医院改革,完善差别化中医医院改革政策。出台《天津市中医药综合治疗服务管理指南(试行)》,制定印发《天津市基层中医药服务能力提升工程"十三五"行动计划实施意见》,开展创建综合医院中西医结合重点专科培育项目,实施基层医疗卫生机构"中医馆"建设,出台《2017年基层医疗机构国医堂服务能力建设项目工作方案》,持续提升"国医堂"服务能力。"国医堂"建设基本覆盖全市基层医疗机构,100%城乡基层医疗卫生机构均能提供中医药服务,满足了人民群众对中医药服务的迫切需求。

5.全面落实健康中国行动,爱国卫生运动效果显著

为全面贯彻健康中国行动部署,天津启动了19项专项行动,制定了包括40项考核指标和152项监测指标的考核监测评估体系,成立了健康天津行动推进委员会专家咨询委员会,全方位干预健康影响因素,维护人民全生命周期健康。居民健康素养水平从2015年的17.42%提升到2020年的28.52%。深入开展爱国卫生运动,着力解决突出的环境卫生问题。"十三五"期间,天津获命名国家卫生区11个,创建比例达到81.25%,较"十二五"时期末提高了56.25%;41个镇获得国家卫生镇命名,创建比例达到40.21%,比"十二五"时期提高了35.81%。市级卫生村1624个,创建比例达到45.9%,比"十二五"时期末提高了37.28%。整体而言,天津整治城乡环境卫生、促进健康文明生活方式、病媒生物防治等专项行动,联防联控、群防群控取得显著成效。

党的十九大报告指出,我国经济已由高速增长阶段转向高质量发展阶段。天津经济社会发展也将进入加快建设"一基地三区"和"五个现代化天津"的关键时期,卫生健康事业发展将发挥重要的社会引领和支撑作用。天津坚持全面落实健康中国战略部署,把促进人民健康作为卫生健康事业发展的根本出发点和落脚点,以高质量发展为主题,以能力提升为主线,坚持基本医疗卫生事业的公益性,聚焦影响人民健康的重大疾病和主要问题,加快实施健康天津行动,织牢公共卫生防护网,推动公立医院高质量发展,保障健康服务的公平性和可及性,为人民提供全方位、全周期健康服务。

社会保障篇

社会保障是民生安全网、社会稳定器,与人民幸福安康息息相关。党的十九大报告指出:"按照兜底线、织密网、建机制的要求,全面建成覆盖全民、城乡统筹、权责清晰、保障适度、可持续的多层次社会保障体系。"天津在实践中探索和创新,筑牢社会保障制度,积极发展养老、助残等福利事业,保障妇女儿童合法权益,持续提高社会救助效能,人民群众安居乐业、社会秩序安定有序。党的十八大以来,天津坚持以人民为中心的发展思想,按照全覆盖、保基本、多层次、可持续的基本方针,立足实际、奋力开拓、综合施策,逐步构建起覆盖广泛、统筹城乡、公平统一的多层次的社会保障体系。从增强公平性、适应流动性、保证可持续性出发,逐年上调企业退休人员养老金、城乡低保等社会保障标准,不断提高社会保障公共服务共建能力和共享水平,织密扎牢托底的社会保障网,实施一对一精准帮扶,绝不让一个人在小康路上掉队。加快推进社会保险体系由制度全覆盖向人员全覆盖延伸,不断加强制度公平,努力增强兜底保障,促进社会保障体系更加完善,民生保障网更加密实。社会保障的快速持续发展,满足了人民群众的保障需求,有效维护了社会公平正义,切实增进了民生福祉,为保障和改善民生打牢了基石,为巩固小康社会构筑了防线,使人民群众更多地分享到经济社会发展成果,人民群众的获得感、幸福感、安全感不断增强。

一、幸福图景:民生保障网撑起百姓稳稳的幸福

(一)社会救助举措有强度

王先生是河西区东海街道居民,46岁,离异无子女。多年前为了给母亲治病,他变卖了拆迁后的唯一住房。母亲去世后,他到津南区打

工维持生计。因慢阻肺、双肺大泡等多种疾病日益加重,他没法继续打工,不得不回到户籍地,一时间生活陷入贫病交加、无依无靠的境地。

2021年7月,社区工作人员在巡逻过程中发现王先生住在银行内,第一时间将情况上报东海街道办事处,街道办事处立刻对他的情况进行综合研判,按照规定采取紧急救助措施,迅速给他办理了临时救助,启动2个月的最低生活保障金,并在24小时之内到位,缓解了他眼下的困难,保障了他暂时的基本生活。

为了让王先生有固定的住所,东海街道办事处及社区帮他寻找可租房源,协助办理房屋补贴手续。在房屋补贴发下来之前,街道帮他垫付了房租和押金,给他租到了房子,协助他做了备案。不久,房补的资格补贴证发下来了。他用房补支付了他的房屋租金。

街道办事处和社区人员多次陪同他就医,协助他办理丧失劳动能力证明。冬天来临,先后为王先生申请了7000元救助,解决了他交纳租房押金和吃饭的问题,让他在严寒的冬天有温暖的住所,有饭吃。按照天津的"8+1"救助体系,像王先生这样的困难群众,可以在第一时间给予临时性救助,此后根据条件纳入低保等政策保障中,救助后如果依然困难,还能通过慈善组织、救助基金会等渠道予以急难救助。

王先生的生活由此发生了转折,从住无所居和缺衣少食的艰难度日变为基本生活有保障,他感激地说:"我现在穿的都是居委会给的,连里带外。居委会还带我去看病。我现在上不了班,居委会准备帮我申请低保。"他虽然不善于表达,但是朴实的话里透出生活安全感和浓厚的感恩之情。

(二)多样化养老服务有温度

2019年,天津大力推进老年人助餐服务工作,通过补助老人和补贴企业并举的"双补贴"方式,为老年人提供安全、方便、实惠的助餐服务。还没到11点,河西区挂甲寺街新道城小区社区居家养老服务中心的厨房内已经是一片忙碌的景象。红烧丸子、清炒荷兰豆、木耳山药、花卷、馒头……所有原料都由运营商自己的种养殖基地提供,菜品和主食都是根据老年群体饮食特点进行定制的——少盐、少油、少糖,烹饪方式也以蒸、煮、炖为主,入口软嫩,兼顾老年人的健康和口味。很多老年人天天到餐厅,不仅是为了用餐,更是为了同其他老年人,以及工作人员聊聊天,享受"家"的温馨。家住书苑里的张奶奶说:"我年龄大了,腿脚不利索,平时买菜上下五楼、走老远,太折腾了,做饭也麻烦,女儿也总惦记。现在5分钟就能到居家养老服务中心,饭菜不仅便宜,还吃得特别好,省了大心了。"

针对老年人"小病不出社区"的健康安全理疗方面诉求,河西区推进医养结合,在街道、社区两级中心嵌入"健康驿站",并延伸推出"喘息式"照护、康复护理、健康筛查等功能,推动不具备嵌入条件的居家养老服务中心就近与社区卫生服务中心一体运行,每周安排社区卫生服务中心医生到驿站坐诊。"健康驿站"开通医保专线,方便周边居民,可实现刷卡取药。家住马场街道的居民王大娘患有高血压,虽然一直吃药,但这两天血压还是有点儿高。"我给您换一种药试试,天气冷了,您可要注意保暖。"三合里社区卫生服务站站长给她测过血压后,嘱咐她换季的注意事项。服务站备有一百多种常用药,未备的特殊药可以预约,周边百姓用药、取药十分方便。服务站跟大医院建立了医联体合作,特殊病人可以立即转诊。随着"健康驿站"的嵌入,健康筛查、康复护理、用药咨询,这些以前到三级医院才能享受的公共卫生服务,现在走15分钟就能实现,头疼脑热在家门口的社区卫生服务站就能解决。

居家养老服务中心真正将老人的需求放在第一位,开展丰富多彩的为老服务。免费按摩、养生足浴、义务理发等服务项目特别受老人欢迎。在桃园街道居家养老服务中心,服务人员正为范阿姨做按摩,老人脸上洋溢着幸福的笑容。她耐心地告诉范阿姨："这个穴位是足三里，经常按按对身体有好处。"在活动室里，78岁的邹阿姨正和老伙伴儿们围坐在一起制作手工皂，手工皂脱模成型的那一刻，她们的脸上绽放出欣喜的笑容："人老了，退休了，但是在这里我们并不孤单，居家养老服务中心每天都安排不同的社团活动，做各种手工，乐趣真多！老人们也各自发挥特长，自发教大家编织、剪纸、吹、拉、弹、唱，大家老有所依、老有所乐、老有所为，感觉特别幸福。"除了助餐、医疗、日间照料、短期托养，养老服务中心还开展精神慰藉、便捷购物、助浴助洁等相关服务，老人的生活需求在这里得到满足，他们实实在在感受到了关爱。

（三）对残疾人关爱服务有力度

一场车祸，致使蓟州区白涧镇辛西村的王大爷双腿瘫痪，无法行走。作为一名肢体一级残疾人，虽然家里配置了手动轮椅，但只能在院子里转转，出不了门，做不了事。

天津实施家庭无障碍设施改造，主要包括修建轮椅坡道、坐便器改造安装、室内外扶手安装等，将改造标准与残疾人需求相结合，确保改造后的无障碍设施能用、好用、耐用，改变了残疾人的生活，也让王大爷有条件干起了修车的手艺活儿。他兴奋地说："残联帮我配置了电动轮椅，又在家里修了这个无障碍坡道，进进出出非常方便。现在还能靠着修车的手艺，赚点零花钱。"

河东区深入生活困难的中重度肢体残疾人家庭开展摸底调查，了解残疾人康复体育需求，为残疾人发放康复体育器材。为确保康复体育器材发挥最大作用，区残联还配套发放了康复体育教材，并安排指导员入户指导，开展个性化服务。河东区中山门街道试验楼社区李大爷，是一名肢体二级残疾人。河东区残联为他发放了迷你健身车和液压踏步机，现场教他使用方法。这两件康复体育器材，让李大爷锻炼身体更方便也更积极。他说:"以前想锻炼身体,都得到社区康复站,现在可好啦,在家看着电视就能锻炼身体了。"李大爷的脸上露出了久违的笑容。"感谢党和政府对我们残疾人的关爱,我一定会勤加练习,让身体更灵活些,减少肌肉萎缩。"

为了给残疾人家庭减负,避免"照看一个人,拖累一群人",天津全面提高残疾人托养服务水平,在原基础上将补贴标准提高42%,并为残疾人提供居家服务、日间照料托养服务和寄宿托养服务。作为一名重度肢体残疾人,和平区新兴街道兴河里社区高姓小伙长期卧床,一直由七十多岁的母亲照顾。他说:"以前一直是妈妈买菜做饭,非常辛苦,现在有了残疾人居家服务,送饭上门,我们也松了口气。"

二、成就见证:社会保障举措惠民生暖民心

(一)推进社保服务精细化,用心用情实事做实

民有所呼,我有所应,民有所需,我有所为。近年来,天津着力解决群众急难愁盼问题,全力打造精细社保和暖心社保。以"高质高效、用心用情"的服务,获得了参保企业和群众的点赞。

2022年,天津市社保中心河东分中心收到了一面从北京邮寄来的锦旗,锦旗上"排疑解难,温暖人心"的质朴文字,表达了参保人周先生对社保工作人员的深深谢意。周先生在北京工作,临近退休时才发现未办理之前在天津的历史缴费转移。周先生拨打了河东分中心的电话。电话接听人员了解情况后,立即将情况反馈给有关工作负责同志。很快,负责人通过邮寄的方式为周先生提供了相关材料,又协助周先生办理了异地转出手续。周先生说:"从打求助电话到完成转出手

续,仅用了一天时间,真真切切让我体会到了'天津速度、社保温度'!"

"如果没有西青区社保中心的工作人员忙前忙后,我们不可能这么快就解决了历史遗留'老大难'问题。"中国第一汽车股份有限公司天津乘用车动力总成分公司负责同志激动地表示。原来在企业改制过程中,部分员工面临内退、解聘等分流措施,单位经办人员找到西青区社保中心,希望能打印八百余名职工的个人账户记载单。为了帮助企业顺利完成转制升级,维护和谐稳定的劳动关系,分中心特意安排了骨干人员,利用近一周的时间加班加点完成了打印,并积极协调区人社局调取人员档案、查找影像档案,核实员工劳动关系。最终通过数据补录、补缴会审等方式解决了企业与员工的难题。

2022年1月,天津渤化化工发展有限公司人资经办人员王女士来到开发区社保分中心求助,公司一千余人的统筹内转入业务急需在本月结算期内完成。为满足企业需求,保证职工及时参保,分中心立即委派专人对接企业,采取"录入、收件、审批"线性操作流程办理业务,工作人员马不停蹄,加班加点,终于赶在结算期内办结全部业务。王女士由衷地感慨:"一千多人可不是个小数目,这么大规模的业务量要在短时间内完成,绝对是个高难度的挑战,我们抱着试试看的心态找到了开发区社保中心,没想到还真的迅速帮我们解决了。"

(二)打造"15分钟适老服务圈",画出老年人的"幸福圈"

河西区居家养老服务试点工作正式启动以来,区委、区政府紧扣养老人群最关心的难点、痛点问题,提出并精心打造为老、助老、扶老、适老的"0.7公里、15分钟适老服务圈",让品质城区"升级版"建设真正惠及河西百姓,"圈"出老人的幸福生活。

15分钟,是温度,是指老年人从家到养老服务设施,最多只需步行15分钟。在这个区域内便可享受到生活照料、助餐送餐、康复保健、文化娱乐、精神慰藉、家政服务、紧急援助等多样化的养老服务,实现"家门口养老"。0.7公里,是关怀,是老年人,特别是70岁以上老年人最适宜的步行范围。按照一个健康成年人的步速,15分钟步行1公里。根据老年人的生理特点,结合老旧城区社区设施布局特点,划定0.7公里的服务半径,打造街道级、社区级居家养老服务中心,打造"15分钟适老服务圈"。

作为中心城区,河西区资源紧张,适合开展居家养老服务的载体不足,特别是老年人大多居住在老旧小区,载体资源数量少、规模小,在缩短居家养老服务半径、提高服务便捷度方面难度极大。河西区"不搞大水漫灌,防止大拆大建、购租大项投入",创新性地"集点成网"。围绕行政事业单位、区属企业闲置载体,商品房配套公建等适用载体,低成本布局居家养老服务中心建设。在载体资源不足区域,设置居家养老服务点,提供需求登记、配餐等基本服务。以居家养老服务中心为原点,结合社区卫生服务中心、社区党群服务中心融合打造,因地制宜、丰富完善养老服务综合功能,并对周边设施进行适老化提升,形成功能完备的"微系统"。

位于大营门街南昌路45号的居家养老服务中心,已经实现了将一个社区级养老服务中心、一个社区卫生服务中心、一个社区党群服务中心三个中心融为一体的发展新模式。步入中心,老人们可以享受助餐、助洁、助浴等多项服务,还可与三五老友聊天下棋、读书看报。漫步在居家养老文化长廊,新提升改造的社区公园增设了慢行步道、休息椅、遮阳伞等适老设施,为周边老年群体打造了"安全港湾"。距离中心步行不到两分钟,就能到社区卫生服务中心就诊、取药。紧邻的社区党群服务中心载体连接党建活动、文化娱乐、老年大学、健康讲堂,为周边老年人提供了便捷的服务、营造了宜居的环境,勾画出"共享概念、功能集成"的居家养老地图。

"15分钟适老服务圈"也是围绕老年群体打造的15分钟便民圈,短短15分钟、0.7公里,是河西居家养老服务工作的"幸福密码",为老年人提供多层次、立体化、智能化的养老服务,让更多老年人老有所养、老有所乐、老有所依,画出了老年人的"幸福圈"。

老人们在居家养老服务中心用餐

(三)健全社会救助体系,兜底保障群众生活

近年来,和平区遵循"应保尽保,应养尽养"的原则,健全分层分类的社会救助体系,对于不同困难类型的群众,运用不同的救助政策予以兜底,精准落实特困人员的生活、医疗等各项保障。2021年上半年新批低保、低收入家庭98户,注销低收入家庭救助89户,调整标准140户,做到了动态管理下的应保尽保、该退即退。截至2021年6月底,全区共有低保对象1717户2348人,特困人员27户27人,低收入救助家庭80户135人,每月发放各类救助金二百八十四万余元。

为了最大限度地兜底保障困难群众,加大临时救助和"救急难"的力度。对突发紧急困难的群众快速跟进,采取先救助后补审批手续的救助方式,以最快的速度有效救助困难群众,切实解决了困难群众突发性、紧迫性、临时性生活困难。52岁的小白楼街道长春道社区居民戴先生2021年6月刑满释放，无业、离异的他又突发急症，无钱医治，于是来到小白楼街道办事处求助。小白楼街道办事处核实情况后，及时与区民政局共同研究，第一时间启动"救急难"程序，按照救助政策上限给予其20000元的急难型临时救助金，确保其能够及时住进医院接受手术治疗。

在保证基本救助的前提下，和平区还为低保、低收入及边缘困难家庭开展多项救助活动，如春节为低保、低收入、边缘困难群众等发放救助金、米面油等；"三八"妇女节对低保、低收入救助对象中的丧偶单亲母亲实施救助；对全区事实无人抚养儿童和低保、低收入救助家庭中高中以上的在校学生实施春季助学，帮助困难学生完成学业；"六一"儿童节前夕，采取社会化发放形式为全区困境儿童，以及事实无人抚养儿童发放节日救助金；入夏，开展"夏季送清凉"活动，走访重病、重残、失独、烈士遗属和困难党员等，为困难家庭送去夏令救助物品。

三、时代答卷：多层次社会保障体系增进民生福祉

为适应计划经济体制向社会主义市场经济体制转轨要求，20世纪90年代，天津拉开了社会保障制度建设的序幕。经过多年努力，逐步建立起了城镇职工基本养老，城镇职工基本医疗，城乡居民养老，城乡居民医疗、失业、工伤、生育保险体系和城乡最低生活保障制度。党的十八大以来，天津从人民群众最关心、最现实的利益问题入手，采取针对性强、作用更直接的举措，更好地发展社会保障事业，扎实推进高质量小康社会建设，着力保障好困难群众生活，不断满足人民群众对美好生活的多样化需求，扩大社会保险覆盖范围，持续提高社会救助标准，稳步增加社会福利，全面提升社会保障效能，使民生幸福更有质感，向

党和人民交出了一份厚重提气、体现天津之为的时代答卷。

(一)不断扩大社会保险,筑起生活安全防线

天津社会保险以保障和改善民生为出发点和落脚点,积极满足群众的社会保障需求,率先在全国建立省级城乡统筹的养老、医疗保险制度,建立意外伤害附加保险制度,建立并实施城乡统筹的居民生育保险制度,形成了具有天津特色的社会保险模式。天津市第十一次党代会以来,以习近平总书记对天津工作提出的"三个着力"重要要求为元为纲,深入贯彻党中央关于社会保障事业发展的基本方针和战略部署,落实党的十九大报告提出的全面实施全民参保计划、完善城镇职工基本养老保险和城乡居民基本养老保险制度,完善统一的城乡居民基本医疗保险制度和大病保险制度,完善失业、工伤保险制度的要求,坚持应保尽保原则,大力推进全民参保,社会保险覆盖范围显著扩大,基金管理监督机制更加健全,经办服务惠民便民成效显著,安全网功能凸显。

1.健全城乡统一保险制度,民生保障能力显著增强

完善多层次医疗保障体系。1995年,天津开始探索医疗保险制度改革,2001年,正式实施城镇职工基本医疗保险制度,对城市职工大额医疗费救助、城镇职工基本医疗保险门/急诊大额医疗费补助、个人账户管理、公务员医疗补助、定点医疗机构管理、定点零售药店管理、基本医疗保险结算、门诊特殊病管理等框架性政策均做出了明确规定,搭建起符合天津实际的城镇职工基本医疗保险制度体系。2004年,正式建立天津新农合制度,经过三年的试点工作,到2007年,新农合制度基本做到全面覆盖,参合率和筹资水平进入全国先进行列,农村居民医药负担有所减轻,农民"因病致贫、因病返贫"问题得到一定程度缓解。2009年,天津合并实施城乡居民医疗保险,在全国率先实现了覆盖城乡和省级统筹的居民医疗保险制度,标志着天津医疗保险体系从制度上实现

全覆盖,破除了城乡二元结构束缚,确立了统筹城乡医疗保障制度体系。2011年和2014年,先后建立全民意外伤害附加保险制度和城乡居民大病保险制度,形成了与基本医保、医疗救助、特殊救助"五位一体"的梯次兜底医疗保障体系。2019年,建立职工大病保险制度,将580万职工纳入大病保障范围,实现大病保险制度全覆盖。2020年,启动长期护理保险制度试点,惠及重度失能人员。同年,实施《天津市基本医疗保险条例》,这是全国省级层面第一部涵盖职工医保和城乡居民医保的地方性法规。从建立医疗保险至今的二十多年里,天津通过完善门诊报销政策,建立职工大病保险制度,推动职工生育保险与职工基本医保合并实施,完善职工大额医疗费救助制度,实施因病支出型困难家庭医疗救助,逐步形成以基本医疗保险为主体,医疗救助托底,补充医疗保险、商业健康保险等共同发展的多层次医疗保障制度体系。

健全养老、失业、生育、工伤保险制度。2009年,实行《天津市城乡居民基本养老保障规定》,形成了城乡一体化的养老保险制度。此后,推行机关事业单位养老保险制度改革,促进职工养老保险与城乡居民养老保险跨制度衔接,实现了城乡之间、企业与机关事业单位之间的制度统一。1997年,天津失业保险制度初步建立。2001年,公布《天津市失业保险条例》,标志着天津失业保险制度走向成熟。2005年,实行失业保险费由社会保险基金管理中心统一征缴。至此,在全国率先实现"五险"统一征缴。2005年,天津生育保险制度正式确立,当年参保人数达到200万人。2013年,居民生育保险实现城乡一体,为生育家庭减轻了生育费用负担。2003年,确立工伤保险制度。2004年1月,实行工伤保险社会统筹,11月,启动农民工参加工伤保险工作。2008年,在全国率先实施了商贸、餐饮、住宿等服务业从业人员参加工伤保险办法,采取与营业面积挂钩的"定员参保"方式,定额缴费,实行趸缴,为全国首创,得到人力资源和社会保障部认可并向全国推广。此后结合实际多次完善工伤保险制度,2019年实施最新的《天津市工伤保险若干规定》,进一步提高了工伤保险法治建设水平和依法行政水平。

2.稳步推进全民参保,普惠程度不断提高

天津通过强化责任,采取覆盖面更大、效果更明显的举措,持续用力推进全民参保计划,参保人数逐年稳步上升。截至2013年末,全市参加基本养老保险627.1万人,其中参加城镇职工基本养老保险520.7万人,参加城乡居民养老保险106.4万人。参加医疗保险1001.5万人,其中参加城镇职工基本医疗保险493.1万人,参加城乡居民医疗保险508.4万人。为促进法定人群参保全覆盖,结合不同缴费群体的需求,先后出台阶段性降低费率、鼓励外来务工人员参保、促进中断人员接续缴费、促进弱势群众参保、简化参保缴费手续及拓展缴费方式等一系列吸引参保、方便缴费政策,同时完善全民参保登记库,开展全民参保精准排查,动员未参保人员及时参保。截至2017年末,全市参加医疗保险人数1088.46万人,参加基本养老保险人数811.82万人,参加城镇职工工伤保险人数395.33万人,参加城镇职工失业保险人数311.3万人,参加城镇职工生育保险人数296.95万人。2021年,以集体参保方式将15.8万被征地农民纳入城乡居民养老保险保障范围,为3.2万困难人员代缴城乡居民养老保险费。年末,全市参加城镇职工基本医疗保险人数637.64万人,参加城乡居民基本医疗保险人数537.38万人,参加城镇职工基本养老保险人数765.14万人,参加城乡居民养老保险人数171.96万人,参加城镇职工工伤保险人数408.41万人,参加城镇职工失业保险人数372.30万人,参加城镇职工生育保险人数366.05万人。

2013—2021年天津参保人数增长趋势图

3.连续上调保险待遇,民生福祉日益丰厚

逐步提高医疗保险待遇标准。随着经济社会发展,天津不断提高保险待遇水平。连续多年提高城乡居民医疗保险的最高支付限额、住院报销比例。对已经纳入低保、特困范围的重度残疾人员、单亲家庭成员,失独家庭成员,农村"五保"人员和城市"三无"人员五类群体,如患病治疗发生医疗费用,由按照居民医保最低筹资档次参保报销,改为按照最高筹资档次参保报销,个人不缴费,由政府全额补助。这些惠民措施,最大限度减少了因病致贫现象的出现。2014年,居民医保住院最高支付限额统一提高到18万元。2019年,提高职工医保待遇标准,在职人员住院85%报销比例适用范围由原来的从起付线至5.5万元,调整为从起付线至12万元;退休人员住院90%报销比例适用范围由原来的从起付线至5.5万元,调整为从起付线至18万元,其他费用报销比例均为80%;城镇职工医保、城乡居民医保门诊报销限额分别由6500元、3500元提高到7500元、4000元;职工医保住院报销限额由35万元提高到45万元,居民医保住院报销比例提高5个百分点;同时降低大病保险起付线,提高大病保险报销比例。

天津下调社会保险缴费费率

　　持续提高养老等保险待遇水平。根据职工工资增长和物价变动等情况，统筹调整机关事业单位退休人员养老金和企业退休人员的基本养老金，养老金待遇不断提高。2018年采取定额调整、挂钩调整、高龄调整和适当倾斜的方式，分类施策，提高养老金待遇。2019年，城乡居民基础养老金、老年人生活补助标准月人均分别增加18元，职工和居民医保门诊报销限额分别提高1000元和500元，失业保险金发放标准提高90元，职工伤残津贴、供养亲属抚恤金等8项待遇平均增长5.4%。2019年企业职工养老保险待遇水平实现15连调，月人均达到3220元。2020年，退休人员养老金待遇月人均增加5%，失业保险金待遇月人均增长90元，伤残津贴、供养亲属抚恤金等长期工伤待遇标准也适度提高。2021年，企业和机关事业单位退休人员基本养老金待遇月人均增幅4.5%，惠及全市234万人。工伤保险长期待遇标准连续15年调整。

天津农村老人领取退休金

4.提升保险管理服务质量,群众办保险更便捷

利用信息化技术推进服务便利化。天津从2001年底开始建设社会保险信息系统。首先推动社保数据大集中,按照社保系统"五险合一"的原则,把参保人"五险"信息汇总起来,建立统一的数据库,实行统一征收、分险种支付。紧接着实施医保联网工程,启动了住院医疗费的联网结算方式,患者治疗完毕,只需缴纳个人负担部分金额便可出院,解决了参保人员因住院而产生的垫付资金压力。2003年3月开始第一家定点医院联网的试点。2007年把门诊特殊病纳入联网结算范围,同时启动门诊特殊病联网登记制度,免去患者在医院和经办机构间的往返奔波之苦。2008年以来,将医保网络延伸到社区服务站,提高了基层医疗服务结算能力,从根本上解决了参保患者就医的垫资问题。2009年起,实行定点零售药店联网结算管理。联网结算管理大大减轻了参保患者的医疗负担,实现了参保患者在联网医院发生的医疗费用即时就医、即时报销的直接结算目标,彻底改变了医疗费报销模式。2013年,缩短社会保障卡办理周期,由45天改为即时发卡,急诊就医实现全天候即时联网刷卡结算,工伤医疗纳入实时监控,积极探索社保基金社会监督机制。社会保险经办水平不断提升,管理服务更加高效便

捷。实现异地就医住院医疗费用联网直接结算,2021年,天津与全国
31个省市实现互联互通,覆盖范围扩大至1013家定点医疗机构,在全
国率先实现定点医疗机构全覆盖,为长期异地居住和转外就医人员提
供了便利服务。同年,天津医保信息平台建成上线,服务全市定点医药
机构1940家,连接着全市21个医保分中心和247个街道(乡镇)党群服
务中心,服务着全市1157万参保群众。天津成为全国唯一新医保平台
上线采取"网络不中断、服务不暂停"的省市。出台全国首个"互联
网+"医保支付管理办法,大力推广应用医保电子凭证,完善"金医保"
电子围栏、实名认证等功能。大力推进社保参保缴费"网上办""不见
面"办理,最大限度实现"一趟不用跑,就能交社保"。2020年4月中旬
起,对已领取企业、机关事业、城乡居民基本养老保险待遇人员,全面推
动应用社保卡领取养老金。

优化管理服务方式。2016年以来,深入推进"一制三化"改革和医
保行风建设,进一步简政放权,减少办理时限的87%。积极推进异地就
医预付金及清算资金的申请和协调工作,实现了三个"全国第一",即完
成接入国家平台的第一个省份、完成异地就医的第一单刷卡结算、经办
机构跨省清算的第一笔医保资金,率先实现医保异地就医直接结算,让
群众及时分享改革的实惠、体验到服务的便捷。2017年,围绕"公平享
有"原则,出台职工养老保险关系转移接续、个人窗口缴费、个人账户管
理办法,完善了机关事业单位养老保险制度改革配套措施,政策与经
办、管理与服务更加顺畅。2018年,天津市社保中心在医疗保险、生育
保险、异地就医等方面,取消了身份证复印件、医院等级证明、异地盖章
等多项办事要件,进一步简化办事手续、提高服务效率,百姓办社保更
快捷、更便利。2019年,实现职工生育保险和职工基本医疗保险合并
实施,在参保登记、基金征缴、待遇支付、医疗管理和信息系统等各个环
节上实现统一,既节省行政资源,又减轻单位和个人事务性负担。

工作人员帮助社区老人用手机实现使用社保卡领养老金

（二）精准实施社会救助，保障困难群众生活

党的十九大报告指出："统筹城乡社会救助体系，完善最低生活保障制度。"天津高度重视社会救助工作，政策措施密集出台，制度体系日益完善，工作机制不断健全，财政投入逐年加大，推动社会救助工作进入发展快车道，救助水平持续提升，在保障基本民生、打赢脱贫攻坚战、全面建成小康社会等方面发挥了重要作用。"十二五"期间，天津城乡低保标准年均增幅超过10%，保障标准和人均补差额位居全国第三，救助覆盖面不断扩大，城乡低保、农村"五保"实现动态管理下的应保尽保。"十三五"期间，累计救助困难群众1200万人次，发放城乡低保金78.56亿元、特困供养金9.5亿元、临时救助金6.21亿元、低收入家庭救助金1.54亿元，保障困难群众得到基本生活救助，各专项救助取得显著成效。

1.搭建多元平台，提升社会救助能力

开发居民家庭经济状况核对系统。"十二五"期间，为全面了解低保申请居民的财产状况，核对居民低保资格，天津开发居民家庭经济状况核对系统，并持续对系统完善升级。该系统信息共享涵盖了户籍、车辆、房产、税务等14类政务信息,以及存款、理财、股票、债券等6类金融资产信息,为社会救助提供智能的居民经济状况核对能力,实现了社会救助审查、审核和审批等环节统一管理,彻底解决了低保重复申请、居民收入信息无法共享的现状,维护了社会救助的公平、公正。截至2020年底,累计使用该系统对69.5万户次申请和已享受社会救助的家庭进行信息核对。

建设"救急难"服务平台。2019年,天津市区两级民政部门为进一步完善社会救助制度体系,推进社会救助供需两端资源信息互通、政府救助与慈善救助无缝衔接,将"互联网+"技术引入社会救助领域,开发了"救急难"服务平台系统,实现救助对象信息全面、完整采集。依托该服务平台系统,民政部门实现在线审核、审批临时救助,在社会救助职能部门之间、社会救助职能部门与慈善组织之间实施困难群众急难救助事项的网上转办、急事急办,实现让"群众少跑腿,数据多跑路"。截至2020年底,"救急难"服务平台系统已覆盖市区两级社会救助职能部门170个、街道(乡镇)251个、基金会82家,共有注册用户2991人,微信移动审批活动用户1374人,统筹各方社会救助资源,实现了困难群众"一方申请,多方对接"救助资源整合,解决了困难群众"救急难"问题。

建立社会救助基金。为有效实施精准救助,进一步提升社会救助水平,妥善解决社会救助政策覆盖不到或救助后仍有困难的个案家庭等问题,2010年8月,天津市民政部门成立了社会救助基金会。2019年,在民政部门的积极推动下,16个区全部建立了社会救助基金(专项资金),资金规模达到9200万元。

2.持续提高救助水平,解决生活困难

逐年提高最低生活保障标准。1997年12月,天津市政府发布了《天津市城乡居民最低生活保障办法》,到1999年6月,全市18个区、县全面建立了最低生活保障制度,保障对象已达到29564人,城市最低生活保障标准为每人每月241元。2004—2010年,天津城市居民最低生活保障标准进行了6次调整,由2004年6月底的每人每月241元提高到2010年的每人每月450元;低保金的支出也由2004年的2.4亿元增加到2010年的7.2亿元。2011—2015年,城市最低生活保障标准由每人每月480元提升至705元,农村最低生活保障标准由每人每月280元提升至540元。2016—2020年,最低生活保障标准实现城乡统一,城乡低保分别由每人每月705元、540元提升至1010元。

2011—2020年天津城乡享受低保人数变化表(单位:万人)

年份	2011	2012	2013	2014	2015	2016	2017	2018	2019	2020
城市	16	16.64	16.04	13.58	13.07	10.8	9.8	7.3	7	6.88
农村	9	10.15	10.74	10.14	10.37	8.7	7.8	5.4	5.8	6.08

2011—2020年天津城乡低保标准十次调整提高情况表(单位:元)

调整次数	调整时间	调后标准(城市)	调后标准(农村)
1	2011年4月	480	280
2	2012年4月	520	320
3	2013年4月	600	400
4	2014年4月	640	440
5	2015年4月	705	540
6	2016年4月	780	700
7	2017年4月	860	860
8	2018年4月	920	920
9	2019年4月	980	980
10	2020年9月	1010	1010

加大低收入家庭救助力度。2000年10月,天津建立了对城镇困难居民家庭实行的"特困救助"制度,救助对象包括享受最低生活保障金后生活仍很困难的特殊对象和"低保边缘户"中特殊困难家庭,救助标准以户为单位,每户每月发放"特困救助金"50元。2005年,天津对特困救助制度进行了调整,救助对象只包括"低保边缘户"中的特殊困难

家庭,并扩大了特殊困难的范围,特殊救助仍以户为单位,凭特困救助卡享受特困救助金。2016年,为完善社会救助制度,加大对低保边缘群体中有特殊困难家庭的救助力度,市民政局、财政局联合下发了《关于调整城乡低收入家庭救助有关政策的通知》,对城乡低收入家庭救助范围和救助标准做出了明确规定。2017年4月,天津统一城乡低收入家庭范围和救助标准。截至2020年12月,城乡低收入家庭救助标准提升至每户每月303元。

稳步提高特困人员集中和分散供养标准。2016年12月,天津出台《关于完善特困人员救助供养制度的实施意见》,明确特困人员救助供养范围,以及救助供养内容。规定将对具有天津户籍的无劳动能力、无生活来源且无法定赡养、抚养、扶养义务人,或者其法定赡养、抚养、扶养义务人无赡养、抚养、扶养能力的3类人员(60周岁以上的老年人、残疾人、未满16周岁的未成年人),给予特困人员救助供养。特困人员救助供养标准由基本生活保障标准和照料护理标准两部分构成。救助供养内容主要包括保障基本生活、照料生活不能自理人员、提供疾病治疗救助资金、办理丧葬事宜、住房救助、教育救助和临时救助7个方面。截至2020年12月末,城市特困人员供养标准调整为每人每月1870元,农村特困人员供养(农村"五保"供养)的集中供养标准调整为每人每月1870元,分散供养标准调整为每人每月1530元。

2016—2020年天津城乡特困人员供养标准五次调整提高情况表(单位:元)

调整时间	调后标准 (城市)	调后标准 (农村集中供养)	调后标准 (农村分散供养)
2016年4月	1560	1400	1050
2017年4月	1720	1720	1290
2018年4月	1780	1780	1380
2019年4月	1840	1840	1470
2020年9月	1870	1870	1530

优化医疗救助制度。2004年,天津在12个涉农区县全面建立了以新型农村合作医疗为依托、以大病救助为重点的农村医疗救助制度,随后各区县先后出台《城乡医疗救助实施细则》《城乡医疗救助暂行办法》等政策文件,初步实现与城镇居民基本医疗保险、新型农村合作医疗制度的有效衔接。随着资金投入的增加,医疗救助规模逐步扩大,救助标准不断提高,城乡医疗救助标准得到统一。"十三五"期间,通过健全医疗救助制度,医疗救助管理服务水平得以不断提升。全市救助医疗机构范围持续扩大,门诊救助额度逐年提高。全额资助城乡低保对象、特困供养人员和低收入救助对象参加城镇居民基本医疗保险,并给予其医疗救助。依托医保信息系统,医疗救助对象在天津医疗救助机构就医时,其基本医疗保险、大病保险与医疗救助实行"一站式"即时结算。

(三)逐步提高社会福利,惠及更多特殊群体

社会福利与一个国家和社会的文明程度息息相关。党的十九大报告指出,完善社会救助、社会福利、慈善事业、优抚安置等制度,发展残疾人事业,加强残疾康复服务。天津高度重视社会福利事业发展,伴随着社会建设整体步伐的推进,社会福利事业取得了长足进步,切实保障了困难群众的基本生活需求,改善和提高了人民群众的物质和精神生活水平。改革开放以来,天津推进社会福利制度改革,创新社会福利供给方式,建立健全妇女儿童关爱体系,逐步完善老龄社会福利体系建设,加强残疾人福利体系建设,促进社会福利事业健康稳步发展,满足了各类群众的福利需求。

1.健全妇女儿童关爱体系,促进妇女儿童事业健康发展

促进妇女儿童权益保障机制日益完善。2016年,天津在全国率先出台了《天津市妇女权益保障条例》,切实加大妇女权益保障力度。

"十三五"期间,天津出台百余项惠及妇女儿童的政策措施,"学前教育五年发展规划""贫困妇女儿童帮扶救助"等一大批服务妇女儿童的项目纳入政府民生实事,推动妇女人均一元钱工作经费纳入财政预算。2011—2020年,全市共建立"爱心妈咪之家"1566家,覆盖育龄女职工164894人,备孕、怀孕、哺乳女职工共计41574人。2020年,执行《女职工劳动保护特别规定》的企业比重达到99.6%。2021年,修订了《天津市人口与计划生育条例》,支持幼儿园招收2至3岁的幼儿,支持用人单位单独或者联合在工作场所为职工提供福利性托育服务,明确在公共场所和女职工比较多的用人单位配置母婴设施。在儿童福利服务保障方面,十年间共建立"儿童之家"5034个,实现了城乡社区全覆盖。

天津红桥区三条石街道大胡同社区"儿童之家"
开展"感悟传统文化 传承中华美德"宣教活动

加强妇女儿童健康保障网络建设。天津不断加强妇幼保健三级预防网络建设。"十三五"期间,天津深入推进妇女儿童健康行动计划,努力提高妇幼保健机构基础设施水平,建成天津市第二儿童医院、天津中医药大学第二附属医院儿科,天津市儿童医院原址改造完成并投入使用,为妇女儿童提供更优质的公共卫生服务。构筑了孕前专项疾病筛查、产前筛查和新生儿先天性疾病筛查"三道防线",实现了低婴儿死亡率下的低出生缺陷发生率。关爱妇女健康,开展妇女乳腺癌、宫颈癌及妇科病筛查,做到早发现、早诊断、早治疗。持续加大儿童常规性疫苗接种强制力度。到2017年,孕产妇死亡率为5.95/10万,比1978年下降16.05个万分点;婴儿死亡率为3.57‰,比1978年下降9.44个千分点;5岁以下儿童死亡率为4.25‰,低于发达国家6‰的平均水平。截至2020年,全市孕产妇死亡率和婴儿死亡率已连续15年分别控制在10/10万以下和6‰以下,持续处于全国前列,达到发达国家水平。

天津市北辰区青(广)源街道总工会在街道职工服务中心设立的"爱心妈咪之家"

持续加大对特殊困境儿童保障力度。"十三五"期间,儿童福利保障制度逐步向适度普惠型转变,社会散居孤儿、艾滋病病毒感染儿童、事实无人抚养儿童基本生活费不断提高,保障标准居全国最高。完成未成年人社会保护试点工作,农村留守儿童无人监护、户口登记、失学辍学等问题得到100%解决,实现流浪未成年人救助保护工作全覆盖。2020年,社会散居孤儿基本生活费为每人每月2570元,市级儿童福利机构集中供养孤儿基本生活费为每人每月 2590 元。全市艾滋病病毒感染儿童基本生活费参照天津社会散居孤儿基本生活费标准全额执行。2011—2020 年,孤儿家庭收养人数累计达到 401 人。2010—2018 年,开展了一系列针对残疾儿童的康复救助项目,累计为脑瘫儿童 684 人次、智力残疾儿童 1793 人次、孤独症儿童 2564 人次、聋儿 1785 人次提供服务。2011—2020 年,接受康复训练和服务的残疾儿童累计达到 2.32 万人,接受残疾儿童康复救助人数累计达到 1.29 万人,开展残疾儿童康复的服务机构由 22 个增加到 73 个。在流浪儿童救助保护方面,2016 年,建立了天津未成年人心理发展与关爱中心,引入专业的心理服务专家及团队;2019 年,引入特殊教育服务,提高了流浪儿童救助保护工作专业化和社会化水平;2020 年,全市各区由区编办批复在区救助管理站等单位加挂未成年人救助保护中心标牌,挂牌率实现全覆盖。十年间,全市救助流浪儿童共计约一千人;残疾儿童接受康复训练和服务人数十年累计达 23210 人,接受康复救助人数达 12949 人,占比 55.79%。建立事实无人抚养儿童保障制度,2020 年,事实无人抚养儿童保障标准调整为每人每月 2570 元,居全国首位。

2.健全养老服务机制,扩大老龄社会福利

加强养老服务制度建设。2014 年,在全国率先出台了养老服务地方性法规《天津市养老服务促进条例》,并于 2020 年进行了修订,建立了 27 个部门为成员单位的市级养老服务联席会议制度,河东区、南开区、静海区、和平区先后纳入全国居家和社区养老服务改革试点。"十三五"时期,出台《关于加快养老服务发展的实施意见》等 49 项政策文件,形成了较完备的养老服务政策体系。居家社区机构相协调、医养康养相结合的养老服务体系正加快形成,通过增项、扩面、调标、变现、统筹等措施,对低保、低收入、失能等 7 类人群,按照料等级给予居家养老服务补贴,拓展居家养老农村试点,创新居家社区养老"4+4"服务模式,保障困难老年人居家养老基本服务。养老服务风险防范能力加强,老年人保险保障体系不断完善,推广老年人意外伤害商业险和全民意外伤害附加保险,实施养老床位综合责任保险,实现"三重保险保老年人平安"。与《国家基本公共服务标准(2021年版)》服务项目对标对表,天津增加了老年人助餐服务、困难老年人居家养老服务(护理)补贴等服务项目。全面建立以空巢、留守、失能、重残、计划生育特殊家庭老年人为主要对象的居家探访制度。完善老年人医疗资源布局,为失能老年人上门开展健康评估和健康服务。完善长期护理保险制度体系,建立并完善重度失能老年人长期护理项目和等级评定标准等相关配套制度。鼓励支持各类护理服务定点机构发展家庭养老床位,统一纳入全市综合责任险投保范围。2021年,修订了《天津市人口与计划生育条例》,规定今后60周岁以上的老年人患病住院的,其子女所在单位应当支持护理照料,给予独生子女每年累计20日、非独生子女每年累计10日的护理假等。

加快养老服务设施建设。养老服务设施是满足老年人养老服务需求的重要基础,是养老服务业发展的重要载体。党的十八大以来,天津积极引导社会力量参与机构养老,公办和社会养老机构优势互补、有序发展的格局基本形成,养老机构、老年日间照料中心数量呈快速增长趋势。2012年,全市各类养老机构拥有床位3.85万张,至2020年末,全市有养老机构387家,各类养老床位已增加到7.6万张;全市有照料中心(站)1257个,社会建养老机构占全市养老机构总数比重达到85%,全市老人家食堂达到1696个,老年日间照料服务中心1157个,床位一万余张。2013年老年日间照料中心数量为498个,到2021年时数量已达1357个,增加了859个。

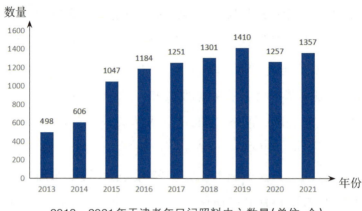

2013—2021年天津老年日间照料中心数量(单位:个)

推进老年友好社会建设。天津不断推出并丰富各种惠老补贴项目,包括老年人凭敬老卡免费乘公交车、实施老年人生活补助、居家养老补贴、建设老人家食堂,以及积极建设"老年友好型社区"等。从2010年4月1日起,有天津常住户口且年满65周岁及以上的老年人,均可凭《天津市老年人优待证》,免费乘坐全程票价在2元及2元以下的各线路公交车,到当年7月1日,改为凭敬老卡免费乘车。持续实施老年人生活补助和居家养老补贴政策且不断提高标准,2021年,60—69岁的老年人,每人每月的补助为125元;70—79岁的老年人,每人每月补助135元;80岁以上的老年人,每人每月补助145元。对于享受城市低保、特困救助等对象中60岁以上、需要生活照料的老年人,以及80岁以上独生子女父母、失能老人和空巢老人,且人均收入低于天津最低工资标准的老人,根据照料程度,划分为轻、中、重三个等级,给予居家养老补贴。2021年,补贴的标准分别提高到每人每月200元、400元和600元。2019年,把推进老年人助餐服务工作纳入当年的20项民心工程,以解决高龄和失能等老年人"吃饭难"问题为重点,兼顾其他老年人助餐需求,开设老人家食堂,并在房租、水电等方面给予优惠政策。截至2021年末,全市开设老人家食堂1701家,超过190万人(次)的老年人享受到安全、便利的助餐服务,累计补贴资金超300万元。天津不断改善老年人居住生活环境,提高为老综合服务水平,积极推进老年友好型社会建设。2021年,天津滨海新区生态城季景社区、滨海新区古林街道福汇园社区、和平区劝业场街道兆丰路社区等25个社区成为"全国示范性老年友好型社区"。

天津泰达街道老人在老人家食堂就餐

3.完善残疾人社会福利体系,提高残疾人发展能力

不断强化残疾人保障。2012年,《天津市残疾人保障条例》正式施行,残疾人权益得到全面保障,覆盖全市城乡残疾人的社会保障和公共服务体系基本建立。当年,3.02万名残疾职工参加了社会保险,11.96万名残疾人参加城乡居民基本医疗保险,2.53万名残疾人参加城乡居民基本养老保险。2014年,城乡61643名残疾人被纳入最低生活保障范围,其中城镇35913人,农村25730人。此外,城镇集中供养和其他救助救济12359人,农村"五保"供养和其他救助救济12682人,实现了应保尽保。同年,城镇残疾职工参加养老保险和医疗保险人数均为42558人,残疾居民参加城乡社会养老保险人数为58461人。"十三五"

期间,全面落实残疾人医疗参保、医疗救助、大病救助政策,积极推进残疾人纳入全民参保计划,提高残疾人参加城乡居民基本养老保险参保率,实际参保残疾居民数量逐年增加。2016年,全市实际参保的残疾居民为72974人,其中领取保障待遇的有47563人。到2020年,全市实际参保的残疾居民为78728人,较2016年增加了4754人,其中领取保障待遇的有51636人,较2016年增加了4073人。60岁以下参保重度残疾人中,99.9%享受了参保个人缴费资助政策。

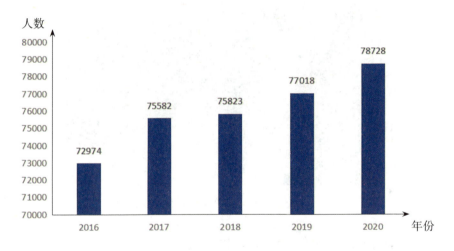

2016—2020年天津实际参保的残疾居民数量

加快发展残疾人托养和照护服务。天津不断完善残疾人寄宿托养、日间照料、居家服务、社区照护服务政策和服务体系,落实托养服务机构服务补贴政策,吸引更多其他类型服务机构开展残疾人托养服务。对有需求且符合条件的托养服务对象基本实现了全覆盖,享受机构托养服务和居家托养服务的残疾居民数量逐年递增。截至2014年末,全市有符合标准并正常运行的托养服务机构88个,比上年增加4个;托养残疾人总数25329人,比上年增加8977人。其中寄宿制托养服务机构17个,托养残疾人348人;日间照料托养服务机构68个,托养残疾人1032人;综合托养服务机构3个,托养残疾人58人;享受居家托养服务残疾人23891人。到2020年末,残疾人托养服务机构达到67个,其中寄宿制托养服务机构12个,日间照料机构55个。托养残疾人总数已达59011人,其中享受居家托养服务残疾人58724人,较2014年增加了34833人。

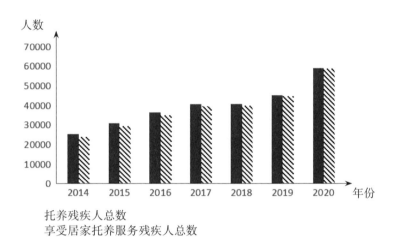

托养残疾人总数
享受居家托养服务残疾人总数

2014—2020年天津享受托养服务残疾人总数

持续扩大各类惠残补贴范围。天津持续完善残疾人民生保障体系,强化惠残政策落地见效。其中包括完善低保、重度残疾人参加城乡居民基本养老保险补贴政策、重度残疾人医疗救助政策;落实残疾人救助补贴政策,优化困难残疾人冬季取暖补贴、水电燃气补贴和三类残疾人通信消费补贴发放流程;落实托养服务补贴政策,鼓励社会组织参与残疾人托养服务;为符合条件的残疾人按规定给予城乡居民基本养老保险和基本医疗保险缴费补贴;协调推动有关部门扩大数据共享范围,精准发放残疾人各项救助补贴。2010年,实施了《关于进一步加快天津市特殊教育事业发展的意见》,全面提高残疾学生和享受最低生活保障、特困救助家庭残疾人中在校健全子女的教育助学金补贴。2012

年,5.7万名城乡困难残疾人享受低保金、特困救助金和生活救助金补贴。2018年,为1432人发放大病救助1896万元,为6.2万名符合条件的残疾人发放了水、电、燃气补贴。从2007年开始,天津陆续出台了困难残疾人生活救助金、重度残疾人护理补贴等一系列政策。2016年,扩大享受补贴人群范围,取消低保、特困和年龄等条件限制,实现了重度残疾人护理补贴全覆盖。2018年,重度困难残疾人生活补贴标准由每人每月255元统一提高至每人每月300元;非重度困难残疾人生活补贴标准由每人每月130元统一提高至每人每月160元。重度残疾人护理补贴标准由每人每月100元统一提高至每人每月200元,为12万名重度残疾人发放护理补贴2.88亿元。"十三五"时期,困难残疾人生活补贴标准实现城乡一体化,困难残疾人生活补贴和重度残疾人护理补贴标准逐步提升,累计发放补贴资金18.8亿元,18万残疾人享受到两项补贴政策。

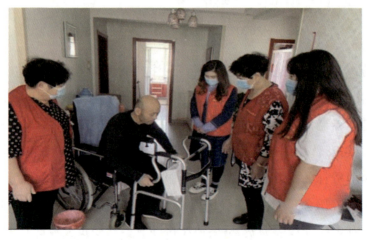

天津东丽区军粮城街道和顺西园社区为残疾老人送去助行器

社会保障是保障和改善民生、增进人民福祉的重要制度安排。党的十八大以来,中国特色社会主义进入新时代,我国社会保障体系建设进入了快车道,社会保障事业改革发展取得了举世瞩目的成就。天津坚持以习近平新时代中国特色社会主义思想为指导,积极践行以人民为中心的发展思想,构建起覆盖广泛、统筹城乡、公平统一的多层次的社会保障体系,彰显了新时代社会保障事业的"天津温度"。在我国开启全面建设社会主义现代化国家新征程的发展阶段,顺应人民对高品质生活的期待,促进社会保障事业高质量、可持续发展显得尤为迫切和重要。面对新形势、新情况、新发展,天津聚焦人民期待、聚焦高质量、聚焦可持续,进一步织密社会保障安全网,不断在发展中推进社会保障事业现代化。坚持以人民为中心的发展思想,坚持为人民谋幸福,坚持实事求是,着力提高思想认识、把握发展规律,加快推进社会保障领域体制机制改革,推动社会保障精准化、精细化,不断完善覆盖全民的社会保障体系,努力在提升社会保障效能上下功夫、见成效。

社会治安篇

社会治安同人民群众的切身利益息息相关,加强社会治安工作是增强人民群众获得感、幸福感、安全感的重要途径。党的十九大报告指出,"加快社会治安防控体系建设,依法打击和惩治黄赌毒黑拐骗等违法犯罪活动,保护人民人身权、财产权、人格权"。天津认真贯彻党中央关于推动社会治安工作的决策部署,不断增强政治意识、大局意识和责任意识,把维护国家安全和社会政治稳定放在首位,始终坚持以人民为中心的发展思想,不断创新社会治安理念思路、体制机制、方法手段,创新立体化社会治安防控体系,提高动态化、信息化条件下驾驭社会治安局势的能力,有效提升人民群众的获得感、幸福感、安全感,开创了社会治安工作新局面,形成了"天津经验",贡献了"天津智慧"。

一、幸福图景:社会治安带给群众看得见的安全感

(一)智慧赋能让安全感越来越高

小区里若是出现了犯罪分子怎么办?家里老人不小心走丢了该怎样找回?这些津城百姓关心的安全话题,同样也是天津市公安机关心心念念寻求突破的课题,践行平安使命,他们探索、奋斗、创新的脚步从未停止。

要把社区人口做到"底数清、情况明",除了靠人力挨家挨户逐一排查,天津智慧平安社区建设发挥了大作用。以河东区二号桥街道映日嘉园小区为例,这里有六百多户居民,租房户较多,要想把每家每户人员情况摸排上来难度较大。"在掌握常住人口的基础上,安装在小区唯一出入口的四组智能摄像头,可以自动感知人员、车辆进出情况,一旦出现了小区以外人员,我们会收到公安机关的精准推送,映日嘉园小区

每天进出人员的情况全在掌握之中。"河东区二号桥街道地毯路社区党群服务中心工作人员说。智慧平安社区建设也让小区的盗窃案件发生率下降,居民们的安全感越来越高。

智慧平安社区平台

其实智慧平安社区并非新生事物,从2018年至2022年,翻看天津市20项民心工程,推进智慧平安社区建设是坚持不变的一个项目。"2022年我们的目标是努力实现城镇居民小区智慧平安建设全覆盖。"天津市公安局人口管理总队工作人员介绍道,目前已建成的覆盖全市64%居民小区的智慧平安社区,成为全市的平安高地,"根据我们的统计,2021年新建成的智慧平安社区投入使用后,仅半个月时间,案件发生率同比下降53.72%"。

社区装上"智慧大脑",为社区带来的变化主要体现在安全、便民、服务三个方面。通过在居民社区安装视频监控、人脸识别、车辆识别、楼宇门禁、车辆道闸等设备,直接提升社区安全防范等级。居民通过各类感知设备出入小区,有效防止可疑人员混入。社区智能设备与天津市公安局相关部门对接,有效提升了智能化管理水平,特别是对独居老人、少年儿童等群体,如家属有需要,在老人或孩子单独出入小区时可即时向家属手机发送提示。

（二）社区事务与社区警务双促双赢

一个社区"两委"班子，走出两个"全国先进"，这并不多见。但在河东区二号桥街道陶然庭苑社区，2021年6月，就迎来了"双喜临门"：一个是张丽，社区党委书记、居委会主任，荣获全国优秀党务工作者；一个是殷刚，兼任社区党委副书记、天津市公安局河东分局二号桥派出所社区民警，被授予全国公安系统二级英雄模范。"金花"遇上"警星"，联手治理社区。如今，陶然庭苑社区已从大杂院变身小花园。

1.党建引领：一颗"丹心"破解治理难题

"瓜菜遍地长，鸡鸭满地跑"，想起当初的陶然庭苑社区，张丽和殷刚不约而同地说出一个字——乱。环境脏乱差，违建比着盖，物业不作为，居民意见大。

解决社区治理问题，建强基层党组织是关键。为了筑牢社区党组织轴心作用，河东区着力构建区域党建共同体，选优配强社区党组织带头人。2017年11月，工作能力突出的张丽被选派担任这里的新"当家人"。

在张丽的带领下，社区每月的主题党日活动，党员参与的积极性高了，就如何治理小区之乱争相说出心里话。随着社区党组织在居民心中威信的提升，大家参与治理社区的热情也越来越高。党支部建在网格上，党小组走进楼门里，选出"红色业委会"，引进"红色物业"公司，成立以退休党员为主的社区党员志愿服务队……党委推动、党员行动、居民互动，陶然庭苑社区共建共治之花越开越艳。2021年，社区党委荣获天津市先进基层党组织。

2.用心用情：一个"真"字啃下最硬骨头

在张丽和殷刚的心中，最难啃的硬骨头就是社区拆违。一楼依附搭建199间、房上房23处，近万平方米的违建，是陶然庭苑社区乱中之最，影响小区环境、公共安全。

"不愿意拆除，业主肯定有自己的诉求。"殷刚和社区工作人员一起，每天爬上爬下，挨家挨户做工作。"把想法说出来，我们各自领任务，不能单独解决的，大伙儿就一块集思广益，肯定能找出办法。"居民看到穿着警服的殷刚，听着一句句发自肺腑的话语，渐渐地产生了信任。

"本来都好好的，你来了，就得拆！"对张丽来说，这是听到居民说得最多的一句话。"首先中央有文件，其次百姓有呼声，不是我来了就得拆，我是代表咱社区居民的，你们有诉求，就跟我说。"张丽不厌其烦地一次次解释。

下足"绣花功"，方能"见彩虹"。2018年3月10日，陶然庭苑社区成功拆除了第一家违章建筑。到当年的5月，仅仅2个月时间，所有的违章建筑全部拆除。

3. 社区警务：一张"网格"融合基层治理

"小殷，咱去小区外转转……"一听到巡逻队队员提出这样的建议，殷刚就知道，准有问题等着他去解决。

在陶然庭苑社区，一支戴着红袖标的义务巡逻队被大家所熟知。这支由热心公益事业、退了休的大爷大娘组成的队伍，只要出现在社区，总能让居民有一种安全感。

社区民警与义务巡逻队成员一起巡逻社区

"成立了义务巡逻队,仅仅是我们探索创建的'六融八合'社区警务工作法其中之一,就是发动社区各方面力量,通过警民共建、共治、共享,合力发现、调处矛盾纠纷,维护辖区平安。"殷刚自豪地介绍,2020年以来,社区刑事警情同比下降70%,治安警情同比下降80%。

社区民警与义务巡逻队成员查看社区视频监控

为了更方便快捷地服务居民,陶然庭苑社区成立了18个网格群,把业主全部纳入群里,"微信群绝不是简单的形式,只要建立起来,就意味着你要24小时在线,不能关机,随叫随到,否则大家就不会信你了"。殷刚和张丽的想法一致,建群只需指尖一点,守群更需责任在肩。

现在,微信群已经成为社区化解矛盾的前沿阵地、便民利民的网上窗口,"网格+警格"的联动联治机制,将矛盾纠纷吸附在社区、解决在社区。

如今,津城每个社区民警多配备了一名辅警,增加警力。全市2021个社区警务室与社区党群服务中心合署办公,社区民警100%在社区"两委"班子任职。

(三)唱响为民服务最强音

对公安民警而言,他们的职责不只是侦破案件、抓捕罪犯,也不只是巡逻值守、指挥交通,更多的时候,他们面对的是群众各种各样的求助,邻里纠纷、孩子落户、老人补办身份证……拨动心弦的点滴小事,映衬初心、温暖人心。

"孩子终于可以上学了!"这个好消息让库尔班·艾散真切体会到身处异乡并非孤立无援,难事有人帮,内心也有了依靠。

在河北区经营烧烤生意的库尔班,本应该在2020年给女儿报名上小学,却因为自己语言交流有困难,不了解招生政策,导致女儿错过了如期上学的机会。

眼看着2021年小学招生工作即将开始,库尔班急在心里,却不知如何破解眼前的难题。正在库尔班发愁的时候,遇到了下沉社区的天津市公安局河北分局民警,抱着试试看的想法,他把自己的困难情况讲给了民警。

"虽然我们之间在语言交流上有点儿困难,但从他说话的神情可以看出,为了孩子上学的事,他非常着急。"得知了库尔班的烦心事、揪心事,民警一刻没有耽误,主动帮着跑手续、到相关部门开具证明。

通往校园大门的路从遥不可及到近在咫尺,库尔班看在眼里、记在心上。当女儿上学的事有了着落、当民警又帮着把大儿子从新疆转学到天津,接连等来的好消息,让库尔班感激不尽,一颗悬着的心终于落地了,这也更加坚定了库尔班扎根天津的决心,"我要教育孩子们,让他们知道天津人的热心,让他们把天津当成自己的第二故乡"。

金杯银杯不如老百姓的口碑,千好万好不如群众的叫好。作为人民公仆,只有想群众之所想、急群众之所急、办群众之所需,才能为"人民满意"这份崇高而神圣的荣誉增添光彩。

如何更好为民服务,提升群众满意度?这是天津市公安机关孜孜不倦的追求。2019年,一场"万兴三问""从警三问"大讨论活动,激发了全体民警为民情怀。"群众遇事会不会主动找民警?群众反映问题时我们是敷衍搪塞,还是竭尽全力去办?怎样通过实际行动做到守初心、担使命?""公安机关的职责使命是什么? 从警是为了什么? 我为公安工作做了什么?"这些初心之问、担当之问、职责之问,有力推动了全市公安民警为民意识、服务理念和工作作风的深入转变。

2021年2月,全国政法队伍教育整顿动员部署会议召开,拉开了政法队伍教育整顿的大幕。把人民满意作为教育整顿的出发点和落脚点,天津各级公安机关朝着目标,笃定前行。在思想上,深入开展党史学习教育,进一步深化"万兴三问""从警三问"大讨论活动。在行动上,建立零距离服务机制,领导干部深入基层,访民情、听民声、察民意、解民忧。派出所民警走进群众,用心、用情、用力解决好人民群众最关心、最直接、最现实的"急难愁盼"问题。拧成一股绳,心往一处想,劲往一处使,"我为群众办实事"蔚然成风。

天津市公安局南开分局在14个派出所统一悬挂"绿色通道"公示板,将所长、政工领导、纪检专员、值班领导和矛盾调处专职民警的姓名、职务、电话、照片、接待时间,以及职责、受理范围等信息进行公示,让广大人民群众遇到问题时有地可去、有人可找,反映诉求时有人接、有人问、有人管。

唯品会(天津)电子商务有限公司在发现退回的商品被人调包后,向公安机关报警。雷霆出击,与时间赛跑,公安局武清分局打击犯罪侦查支队会同崔黄口派出所协同作战,从海量数据中抽丝剥茧,锲而不舍,将以假换真恶意退货的买家揪了出来,为企业挽回经济损失一百九十余万元。

坐落在河北区进步道意式风情区中央商务区的快客利餐饮公司,因合同纠纷与合作商户发生了矛盾,协商未果,最终,矛盾升级为激烈的冲突。商户报警,民警出警制止过激行为。虽然已完成了分内事,但公安局河北分局光复道派出所的民警们一直为化解双方矛盾在努力。

反复做工作、宣讲法律政策，冰冷的心被炽热的心焐热，面对民警拿出的令人信服的解决方案，双方握手言和。

人民公安为人民，从穿上警服那一刻起，他们就注定要为人民奉献一生。为群众办实事没有休止符，唱响为民服务最强音永远在路上。天津公安将不忘初心、牢记使命，不断满足人民对美好生活的向往，为群众消除痛点、解决难点，以实绩实效解民忧、纾民怨、暖民心，书写好"江山就是人民，人民就是江山"的新时代答卷。

二、成就见证：平安建设提升社会治理效能

（一）推进"一号改革创新工程"，谱写"天津之治"新篇章

近年来，天津坚持以党建为引领，以市域社会治理现代化试点全域创建为契机，积极推进基层治理体制机制创新，把党的政治优势、组织优势、群众工作优势转化为基层治理优势，为创新社会治理谱写了"天津之治"新篇章。

2019年初，天津正式将"战区制、主官上、权下放"列为"一号改革创新工程"，建立健全矛盾问题排查化解、基层治理应急处置、综合执法联合查处、服务群众快速响应、重点工作"最后一公里"落实机制，将全市视作一个"战区"，区、街镇、社区（村）层层划分为"分战区"，赋予街道对区职能部门"吹哨"调度权、考核评价权、人事建议权，各战区党委书记是该区域社会治理第一责任人，夯实街道战区地位，确保党的领导"一根钢钎插到底"。

1.体制机制发力，助推基层治理

提升基层治理水平，首先要在推进体制机制创新上下功夫，建立健

全完备的制度体系。一是坚持党的领导,推进基层治理"战区制"。全市作为国家治理的一个"战区",把16个区、252个街乡镇、5395个社区(村)划分为"分战区",按照条块结合、由块来统,推动党委主导、战区主管、部门主责、基层主抓,共商、共建、共管、共治。二是统筹区街联动,建强基层一线"指挥部"。突出区、街道(乡镇)社区(村)在市域社会治理中的基础作用,建立起三级贯通的网格管理指挥体系,整合区域内党建、民政、城市管理、环保、食品安全、禁毒、消防等各类资源,打造"全科网格",为基层治理充分赋能。三是强化源头治理,织密社会风险"防控网"。2020年5月20日,市、区、街乡镇三级社会矛盾纠纷调处化解中心同时挂牌。按照市委主管、市委政法委主抓、信访司法部门主责的工作模式,市区两级依托信访办、街乡镇依托综合治理中心,在不增加编制、机构、人员的前提下,运用平安建设机制、信访联席会议机制、大调解工作机制,实现全科受理、集成联办、一站化解。四是加快科技应用,升级智能治理大平台。2019年,全市一体化社会治理信息化平台"津治通"建成,通过市、区、街道(乡镇)、社区(村)四级联动体系,全面整合党建、综治、数字城管等信息资源,打造社会治理一张图。五是深化共治共建,拧紧齐抓共管责任链。建立界定政府部门该做什么的责任清单、界定企业、社会组织、公众不该做什么的负面清单、界定政府、市场、社会行为边界的规则清单,强化市域内各层级、各领域治什么、怎么治的意识,把工作任务、标准、责任横向压实到边,纵向推进到底。

2.线上一"吹哨"线下就报到

为了更加方便街道、社区甚至群众直接与相关部门联系,解决身边的问题,天津推出"津治通"全市一体化社会治理信息化平台,便捷高效。

家住河西区育文里小区的孙女士说,"最初,大家发现垃圾堆物、安全隐患等问题就反映给我们的楼门长,我们再去找居委会反映,需要一趟趟来回跑。后来,有了'津治通'平台,我们把居民反映的问题汇总后报给网格员,网格员通过平台很快就能帮居民解决问题。现在,'津心办''津治通'两津联动全场景应用再上新,有了'随手拍'功能,大家伙自己就能'吹哨'了,遇到什么问题,直接拍照上传,等待相关部门解决,越来越方便!"

作为天津党建引领基层治理体制机制创新和市域社会治理现代化试点全域创建工作的重要载体,"津治通"平台搭建了全市一体化协同处置系统,依托网格化机制和信息化手段,通过9大类、38小类、238三级分类事项清单进行快速任务分发、流转处置,为"津治通"市民"随手拍"模块的高效率发挥作用提供充足保障。

3.一面"主官上",一面"权下放"

为更好服务为民,天津在实行"战区制、主官上"的同时,也努力推进"权下放"。以滨海新区为例,为进一步激发滨海新区发展活力,助力其开发开放,天津市政府向滨海新区下放市级权力事项达到625项,涵盖提高发展质量效益、加快开发开放、完善社会治理、保障改善民生等各方面需求,从制度上充分放权赋能。

天津市人社局则聚焦企业群众办事频密、往返次数较多的服务事项,进一步优化办事流程,将原下乡知青乡龄审定、国有困难企业军转干部提前退休确认、专业技术职务任职资格证书和企业年金方案备案事项下放到全市各区,将职业培训补贴事项下放到滨海新区,并积极采取措施确保下放事项各区接得住、管得好,有效满足企业群众对优质人社服务的需求。

(二)推动三级矛盾调解中心全覆盖,切实把矛盾化解在基层

建立市、区、街乡镇三级社会矛盾纠纷调处化解中心,是天津学习

借鉴浙江安吉经验、推进市域社会治理现代化机制创新、切实解决社会矛盾纠纷的重要举措。天津市站在推进治理体系和治理能力现代化的高度,巩固拓展"不忘初心、牢记使命"主题教育成果,加大三级中心建设力度,推动社会矛盾纠纷调处化解综合机制规范有序运行,以解决问题的实效增强群众获得感、幸福感、安全感。一是强化工作机制。切实加强对市级中心的工作领导和统筹协调,加强对区、街乡镇中心的建设、检查、指导。根据相关部门职责范围,对市级中心受理的信访问题直接派单直办,及时跟踪问效。二是健全完善指挥组织体系。深入落实"战区制、主官上"工作机制,以雷厉风行的工作力度,督促各区、各部门信访工作责任落实,压实党政主要负责同志第一责任人责任,强化源头治理,坚持标本兼治。三是加强督办落实。市级中心密切关注涉及多个部门和地区、长期未得到解决的重大问题和疑难事项,加强会商联动,明确提出拟办意见,并压实属地属事部门"一把手"责任,确保信访问题及时反馈、高效解决。坚持工作向下、向基层,加强跟进督办,深入分析总结办结案例,形成可推广的制度机制和经验做法。四是加快信息化建设。完善现有信息化资源平台功能,加快推进市、区、街(乡镇)三级中心联通贯通,耐心细致做好网络信访工作。

天津市公安局多次召开会议部署社会矛盾纠纷调处化解工作,要求全市各级公安机关认真落实市委关于加快推进天津市三级社会矛盾纠纷调处化解中心建设的部署要求,将做好社会矛盾纠纷调处化解工作作为当前头等大事,通过在全市公安机关建立三级矛盾纠纷调处化解新机制,进一步树牢以人民为中心的发展思想,不断完善矛盾纠纷的人民调解、行政调解、司法调解联动工作体系,畅通和规范群众诉求表达、利益协调、权益保障通道,打造矛盾纠纷一站式接收、一揽子调处、全链条解决新模式,切实做到对人民负责、让人民满意、为人民服务。发挥各警种、各部门合力,统筹谋划推进,扎实做好社会矛盾纠纷调处化解工作,紧密结合"枫桥式公安派出所"创建、公安改革、规范执法、队伍建设,完善市局调处中心、分局调处中心和派出所三级社会矛盾纠纷调处化解责任体系,坚决守住派出所矛盾纠纷调处化解的源头防线,坚决压实各层级矛盾纠纷调处化解责任,推动民警执法能力水平提升,树立公安机关良好形象。狠抓责任落实,千方百计为群众排忧解难,努力推动公安机关社会矛盾纠纷调处化解工作取得实绩实效,为维护天津大局持续稳定作出积极贡献。

目前,市、区、街(乡镇)三级社会矛盾纠纷调处化解中心已覆盖城乡。群众进入一扇门,不论反映的问题涉及多少个部门,都能一站式接待、一揽子调处、一条龙服务。

公安民警调解社区居民矛盾纠纷

(三)纵横联动强力推进,打赢"飞地"治理攻坚战

"早先儿子、儿媳过来,车停路口,人不下车,脚不沾地。问题出在门口垃圾堆,家里没厕所,人们弄个兜,拎个桶,啥都往那儿倒。"这天是2021年2月4日,小年,片区内的河东区上杭路街道芳水河畔社区党群服务中心暖意融融,笑声朗朗,居民裴大妈正与大伙儿拉家常,"前几天一家子再过来,嚯,一人一双小白鞋,在这儿逛上了"。

垃圾堆早已"让位"健身广场。站在地处河东区与东丽区交界的刘台入口,朝里望,倍儿豁亮,青砖地、白浆墙、健身器材排排站,一株株绿植伸展向阳……

刘台的变化是全市"飞地"治理的一个缩影。"飞地"是指市域内行政区划与管辖权不统一地带,也是城市化进程中形成的痼疾顽症。由于职责交叉等原因,"飞地"属地往往与服务管理对象脱节,环境差、隐患多、年头长,治理时常面临"一山放过一山拦"的境况。没有"不破楼兰终不还"的魄力和担当,拿不下这难中之难、坚中之坚。

天津市委、市政府坚持以人民为中心,下定决心让"飞地"彻底"落地",深入调研后开出属地化管理方子。行政区划所在区担起本地区治理、服务、管理担子,应管尽管。历史遗留问题由原区原单位解决。

2020年4月,"飞地"基层社会治理属地化战役打响。"责任田"里挑担子,天津市委、市政府负首责、总责,区委、区政府负主体责任。全市上下齐耕种,各方力量同冲锋。不到一年,全市"飞地""交作业",全部完成压实属地责任、排除安全隐患、兜底民生保障要求。

67岁的裴大妈四十多年前嫁到刘台,"我爸看见这地儿,婚事他做的主,他觉着没事,那意思总归会好的。结婚那天我妈过来,看见这地儿特别脏,回家哭了一宿"。

在社区党群服务中心,听裴大妈聊过去,65岁的老邻居刘大妈搭言,"当时出门恨不得把脚扛着,可脚能扛着吗?"

环境差,管也管不好,邻里纠纷多,小偷小摸也不少,"门口放个垃圾桶都丢"。违建越来越多,你伸块板,我搭个棚,挤得路上过三轮车都费劲。即便行人,都得低头探路走"之"字。芳水河畔社区工作人员回忆第一次入片区摸排,"进去了差点儿出不来。像迷宫,路七弯八拐"。

"刘台片区是典型的'城中村',占地面积约十四万平方米,住家二百多户,但大部分群众集中居住在三万多平方米地面上。"河东区"飞地"治理工作人员介绍,刘台地处河东区,但土地性质多涉及东丽增兴窑、南大桥集体土地。片区内除了居民,还有小商户、企业等,土地性质错综复杂,房屋权属模糊不清,历史遗留问题较多。

"飞地"基层社会治理属地化工作启动以来,河东区坚持治理为民、治理惠民,以走心工作方法开路,以群众评价倒逼服务升级,不断闯关。数字背后透出了属地敢拼敢闯的精气神:拆除违建5734平方米,修建公厕5座,修路铺砖一万余平方米,清运堆物堆料垃圾两千多车……

改变并非悄然,变化引发轰动。"变了,变了。"人们口耳相传,消息传到搬出去住的居民耳中,有些人搬了回来,有些人打算往回搬。

变化背后是看不见的风景:居民卫生意识增强了、共建家园的心气提高了、党群干群鱼水关系更密切了……

刘台的改变成为"飞地"治理以来党员干部攻坚克难、服务群众的生动写照。攻坚战里没有"旁观者",都是"战斗员"。在市级层面,天津市委组织部、市委宣传部、市委政法委、市公安局、市民政局、市规划和自然资源局、市住房和城乡建设委、市城市管理委、市农业农村委等多个部门协同作战,在天津市委、市政府领导下,写好"联"字文,谱好"统"字曲,群策群力。在区级层面,看着一张"作战图",相关部门"齐擂鼓",同时运用"吹哨报到"机制集结力量,破除单一资源不足的梗阻。"1+1>2"从口号变为现实。

三、时代答卷:社会治安综合治理现代化,打造平安城市

新中国成立后,天津市公安干警披荆斩棘、乘风破浪,经历着成长的艰辛,也收获着耕耘的喜悦。在天津跨越式发展的征程中,总能觅到

人民公安队伍保驾护航的身影，他们怀着对党、对党的事业的无限忠诚，凝聚起强大、英勇的力量，护卫着天津经济社会发展迈过一道道坎、战胜一个个难关。

（一）坚持根本宗旨，倾心为民筑平安

新中国成立以来，天津市公安机关在开展社会治安综合治理过程中，忠诚践行"全心全意为人民服务"这一根本宗旨，肩负平安天津建设的历史重任，承载人民安居乐业的厚重期望。

新中国成立初期，针对旧社会警察的盛气凌人、刁难群众、耍威风、摆架子等不良习气，天津市公安机关着重改善警民关系，许多基层派出所门前都贴有"一切为了群众""爱民像骨肉、亲如一家人"等标语，积极主动为群众办实事、办好事，赢得了广大群众的信任，展现了新社会人民警察的良好风貌。

1958年，公安部召开第九次全国公安工作会议，会上正式通过了《公安人员八大纪律十项注意》，这也成为新人民警察道德规范形成的标志。为了更好地贯彻人民警察为人民服务的宗旨，会议同时提出，要求全国各地公安机关在每年最后一个月或元旦、春节期间，组织开展爱民月活动。天津市公安局按照公安部要求，于每年的元旦、春节期间，组织开展为期1个月的爱民月活动，要求各级公安机关尤其是基层单位，在爱民月活动中积极向群众报告工作，发动群众提意见、提建议，帮助公安人员克服缺点，改进作风。在1959年和1960年的2次爱民月活动中，天津市公安机关共征求意见、建议12617条，收到表扬信、感谢信55979件，形成了警爱民、民帮警的新局面。

到了20世纪80年代，天津市公安局在开展爱民月活动的基础上，广泛组织开展多种多样的爱民、助民活动。如1982年，以发扬"五讲四美"和治理脏乱差为重点，部署开展了"文明礼貌月"活动，重点抓好治

安管理、交通管理、服务管理、服务态度、环境卫生5个方面工作。在"文明礼貌月"期间,天津市公安局相继组织开展了"卫生突击日""义务植树日"和为群众办好事、送温暖"春风日"等系列活动。全市民警上街整顿秩序、打扫卫生,共为群众办好事16800件,清理卫生死角468处,清理垃圾17000吨,植树八万两千余棵。

20世纪90年代初期,天津市公安局将爱民月和学雷锋办好事活动相结合,持续深入开展爱民实践。1993年,在爱民月期间,全市公安机关组织了772个学雷锋小分队,开展爱民助民劳动27831人次,登门办理证照11793件,为社会各界群众办好事三万八千余件。1996年,天津市公安局开展以"为人民服务,树公安新风"和学习爱民模范邱娥国为主题的爱民月活动。活动期间,全市民警共走访"六必访"对象31790户,当场解决问题3091件。从1999年开始,天津市公安局结合"争做人民满意公安民警(集体)"活动,组织广大民警深入工厂企业、田间地头、千家万户,积极提供便民服务,帮助群众解决困难。

2000年以来,天津市公安机关爱民助民活动已经常态化,"为人民群众做好事、办实事""万名民警进社区评公安""春风进万家""健康成长,法律护航""小手拉大手"等影响广泛的活动贯穿于日常工作中,涌现出一大批爱民、助民先进典型,有力推进了和谐警民关系建设。

党的十八大以来,天津市公安机关在推进社会治安综合治理过程中,坚持以人民为中心的发展思想,积极顺应人民群众对美好生活的向往,全力实现好、维护好、发展好最广大人民根本利益,真正做到发展为了人民、发展依靠人民、发展成果由人民共享。全面深化公安改革,不断创新社会治理,努力推进平安建设,不断提高人民群众的获得感、幸福感、安全感,谱写出一曲以民为本的和谐乐章。

1.深入推进简政放权

天津市公安机关认真贯彻《公安派出所出具证明"五个一律"工作

规定》精神,结合实际情况多措并举,推出多项服务便民举措,确保各项工作落实落地。

首先,完善工作机制,解决往返跑路问题。以往群众办理出具证明的过程中,最让群众感到困扰的就是社区民警"出警去了""下片去了""开会去了",很多出具证明的工作在实践中并不能一次办结。为解决这一问题,天津市公安局要求全市各公安派出所在接待群众来访工作中要严格执行首接责任制和"365天无假日办公制度"。对于前来办理证明的群众要热情服务、认真接待,能当场出具证明的尽量一次性办结,不让群众跑第二趟。对于需要进一步核实不能当场出具的,积极做好沟通解释工作,在力所能及的范围内尽量为群众提供方便。

其次,应用电子信息,解决"我就是我"问题。群众日常到各政府部门办理业务时,使用最多的材料就是身份证、户口簿复印件。为解决群众集中反映的这一突出问题,天津市公安局与蚂蚁金服集团合作,在支付宝"城市服务"模块推出天津市电子证件信息服务。目前,群众在公安机关办事期间,可凭支付宝"城市服务"模块中的此项服务作为身份核验信息。

最后,出具不受理告知,向"奇葩证明"说不。为解决当前基层派出所出具证明类型过多过滥问题,天津市公安局下发《公安派出所出具证明操作规范(试行)》,并制定了全市统一的《出具证明申请不受理告知书式样》,对群众到公安派出所申请出具的证明,凡无法律法规依据、属于要求出具证明的单位自行设定的,派出所一律出具书面告知书并说明不予开具的理由,同时公安机关会将相关情况向该单位的主管部门反馈,彻底瓦解"奇葩证明"生存的土壤。与此同时,历史遗留的无户口人员落户问题基本解决、驾照考试网上约考成为现实、电子出入境证件签发全面落地……户籍、驾考、出入境等与群众息息相关的改革全面推开,一系列改革成果让老百姓有了切切实实的获得感。

2.延伸服务让百姓便利

天津市公安机关按照"简政放权、放管结合、优化服务、转变职能"原则,建立了市区两级出入境管理体制,在滨海新区公安局、各分局建立了出入境管理支队,设立出入境接待大厅,下放部分出入境管理服务职能至属地分局及派出所,群众办事不用再扎堆一处。办理涉及车辆的相关手续是百姓生活中绕不开的内容。天津市公安交通管理局车辆管理所将中心城区的"车驾管"服务半径缩小至3千米,实现78%的"车驾管"业务就近办理。同时按照"服务跟着需求走"的总思路,派出"流动车管所"服务车主动送服务上门,主动推行补换领牌证等交管业务"网上办、延期办、容缺办"。深入落实公安交管"放管服"改革,全面推行交管业务"一次办",最大限度减少市民往返次数、缩短等候时长、减轻市民负担,率先在全市各业务窗口及社会服务站点实现39类业务申请材料"四个减免"、18类业务"一证即办"。2021年,天津市公安局出台优化营商环境20项措施,推出户籍、交管、出入境等便民举措,上线"服务企业直通车",办理涉企服务事项八万两千余件,助推市电子证照库、"一网通办"数量分别提升至3100万件、939万件。实施"无事不扰"机制,涉企执法检查频次同比减少52.7%。制定《市场主体首次轻微行政执法行为免罚清单》,新华社等主流媒体对此刊发报道。

3.智慧发力延伸服务触角

通过智慧平安社区建设,居民可以通过安装手机应用,与单元楼门禁系统相连,远程视频对讲、开门,也可对名下车辆进行"逻辑锁定",安全系数大为提升。2021年,依托"平安社区智能应用系统",天津持续推进智慧平安社区建设,提升社区智能化安防水平,全年新建、改造城镇智慧平安居民社区2428个,实现全覆盖,实现对"人、地、物、事、组织、网络"等基础要素全项掌控,可防性警情同比下降28%。随着智慧交管的不断深入应用和发展,线上自助办理"车驾管"业务作为交管业务与便民服务相融合的一种新形态,正源源不断地惠及广大交通参与者。注册并登录"交管12123"手机App、"天津交管服务直通车"微信小程序、"天津市交通安全综合服务管理平台"用户后,即可通过互联网或手机随时随地办理申领机动车号牌或机动车检验合格标志,补换领机动车行驶证、检验合格标志或驾驶证,以及办理预选机动车号牌、机动车安全技术检验预约、申领机动车临时行驶车号牌,驾驶考试预约、驾驶人身体条件证明提交、驾驶人延期换证/延期审验/延期提交身体条件证明、满分/审验学习等机动车等一百四十余项交管业务,真正做到"网上办、自助办、随时办"。2020年以来,天津市民通过互联网办理的交管业务笔数就达到一百二十余万笔。升级改造新一代公安信息网,重点打造"环京数字立体防控工程",与全国16个省市经侦部门建立数据共享机制,开发110接处警、社区警务、执法办案等移动警务App……随着一系列科技信息化手段紧锣密鼓地融入公安日常工作中,一幅科技强警的现代画卷已在天津徐徐展开。

(二)坚持标本兼治,深入开展扫黑除恶专项斗争

2018年初,党中央作出在全国开展为期三年的扫黑除恶专项斗争的重大部署。号令一出,一场向黑恶"亮剑"的攻坚战旋即掀起凌厉攻势。在这场战斗中,天津拿出"明知山有虎,偏向虎山行"的勇气、"不破楼兰终不还"的劲头,以摧枯拉朽之势,荡涤污浊、席卷黑恶势力,在全国向有组织敲诈建筑企业犯罪打响了"第一枪",成功侦破全国首例"套路贷"涉黑案件,"无黑"城市创建向前迈进了一大步。

在开展专项行动的过程中,天津紧紧围绕"无黑"城市创建目标,对常态化开展扫黑除恶斗争绘制了"路线图"、下达了"任务书"。一是建立健全源头治理机制,彻底铲除黑恶势力滋生土壤。全面提升行业监管能力,推进重点行业领域专项整治,强化跟踪问效、标本兼治。深入

推进"无黑"乡村建设,持续打击整治"村霸"等黑恶势力、家族宗族势力,让黑恶势力在城乡无处生根。二是建立健全线索举报核查机制,有力发动群众参与。健全各级扫黑办线索处理平台,保留举报信箱、邮箱和举报电话。天津市扫黑办定期抽查线索核查情况,严格落实核查责任,核查结论实行终身负责制。深入发动在押人员坦白检举,加强各类违法犯罪线索分析研判,深挖幕后的涉黑涉恶线索。三是建立健全依法惩处机制,保持严打高压态势。严格依法办案,既不拔高,也不降格,始终在法治轨道上推进扫黑除恶斗争。建立动态预警预测机制,充分运用人工智能、大数据技术,对倾向性、苗头性问题露头就打。强化纪法协同,严格落实"两个一律""一案三查"。四是建立健全督导督办机制,强力推动责任落实。组建特派督导专员队伍,机动式开展特派督导,市、区、街镇每两年联动开展一次督导督查。扎实开展案件督办,每年挂牌督办一批重点案件,市级公检法实行"三级联动"办案机制,挂牌督办全部涉黑案件和重大涉恶案件。五是建立健全考核评价机制,加快"无黑"城区创建步伐。将扫黑除恶斗争和"无黑"城区创建纳入平安天津建设考评体系,对先进单位和个人进行表彰奖励,对不敢打、不真打、不深打的,重点通报督办。定期开展扫黑除恶社情民意专项调查,及时了解群众新需求新建议,自觉接受人民群众监督。六是建立健全组织领导机制,确保力度不减、标准不降。成立天津市扫黑除恶斗争领导小组及办公室。各区对标市级模式,成立相应领导小组和办事机构,完善各项工作机制,实现常态化运行。

天津市扫黑除恶专项斗争获得了老百姓的充分认可,99.7%的受访群众对天津市扫黑除恶专项斗争成效表示满意,98.7%的受访群众认为社会治安有了明显改善,专项斗争赢得了广大人民群众的拥护支持。在天津北辰区热闹的刘房子旧货市场,以臧某某为首的黑社会性质犯罪团伙为祸多年。控制同行商品价格、无故殴打商户和拾荒老人、为敲诈勒索不惜自残……种种行径,连参与侦办此案的公安民警在初次听说时,都觉得不可思议。虽然对臧某某的调查起源于民众的联名举报,但实地取证时,很多民众因害怕被报复并不配合。民警们通过扮演不同角色暗地调查,举办现场会消除民众顾虑。此前被臧某某欺负过的许多商户已不在天津,民警取证的足迹也跟着遍布天南海北。取证难是扫黑除恶专项斗争的主要难题之一。由不愿说到敢说,再到主动说,证人往往需要执法人员的鼓励。在臧某某案中,公安民警向证人表达了与黑恶势力斗争到底的决心,充分的证据为案件判决提供了有力支撑,也让犯罪分子没了顽抗的底气。对于刘房子旧货市场的商户来说,臧某某团伙被严惩拨开了笼罩在他们头上的乌云,透过阳光让他们意识到其实可以通过法律途径向黑恶势力说"不",这正是公安民警通过扫黑除恶专项斗争想传递给民众的信心。

2021年,天津市公安局常态化推进扫黑除恶斗争,围绕信息网络、自然资源、交通运输、工程建设4个行业领域开展整治攻坚,打掉涉黑组织1个、恶势力犯罪集团4个、涉恶犯罪团伙8个,有力巩固了"无黑"城市创建成果。对此,天津市人大常委会给予了高度评价。

(三)坚持打防结合,努力建设更高水平平安天津

新中国成立以来,天津市公安机关在天津市委的坚强领导下,围绕中心、服务大局,严打刑事犯罪、严打经济犯罪、严打毒品犯罪,努力建设更高水平的平安天津,为维护政治安全、经济安全和社会稳定作出突出贡献。

新中国成立后,天津对加强侦查工作的方针、任务和具体部署提出意见。改革开放后,天津市公安局建立健全刑事案件侦查机构,不断提高侦查破案水平。

党的十八大以来,为建设平安天津、法治天津,顺应人民群众对公

共安全、司法公正、权益保障的新期待,市委、市政府对刑侦工作提出了更高要求。天津市公安机关积极适应经济社会发展新形势,准确把握新时代职责定位,对党忠诚、服务人民、执法公正、纪律严明,打赢了一场又一场硬仗、夺取了一个又一个胜利。全市公安干警誓言铿锵,立志做平安之剑、淬火之剑,牢记使命,勇于担当,坚决维护社会安定,切实保障人民安宁。全市刑侦部门坚持依法严打方针,紧紧围绕影响人民群众安全感的突出治安问题,积极主动作为,始终保持高压震慑态势,坚决打击暴力恐怖犯罪、黑恶势力犯罪和严重暴力犯罪,坚决依法惩处多发性侵财犯罪和网络、电信诈骗等新型犯罪,坚决打击整治"黑拐抢""黄赌毒"等违法犯罪活动,有力维护政治安全和社会稳定,切实把人民人身权、财产权、人格权保护好,不断增强人民群众的安全感、满意度。截至2021年底,现行命案、枪案、绑架案连续7年100%破获,命案连续4年发案不过百,刑事、治安案件同比大幅下降。

(1)坚决打击经济领域犯罪。党的十八大以来,天津市公安经侦部门会同有关部门联合开展了打击假币犯罪、打击财税领域犯罪、打击商贸领域犯罪、打击地下钱庄违法犯罪等专项斗争、专项行动,深挖犯罪团伙,破获大量大案要案。从金融、财税、商业到证券期货、知识产权……在一个个与社会正常运行密切相关的经济领域,专项行动接连展开,对经济犯罪进行围剿。天津市公安经侦部门以大要案件为重点,狠抓案件侦办工作,破获了一系列影响大、社会危害严重的经济犯罪案件,为国家和群众挽回巨额经济损失,为维护社会主义市场经济秩序和国家经济安全作出突出贡献。2020年,天津市公安局持续推进"秋收"行动,主导相关企业清偿了物产集团债务11.39亿元。妥善处置了"中金租"等案件,与相关部门建立源头预防、信息预警、线索转递等机制,非法集资仅发案35起,发案数、投资受损人数、涉案金额同比下降均超过68%,实现"三下降"目标。推进涉税"百城会战",成功侦破多起涉税重案,挽回税收损失十五亿余元,公安部多次发贺电表扬。2021年,天津非法集资发案数、涉案金额、人数以超过40%的比例同比大幅下降。天津市公安局侦破涉案一百三十亿余元的"砺刃"系列涉税案件等一批大要经济案件,共挽回经济损失51.2亿元,同比上升98%,公安部向全国推广天津经验。严打侵犯企业知识产权等违法犯罪,为云账户公司依法解冻20亿元,快速侦破制售假冒天津知名"利达"品牌钢管案等一批案件,为中国金融租赁有限公司挽回被骗贷款33.39亿元,挽损比例达93%,先后有一百多家企业来信致谢。妥善处置"钢铁围城"、产能退出等重大不安定因素174起,在天钢集团混改中侦破部分企业涉税和金融犯罪案件,追回2.68亿元税款退还国库。持续开展"秋收"行动,主导清收债务40亿元,累计协助物产集团控制资产总值三百零八亿余元,有力地保障了企业发展。

（2）加强禁毒工作。党的十八大以来,天津逐步建立完善禁毒工作责任制和领导体制、工作机制、保障机制。禁毒部门深入开展毒品预防宣传教育,关口前移、预防为先,组织开展青少年毒品预防教育"6·27"工程,有力提升全民禁毒意识。深入实施社区戒毒社区康复"8·31"工程,不断提高戒毒康复效果,切实解决隐性吸毒人员发现难、底数不清等问题,使一大批吸毒人员成功戒断毒瘾。禁毒部门探索完善堵源截流禁毒、打击制毒犯罪专项机制,深入开展专项行动,严厉打击毒品犯罪活动,为维护社会和谐稳定、保障人民安居乐业作出重要贡献。2020年,天津市公安局持续推进禁毒"两打两控""净边2020""飓风三号"专项行动,共侦破毒品案件207起,打击处理犯罪嫌疑人206名,缴获各类毒品8.7千克。2021年,天津市公安局持续深化"飓风四号"行动,加强涉毒人员戒治管控,深入开展吸毒人员"平安关爱"行动,配合侦破涉及全国六十多个地区的特大网络贩卖新精神活性类物质案,得到国家禁毒委高度肯定,滨海新区、南开区先后获评全国禁毒示范城市。

(3)加强社会治安防控。党的十八大以来,天津市公安机关持续开展缉枪治爆等专项行动,全市持枪犯罪案件连续多年下降,增强了人民群众的安全感和满意度。紧盯群众"舌尖上的安全"开展打击食药环犯罪"昆仑"行动,持续开展"蓝天""碧水""净土""护鸟"保卫战,得到公安部肯定,有力维护了天津食药环领域安全。2020年,深入实施道路交通安全六大提升工程,组织开展"铁拳出击"等17项专项行动,查处各类交通违法行为807.3万起。推动"坡改平""一灯一带"建设,道路交通死亡事故数、死亡人数在2019年压降"千起千人"内的基础上,再少发生73起、少死亡91人,同比分别下降7.98%、9.36%,特别是一次死亡3人以上事故数、死亡人数同比下降66.67%、70.59%,连续4年保持"双下降",道路交通事故预防"减量""控大"实现"双突破"。2021年,天津道路交通死亡事故数、死亡人数同比分别下降10.08%、9.78%,连续3年保持"千起千人以内",未发生一次死亡5人以上事故,道路交通健康指数居全国前列。提前完成智慧平安社区年度建设任务,在全国率先完成中小学校园"三防"建设"4个100%"达标任务,在全国"平安医院"建设考核中天津排名第一。

(4)严厉打击涉网违法犯罪。党的十八大以来,天津市公安机关持续组织开展一系列涉网违法犯罪专项打击整治行动,有效维护网络空间秩序和人民群众合法权益。2018年,通过开展"净网2018专项行动",共破获侵犯公民个人信息、黑客攻击破坏、网络赌博、网络淫秽色情、网络诈骗、网络水军、助考等各类涉网违法犯罪案件4461起,抓获犯罪嫌疑人4434名,其中公安部挂牌督办案件11起,清理淫秽色情、涉枪涉爆、违法办证、网络赌博等违法有害信息四万余条,检查天津重点网站、网络服务商、信息服务商和联网单位10265次,行政查处1036

次。2019年，通过开展"净网2019专项行动"，全市共侦破涉网案件5702起，抓获嫌疑人3482名，其中共侦破黑客攻击破坏、侵犯公民个人信息、网络助考等各类网络主侦案件282起，抓获嫌疑人195名，侦破在国内造成较大影响的破坏计算机信息系统案，成功打掉一个劫持用户上网流量非法牟利的犯罪团伙，抓获犯罪嫌疑人12名，冻结非法所得两千六百余万元。共侦破网络赌博、网络色情、网络涉毒、制贩假证等涉网违法案件642起，抓获嫌疑人1202名，发现、处置涉枪涉爆、网络赌博、网络色情、网络涉毒、制贩假证等非法有害信息两万四千余条，有效净化了网络空间。2020年，通过开展"净网2020专项行动"，全市公安机关共侦破涉网案件8027起，抓获嫌疑人2148名，有效净化了网络空间，维护了网络安全，营造了安全、清朗、有序的网络环境。其中侦破涉疫情网络诈骗、制售假冒伪劣医护用品、非法贩卖销售珍贵野生动物等严重危害疫情防控工作的网络违法犯罪案件156起，抓获嫌疑人209名。相继破获"5·20"劫持流量破坏计算机信息系统案、第四方支付平台帮助信息网络犯罪活动案、某大型精品购物网站被黑客攻击案、有偿删除屏蔽网络帖文涉嫌非法经营和敲诈勒索"网络水军"案，抓获嫌疑人五十余名，涉案金额七千余万元。天津市公安机关通过开展"净网2021专项行动"，截至2021年10月，侦破侵犯公民个人信息、黑客攻击破坏等网络违法犯罪案件七百六十余起，抓获嫌疑人七百余人。全市电信网络诈骗案件共破现案5159起，抓获嫌疑人一万三千余人、同比上升195.2%。市区两级反诈中心共止付账号3.66万个、止付资金8.74亿元，共封停涉诈电话4727个、涉诈微信号1930个、涉诈QQ号2260个，封堵涉诈域名网址105.9万个。侦办网络赌博及其关联案件二百八十余起，抓获涉案人员1850名，打掉网络平台和实体赌场25个，查获支付平台、跑分平台和地下钱庄26个，查扣冻结资金五千余万元，先后破获公安部督办案件4起、市公安局督办案件5起，查处一批有影响的网络开设赌场案件。电诈案件立案数同比下降28.8%,下降幅度全国第一,劝阻止付人数同比提高8倍,破案数、抓获数分别同比提高3倍和5倍,阶段性实现"两升两降"目标。

(四)坚持走创新之路,为社会治安插上科技"翅膀"

创新,是天津市公安机关的鲜明印记,是铸就七十余年辉煌成就的不竭源泉。从公安机关不断进行的系统性、整体性、重构性的改革,到接续推出一系列"放管服"改革、各类惠及民生的改革举措;从积极构建立体化、信息化社会治安防控体系,到大数据、人工智能时代建设智慧公安;从眼花缭乱、目不暇接的各种公安高科技发明创造到安防物联网系统、大楼空气检测报警系统等创新成果应用……创新已成为推动天津市社会治安工作发展的大引擎、培育战斗力生成新的增长点,全面助推天津社会治安工作质量变革、效率变革、动力变革。这样的场景,不要说是20世纪,就是十几年前都很难想象。

新中国成立初期,天津公安科技创新开始萌芽。20世纪80年代,天津市公安局建立健全科学技术工作机制,掀开了公安科技创新发展新篇章。20世纪初,天津市公安局先后完成了110指挥系统、公安三级网络应用系统、卫星定位系统等重点科技工程建设,这些工程的运用极大地增强了公安机关的实战能力和水平。全市110指挥系统的不断完善,为公安机关快速出警、处警,以及有效打击违法犯罪争取了宝贵时间。

党的十八大以来,天津市公安局紧紧围绕市委、市政府和公安部关于加强科技创新的要求,主动顺应科技发展新趋势,坚持向科技要警力、向信息化要战斗力的思路理念,深入实施大数据战略和科技强警战略,深入推进基础信息化建设,着力在深化建设、深度应用、反哺基层、服务实战上下功夫,实现了打击犯罪手段更加多样、社会治理方式更加科学、服务百姓渠道更加便捷、队伍管理更加高效的显著成效,为维护天津社会大局持续稳定提供了强有力的支撑。

(1)加强科技强警顶层设计。党的十八大以来,围绕大数据、人工智能,《天津市公安信息化发展"十三五"规划》等一批顶层设计文件先后出台,移动警务、"互联网+政务"等改革创新举措接踵而至、目不暇接。主抓云计算,积极建设信息化基础设施,颠覆了传统信息化技术架构;探索大数据应用,数据警务向全警渗透;力推信息共享,数据成为重要战略资源;发力平台建设,合成作战、视频图像联网、警务综合、移动警务、"互联网+"等实战性、支撑性平台正在改变着公安机关执法办案的方方面面……

(2)持续举办天津公安科技创新成果展。2018年5月28日至29日,为充分展示近年来天津公安科技强警成果,广泛宣传先进科技在提升公安机关战斗力、推进社会管理创新、惠及民生工程等方面的应用,天津市公安局举办了为期2天的天津公安科技创新成果展。成果展上共设置13个公安展区和26个企业展区,全面展示了公安机关近年来在科技创新和信息化应用方面的亮点成果。其中天津市公安局科技信息化部门主要展示以警综平台建设为核心,积极探索公安大数据应用新模式,先后开发上线多个示范应用模块,为推进全局信息化手段应用提供了有力支撑。天津市公安局图侦技防部门主要展示视频循迹追踪技战法及综合分析研判法、视频深度智能应用技战法。天津市公安局河西分局主要展示常态化合成作战平台、"河西力量"App等实战应用系统和视频监控、物联网的创新应用。同时天津市公安局还邀请华为、紫光新华三、科大讯飞、海康威视等企业,围绕公安大数据分析、移动警务、视频图像、智慧社区等方面的技术应用进行成果展示。2019年4月15日至16日,天津市公安局在天津梅江会展中心举办第二届天津公安科技创新成果展,公安刑侦部门展示了多警种综合研判、多手段融合的一体化侦查工作模式。公安交管部门展示了警用巡查无人机、4G执法记录仪、巡逻执法采集系统、"尖刀"机动车等众多高科技装备。天津市公安局河西分局展示了智慧社区建设等三项重点工程,全力推行主动警务工作模式。天津市公安局蓟州分局展示了平安城市监控网、交警电子警察网等五大实战应用系统,具备点对点可视化应急处置能力。2021年7月8日至9日,梅江会展中心举办主题为"联合·融汇 共创优质营商环境 共建天津智慧城市"的第三届天津公安科技创新成果展,旨在搭建警企沟通交流平台,充分展示科技创新和信息化应用方面的亮点成果,广泛宣传警用新技术、新产品、新动态,助力智慧警务在天津公安落地生根。展览共设置16个公安展台、35个科技企业展台,集中展示天津公安机关在优化营商环境、智慧社区建设、案件侦查、交通管理、基础警务平台建设等方面的科技强警成果。

第三届天津公安科技创新成果展

(3)探索"智慧警务"新路子。近年来,天津市公安机关着力打造天津公安"智慧大脑"内嵌警务大数据中心,该中心千台服务器连接前端覆盖全市域感知设备、实时捕获各类城市感知数据,为全市大数据资源池提供千亿级大数据挖掘分析算力,集智能感知、智能识别、智能汇聚、智能运算、智能应用于一体,驱动公安工作转型升级,全面支撑"精准决策、精准防控、精准打击、精细办案、精准管理、精准服务"。针对违法犯罪智能化、技术型、跨区域等趋势,天津市公安机关利用大数据,对传统侦查打击手段进行智能化改造,着力构建以大数据为关键要素的数字侦查打击模式,将单一侦查模式转化为多种侦查手段一体化合成作战模式。同时深化信息与刑事技术融合关联,实现对各类违法犯罪活动的精准打击。"智慧警务"让人流、车流更畅通,数块大屏幕、数个平台系统监控管理着纵横交错的上万条道路,一万八千余千米的城市道路、315万辆机动车、12万个执法视频监控、两千七百余名交管人员和近二百辆警车,都在系统中实时在线。信息化手段应用极大促进了天津公安工作的开展,通过人脸识别,网上在逃人员在机场、火车站、地铁站、旅游区相继落网;通过牌照比对,可疑车辆在公安检查站被精准查控;通过照片分析,走失老人被安全送到家人身边;通过无人机远程监控,交通事故被快速妥善处置;通过一键提交,户籍事项完成网上审批……这些都是"智慧大脑"在天津公安警务实战中的高效应用。

天津市公安机关配备的警用设备"机器犬"

(4)通过推动"智慧警务"服务民生。天津市公安机关不断迭代升级"天津公安民生服务平台"建设,为群众提供全天候网上办事和"秒批"服务。天津市公安局将户政、交管、出入境、治安等主要业务警种的五百多个服务事项全部同步网上办理,公安事项实现了"应上尽上、数据同源"。截至目前,"天津公安民生服务平台"用户数达790万人,访问量达2.1亿人次,服务办事量累计4900万件,"网上办"群众满意率达到99%。特别是2021年初开设的"服务企业直通车"栏目,为企业提供24小时不打烊在线服务,有效畅通了与企业之间的联系渠道。截至目前,共办理涉企政务服务事项8.2万件,其中解决企业"急难愁盼"问题154件。先后推出了高频事项办理全程网办等特色服务,群众足不出户,即可在线办理,依托"天津公安民生服务平台"与天津市公安局人口管理总队研发开具"无犯罪记录证明"全程网办功能,并于2021年7月8日在"天津网上办事大厅""津心办"App、"天津公安民生服务平台"微信公众号、天津政务服务智能终端等多渠道同步上线,避免办事群众多跑路,降低群众办事成本,提高企业办事效率。截至目前,共在线办理12万件。自主研发"警务融合智能终端一体机",把25项高频事项办理功能嵌入其中,在滨海新区公安局开设试点、推广应用,努力把基层民警由"专科大夫"打造成"全科大夫"。天津市公安局指挥中心会同交警总队在市政务服务中心、滨海新区政务服务中心24小时无人政务服务超市和部分基层单位布设20台"驾驶员自助体检机",申请人根据全程语音提示在5分钟内即可完成自助体检,实现了群众办事更便捷、医院审核更高效、企业投资更长效、公安服务更到位。

展望未来,天津市公安机关将在公安部和天津市委、市政府坚强领导下,深入贯彻党的十九大和十九届历次全会精神,不断增强"四个意识"、坚定"四个自信"、做到"两个维护",以打造现代化警务运行体制机制为支撑,聚焦坚持和捍卫"两个确立",聚焦提升群众获得感、幸福感、安全感,聚焦夯实基层基础工作,聚焦优化营商环境,聚焦提升核心战斗力,统筹狠抓重大时间节点安保,始终保持严打高压态势,大力深化市域社会治理,全力推进社会治安综合治理改革创新,忠诚履职、开拓创新,用坚强决心、坚定意志、坚实能力,努力在守牢"政治护城河"上取得新成效,在建设更高水平平安天津上取得新成效,在防范化解重大涉稳风险上取得新成效,在加快社会治安工作现代化上取得新成效,圆满完成各项艰巨繁重的工作任务,确保社会大局持续安全稳定。

生态环境篇

良好的生态环境是最公平的公共产品,是最普惠的民生福祉。这一理念源自我们党全心全意为人民服务的根本宗旨。生态文明建设,关系人民福祉,关乎民族未来。党的十八大以来,天津认真贯彻落实习近平总书记对天津工作提出的"三个着力"的重要要求,坚决贯彻党中央、国务院关于生态文明建设和生态环境保护的重大决策部署,始终将生态文明建设置于城市可持续发展的重中之重,把创造优良人居环境作为中心目标,努力把城市建设成为人与人、人与自然和谐共处的美丽家园。近年来,天津紧紧围绕"蓝天、碧水、净土"保卫战目标任务,坚决打赢污染防治攻坚战,深入开展农村人居环境整治,协同推进经济高质量发展和生态环境高水平保护,生态环境持续改善,碧水蓝天成就着百姓的幸福生活。如今,"青山绿水绕城过,移步易景入画来"正在成为天津百姓生活的现实。天津这份对于生态的坚持,让市民的"幸福感""获得感"不断提升。

一、幸福图景:生态环境治理增强百姓绿色获得感

(一)昔日黑臭水变身幸福河

海河是天津的母亲河,也是天津发展的一条轴线,它穿越了天津传统商业和现代服务业密集的区域。20世纪50年代以来,海河沿线集中了很多老工业企业和民居,工业污水和居民生活污水使海河受到严重污染。天津意识到水污染问题后,采取一系列严格治理措施,做足治水兴水的工作,让海河再次成为天津亮丽的"名片",让百姓重拾碧水幸福感。

修复海河"创伤",让百姓自信和骄傲。现已六十多岁的张女士从

小就居住在海河岸边,她说:"小时候河水特别清澈,走到河边,就能看见河里面有一些小鱼游来游去,那时河里的鱼特别多。"20世纪90年代以来,随着工业化、城市化进程加快,天津传统的钢铁、冶金、纺织、机械制造、化工和造纸等六十余家大中型企业分布在海河沿岸,大量的工业废水、污水直接排入海河,水污染很严重,"儿时记忆中清澈的河水变黑了,河里的鱼也基本上都死了,时常闻到河水中散发的异味"。张女士黯然地说,此时的张女士并没有觉得住在海河边,是一件值得骄傲的事情。2003年起,天津开始实施海河两岸综合开发改造工程,进行了改建桥梁、铺设地下管线、整修历史风貌建筑、转移老旧企业等工程建设,水体治理、堤岸改造,以及生态修复的成效逐步显现。"如今海河风景如画,很多外地的朋友来天津,我都会带他们来海河转转。自己家人平日晚上,也会到海河岸边散散步。"张女士认为无论白天晚上,海河沿岸的美景都别具风情,"尤其是晚上,夜景灯光点亮了海河,两岸的建筑物在灯光的映衬下,更加地美丽"。

推进河道治理,还百姓休闲好去处。为满足群众对绿水青山的期盼,天津率先打响渤海污染防治攻坚战,坚持截污优先、综合治理、生态修复。"以前我就住在月牙河边,年少的时候没少和伙伴们一起下河游泳。后来,儿时记忆中清澈的河水变黑了,河道里随处可见各种垃圾,那时的景象简直惨不忍睹。"家住津南区的一位贾大爷欣然地说:"好在前几年,区里对月牙河进行了治理,河道的淤泥和垃圾被清除了,以前的泥堤变成了石堤,再加上岸边的绿化,现在的月牙河比我记忆中更美了。在月牙河边住,我觉得舒坦、幸福。"同样,家住红桥区的赵女士也获得了碧水幸福感。赵女士说:"我家离子牙河畔不远,这儿河水清亮,沿河一带视野开阔,还有树荫,自然环境特别好!我每天带小孙女来这遛弯儿、接触大自然,已经成为一种生活习惯。"月牙河和子牙河的变化只是天津开展水环境综合治理的诸多成果之一,如今,经过治理的海河故道、幸福河、卫津河等景观河道已成为百姓休闲避暑的好去处。

王稳庄镇受污染的河流

治理后的王稳庄河流

整治"散乱污",解百姓心病。2017年,天津开始整治"散乱污"企业,斩断海河水系污染源头。20世纪80年代初,王稳庄是全国知名的"钉子小镇",鼎盛时全国市场占有率达40%以上,繁荣的制钉产业也给当地带来了环境污染。家住王稳庄镇小年庄村的河道保洁员孙大爷说:"过去好多厂子往这河里偷排偷放,河沿儿的土都染成了黄色的。"党的十八大以来,王稳庄镇痛定思痛,决心拔掉这根早已生锈的"钉子",全力打好碧水保卫战。随后,王稳庄镇以壮士断腕的勇气关停356家"散乱污"企业,全面推进河湖长制,持续改善水环境质量。"现在污染越来越少,基本上没有黄水或红水的现象了。河里的水质也越来越好了,有人还能在这钓起七八斤重的鲤鱼呢。"孙大爷一边用网兜打捞着河面漂浮的落叶等杂物,一边将目光投向河中游动的鲤鱼。

(二)蓝天白云绘就幸福底色

天津是沿海城市,也曾经是我国经济第三增长极,人们白天享蓝天白云,夜间看繁星闪烁,生活幸福满满。曾几何时,灰蒙蒙的雾霾遮住了蓝蓝的天空,导致航班大面积延误,多条高速路封闭,工厂限产停产,学生停课,口罩和空气净化器成为热销品……天津被扣上了环境差的帽子。在习近平生态文明思想指引下,天津坚持生态优先,持续深化大气污染防治,建设绿色生态屏障,推动城市公园绿化,坚决打赢蓝天保卫战,让百姓再获蓝天白云幸福感。

蓝天白云下的天津

治理大气污染,百姓舒心天更蓝。家住河北区的李先生说:"很长一段时间里,我觉得天津的空气非常差,尤其一到冬天,大概有一半的时间都是雾霾天。空气中有非常刺鼻的气味,我们在家靠空气净化器,出门靠 N95 口罩,再用围巾把自己包得严严实实的。"面对人民群众所思、所想、所盼,天津从落实"大气十条"到实施清洁空气行动计划,从京津冀及周边地区大气污染防治协作小组,到京津冀及周边地区大气污染防治领导小组,持续推进结构调整,全面实施专项整治,坚决打好打赢蓝天保卫战,全市整体空气质量得到提升。李先生说:"现在出门就能呼吸到新鲜空气,明显感到我们生活环境变好了!幸福指数也提高了!我以前囤的防雾霾口罩,由于现在空气好,囤货还都没用上呢。家里的空气净化器,也成了摆设。"蓝天白云持续"在线""霸屏"微信朋友圈,让百姓的蓝天幸福感持续升温。喜欢手机摄影的王女士说:"我最近经常来到海河畔遛弯儿。蓝蓝的天空,清清的河水,河畔洋楼环绕,随手一拍就有'大片儿'的即视感,发个微信朋友圈满屏都是好友的点赞。前段时间我在朋友圈发了条'天津生态大片,一览碧水蓝天',仅一分钟就收获了上百个赞。"天文爱好者杨女士对空气变化的感触是,

"PM2.5爆表的情况越来越少了,天变蓝了,大气透明度高了,2020年整个冬天基本都是晴天,郊外的星空更亮了,城里看到的星星也多了"。

2016年,武清区作为试点区全面打响蓝天保卫战,成为天津首个"无煤区"。"往年烧煤取暖时,室温低,养的花草都被冻死。煤改电后,室温22度,你看它们长得多欢。煤改电,让俺家过个干净温暖年,亲朋好友都给点赞!"村民吴女士乐得合不拢嘴。她爱人伸开五指笑着说:"再看看我的手,够干净吧!这也都是煤改电带来的。往年冬季烧煤取暖,整天要朝煤炉里用手添煤,尽管多次洗手,但五指还都洗不干净,黑乎乎的。"吴女士补充说:"往年春节,屋里时冷时热,还得往炉子里面填煤,孩子们要穿着防寒服看春晚。现在白天晚上都是恒温22度,穿着薄衣看春晚,根本不感觉冷。"

城市公园绿地是人民美好生活的生动载体,也是城市品质的具体体现。近年来,天津实施了一批公园绿化工程,一位在公园游玩的市民王女士说:"有时候一想起原先的居住环境,就不自觉让人眉头紧缩,哪像现在,人居环境变得这么干净、舒心,街道宽敞整洁,满眼绿植,真正将'绿'送到百姓家门口,现在一出门就感觉身心愉悦,幸福感满满的。"随着"口袋公园"和街角公园建设的推进,诸多社区边角地、废弃地、闲置地焕然一新,实现了"小口袋,大幸福"。家住和平区津中里的刘女士说:"以前小区的这片空地又脏又乱,不像现在这么热闹,孩子可以玩,大人可以散步。小花园建成后,既能开窗见绿,又能出门健身,我每天早晚饭后都会在这里慢跑20圈。"刘女士一边慢跑,一边高兴地说:"地上铺设了塑胶跑道,跑够20圈后,我就去健身设施那里活动,出出汗,全身感觉暖起来,舒舒服服一整天。"如今,天津越来越多的形状各异的边角地、闲置地被打造成环境优美、设施齐全的"口袋公园"和街角公园。这些见缝插"绿"的袖珍公园,不仅拓展了城市生态空间,还提升了居民的生活品质,增强了居民的幸福感和获得感。

（三）前进村的美丽"蝶变"

前进村隶属津南区北闸口镇，原名六道沟，是清末小站练兵时期军粮的核心产区。曾几何时，前进村村容环境脏乱差、坑塘污臭、村民收入低，老百姓少了精气神；现如今，前进村从蚊蝇乱飞的臭水坑到花香阵阵的荷花塘。随着道路硬化、拆除违建、户厕建设、房屋修缮、农田改造等工作的陆续推进，农村的"颜值"和"气质"发生了质的飞跃，拥有了"2017年改善农村人居环境示范村""2020年中国美丽休闲乡村""第六届全国文明村镇""第三批全国乡村旅游重点村"等多种荣誉称号，村民们彻底告别了"土窝子"。

共建幸福"稻香"，百姓丰收展笑颜。小站稻享誉海内外，是天津地理标志产品。前进村所在的位置就在小站稻的核心产区，但曾经村里人在这片土地上种植的都是玉米、高粱、棉花等旱地作物。"这些东西都不值钱，收成上自给自足勉强够用，想要把日子过好，还得搞副业——出门去打工。"村民郝先生说："不是不想种水稻，而是村里的水质太差了，种了稻子也长不好。"2014年起，前进村开启了"清洁村庄"创建工程，建立了覆盖全村的生态污水终端处理体系，让贯穿前进村的四丈河又恢复了浇灌农田的功能。"现在我们村办合作社将耕地集中起来，恢复了小站稻的种植，夏天时站在田埂上放眼望去，那绿油油的一片真叫人高兴。"郝先生一脸幸福地说："我还在水稻中间养殖了稻田蟹、草鱼等，收入比以前翻了几倍，再也不用去外面打零工了。"

从臭水坑塘到荷塘月色，宜居乡村滋润百姓生活。郝先生家位于荷塘的北面。夏天的时候，他从家门口走出一百多米就能看见大片的荷花，特别漂亮。郝先生说："这里原先曾经是一个存在了多年的臭水坑，一下雨就灌得满满的，臭气四溢，蚊蝇乱飞，还有村民随手丢弃的垃圾漂浮物，非常不卫生。"自启动美丽乡村建设工程，前进村对坑塘进行放水清淤,将积攒多年的淤泥垃圾清理掉,并在坑塘里面栽上了荷花、睡莲等水生植物,堤岸上种植葡萄、葫芦、蔷薇等植物,水泥路铺到胡同口,地砖延伸到家门口。杰懿农家院叶老板说:"过去,前进村的道路都是土路,路面坑洼不平,遇到雨雪天一出门就是两脚泥。而现在我们村成了远近闻名的花园式村庄,道路硬化了。每天我都来荷塘边遛遛弯儿,或者去打打球,日子过得有滋有味。""现在城里人来了,都说我们村像座大花园,羡慕着呢。"其他村民们也笑滋滋地附和道。

前进村厕所改造施工现场

"厕所革命"让幸福驻进百姓心中。厕所,是衡量一个地区文明程度的标尺,是感受民生冷暖的晴雨表。"厕所革命"的持续升级,彰显着群众生活质量的不断提高。村民高大娘对幸福的定义之一就是能在家里上厕所,却没气味。高大娘说:"过去各家各户使用的是旱厕,一到夏天,臭味满街飘、蚊蝇到处飞,关上门也挡不住臭味。""现在,屋里装上了水冲式厕所,可是方便多了。借着户厕改造的机会,还把家里重新粉刷了一遍,住着就是舒坦。"高大娘见证了"厕所革命"带来的质变,笑着说:"我再也不用为雨雪天到外面上厕所苦恼了。你说,我能不幸福吗?"现在的前进村,天更蓝、水更清、地更绿、空气清新……"绿色福利"让村民的幸福感不断提升。

二、成就见证:蓝天碧水净土绘就美丽新画卷

(一)建设绿色生态屏障,八里湾焕发新生机

津南区八里台镇大孙庄村是一个有着六百多年历史的古村。大孙庄村最早可以追溯到明朝永乐二年。虽然历史悠久,但是长期以来这个有着一千八百多户居民的古老村落发展并不抢眼。村民们住的是老旧平房,喝的是地下水,用的是旱厕,村里既没有供暖,也没有排水设施。村民们大多靠务农和在村里的企业打工为生,而当地产业主要是砖厂、拔丝厂、化工厂。用当地老百姓的话说,"受大累、托大坏"的活特多。化工厂大烟囱老是冒着,看不见蓝天也看不见白云,头顶的天空总是灰蒙蒙的。

党的十九大以来,随着八里湾绿色生态屏障区建设和提升工作的开展,旧村落变身为万亩绿屏环抱的现代社区,百姓收获了实实在在的生态红利,开启了全新的绿色美好生活。2017年,天津启动绿色生态屏障区建设。津南区是天津绿色生态屏障建设的"主战场",区内绿屏建设面积占全市规划总面积的45%。其中大孙庄所在的八里湾,又是津南区绿屏规划面积最大的一块,总占地面积近三万亩。为高标准高质量持续推进绿色生态屏障建设,津南区按照"一城两芯三区四廊五带多节点"的空间规划布局,以及三级管控要求,取缔了包括大孙庄在内的各类工业园区20个,关停"散乱污"企业2299家,拆除"散乱污"企业和违章建筑26万平方米。从2018年到2021年,全区累计投入造林绿化资金27亿元,新造林绿化5.7万亩,栽植乔灌木三百一十二万余株,修建海河南岸林间体验路17.8千米,海河南岸生态廊道基本成型。同

时区里投入巨资对水生态循环系统进行了重点整治,改造废弃的坑塘、鱼池、虾池共计一万一千余亩。实施水系连通工程,结合原有地形地貌连通坑塘沟渠,进行疏通,形成现状湖区四十多个。在此基础上,按照质朴自然的生态理念,遵循"宜林则林、宜田则田、宜水则水、宜果则果"的原则,科学合理选配树种,提升特色小站稻种植区域。如今,绿屏·八里湾内有林地10570亩,一共栽植国槐、白蜡、榆树、千头椿、金枝槐等乔灌木,以及苹果、山楂、枣、梨等果木五十余万株;小站稻种植示范区近万亩;生态养殖水域九千八百余亩,林田水比例约为1:1:1。良好的生态环境更吸引了成群飞鸟前来"探营",随后"安家"。整个八里湾绿屏区形成了鸟鸣葱茏处、林田水草依的独特景观。

津南区绿色生态屏障——八里湾片区

八里湾绿屏区的建设也让大孙庄村改头换面,焕发了新的生机。通过土地流转,全村原有24000亩土地全部用于绿屏建设。与此同时,在距离原村址不远处,规划建设了40万平方米的现代化社区——翰文苑小区。2020年6月19号,全村一千八百多户村民,按照每人50平方米的标准,拿到了新居钥匙,搬进了新楼房。村民新居的各种现代化设施一应俱全,更重要的是窗外就是开阔的绿屏美景。绿树浓荫,天蓝地绿;湖水荡漾,水清云翔;稻浪千重,鸟栖荷香。百姓如同住在画中,方寸之间尽显人与自然和谐共生。

津南区大孙庄村还迁项目——翰文苑小区

在居住环境翻天覆地改变的同时,绿屏建设更给当地百姓带来了绿色产业和绿色就业。百姓生产生活方式发生了深刻的绿色变革,绿色生活质量不断提高。梧桐花开凤自来,随着生态屏障建设的推进,八里台镇吸引了海尔互联工厂、易华录等一批绿色企业入驻。依托小站稻高标准种植区,当地传统农业也向着"农业+旅游"的三产融合方向发展。同时绿屏区的运营本身也创造了一批本地生态就业岗位。区、镇还安排专项职业培训,为包括大孙庄村在内的镇里中青年劳动力提供了广泛的就业机会。绿屏区内百姓的收入得到了明显提高,就业岗位也摆脱了传统高污、高排、低效行业。生活环境得到改善、收入水平实现提高,如今的好日子让村民对精神生活也有了更高的追求。大孙庄村先后成立了秧歌队、民乐队,每逢节假日都有活动,绿色屏障也为大家提供了优美的文娱健身休闲空间,老百姓真真切切地感受到了生态红利带来的极大幸福感。

大孙庄、八里湾的发展只是津南区乃至天津全市上下全力以赴推动绿色生态屏障建设的一个缩影。津南区自绿色生态屏障正式启动建设以来，相继建成形态各异、独具特色的绿屏。咸水沽湾、辛庄湾、双桥河湾、葛沽湾、小站湾、八里湾等重要生态节点，大绿野趣、郁郁葱葱、鸟语花香、生机盎然的建设目标初步达成。如今，以路为引、以林为主、以田为辅、以水相衬，一幅水清岸绿的生态画卷正在津南区徐徐铺展。绿色生态屏障建设带动了区内百姓生产、生活完美蜕变。

（二）重拳治理"散乱污"，壮士断腕推转型

蓝天白云、清新空气是百姓重要的生态福祉。"散乱污"企业的污染排放是导致雾霾天的重要元凶。要打赢蓝天保卫战，必须重拳整治"散乱污"。但是大量中小"散乱污"企业又往往构成地方支柱产业和重要就业渠道，关乎百姓生计，可以说手心手背都是民生。如何破解此问题考验着城市贯彻新理念实现绿色转型发展的决心与智慧。天津静海区王口镇就曾经面临这样的困境。这里是华北地区最大的炒货生产集散地，长久以来的粗放式发展使得这里的大气环境受到严重污染。党的十九大以来，王口镇以生态环保为底线，推动炒货企业转型升级，实现环境效益与经济效益双赢，最终引领一方百姓走出了一条绿色发展的全面小康之路。

1."炒货镇"曾经的繁荣与阴霾

静海区王口镇坐落于天津西南，距市区五十多千米。全镇下辖23个村，有3.4万居民。长久以来这里就以炒货闻名。到2017年，镇上有大小炒货企业、作坊约一百四十家，炒货年销量达75万吨，从业人员一万多人，占当地乡镇劳动力的90%以上。炒货业已然成为全区特色产业和全镇支柱产业，富裕了王口一方百姓。然而粗放的小作坊生产方式也给这里的发展带来了阴霾，染黑了这里的一片蓝天。

长期以来，这里的炒货企业普遍以燃煤小锅炉进行加工生产，大部

分都没有烟气治理设施。生产场地全是灰尘,屋顶常年冒着黑烟。老百姓打开门窗闻见的都是那种煤味、油烟味。"家家点火、户户冒烟"可以说是当时的日常环境写照。到2017年时,镇上较大的炒货企业一个月就要用二十多吨煤。生产过程中的燃煤、粉尘、油烟排放严重污染了大气,导致这里雾霾十分严重,更给周边地区空气质量造成了极恶劣的影响。随着天津打响"蓝天保卫战",这里的炒货业面临产业升级的难题。

2.重拳出击下"散乱污"实现清洁转身

2017年天津发布《关于集中开展"散乱污"企业整治取缔工作的通知》。全市建立市、区、乡镇(街道)、村(社区)四级联动监管机制,紧盯重点区域、重点行业、重点设备,对"散乱污"企业实施关停取缔、搬迁和原地提升改造措施。全市开展"散乱污"集中排查整治以来,静海区委、区政府面向本区环境与经济发展矛盾问题,算大账、生态账、长远账,痛下决心治理"旧疾"。王口镇炒货业作为污染典型碰上了硬刀刃。当时全镇136家炒货企业根据标准全部进入"散乱污"企业名单,面临被迫关停、搬迁的境地。当地的支柱产业处于崩溃边缘,当地百姓的生计势必受到极大影响。面对生死抉择,当地政府和企业痛定思痛,决心向提升改造、绿色升级方向谋求出路。全市空气污染治理坚决禁止"一刀切"、集中整治"散乱污"、不搞"一律关停"的政策,也为企业重新赢取绿色发展生机创造了宝贵条件。由此,王口镇在严把环保底线的基础上,开启了推进产业转型升级之路。

在区政府的支持、协调下,全镇完成了225千米天然气管道的铺设,实现了对23个村的用气全覆盖。企业通了管道天然气,解决了制约原地改造提升的关键问题,为后续全面绿色升级奠定了基础。建好了基础设施,还要引导企业严格规范地提升改造。一方面,乡镇加大了对不符合标准的燃煤小作坊的取缔力度,发现后严格两断三清,即断水、断电、清设备、清原料、清产品。另一方面,明确改造标准,提供升级指引,围绕生产工艺、用能改造制定了5大方面共13条改造标准。同时充分做通村民的思想工作。为此,王口镇专门召开村民、企业家座谈会,还邀请环保专家提供现场咨询指导。在镇政府的支持、引导下,企业纷纷改装燃气锅炉,改进生产工艺,硬化厂区,安装环保设施。不少企业安装了全自动除尘机,以及配套烤箱和炮制锅,实现了产品炒制从筛选到罐装全自动生产和防尘治理。通过不懈的推动,全镇除46家不具备改造提升条件的企业被关停取缔外,90家企业最终完成了达标升级改造,实现了清洁转身。到"十三五"时期末,王口镇推动清洁能源改造,先后拆除10蒸吨以下燃煤锅炉15台,各类燃煤大灶、油炸锅,以及燃煤设施294台,由此每年减少煤炭使用量约二十一万吨。

王口镇炒货企业今昔对比:整改升级前脏污的作坊

王口镇炒货企业今昔对比:整改后干净整洁的厂房

3.回首方知绿色发展是"真经"

当初为了实现产业整体提升改造,政府和企业付出了巨大的成本。但是脱胎换骨清洁转身之后的飞跃式发展,让当地百姓和企业家们都真切收获了绿色发展的福利,都深深感到一切付出是那么值得,绿色发展才是真正的康庄大道。

绿色转型让王口镇炒货业获得了新生。目前全镇炒货类企业总数已升至二百六十余家,从业人员约一万五千人,年销售额超过百亿元,占全国市场的份额提升到20%以上。与此同时,全镇空气质量大幅改善。2020年,王口镇PM2.5年均浓度降至48微克/立方米,达到了全市平均水平。特别是自2020年7月开始,天津静海区新修订的《重污染天气重点行业应急减排措施制定技术指南》开始实施,环保部门依据税务数据、环保数据,对企业的单位工业产值的污染强度进行核算,对全区一千七百多家涉气企业进行了分级。在重污染天气期间,确保在达到国家减排要求的前提下,污染强度低的企业可以优先生产,污染强度高的企业全面停产。这些政策让企业真切体味到了绿色生产的甜头,以及环保投入的价值。

深入贯彻新发展理念,破釜沉舟、壮士断腕推动绿色转型不免会有阵痛,但只有如此才能腾笼换鸟、脱胎换骨,获得更大的发展红利。有如此经历的不仅仅是王口镇。从2017年以来,整个静海区关停取缔"散乱污"企业两千余家,同时为破除全区乃至全市"钢铁围城"问题,落实了天丰、轧三两家钢铁企业的停产退出,斩除了影响高质量发展的沉疴痼疾,为升级发展腾挪出了新动能,开启了静海区绿色高质量发展的新篇章。到"十三五"时期末,静海区国家科技型中小企业达167家,高新技术企业达273家,工业战略性新兴产业年产值达186亿元,占规模以上工业10.8%。2020年,中德天津大邱庄生态城进入全面开发阶段,天津子牙经济技术开发区、中日(天津)健康产业发展合作示范区等一系列绿色循环低碳产业体系发展壮大。

实践证明,只要抱着一切以人民为中心的信念,在生态环境这个民生福祉上勇于投入、真情投入,就一定能使百姓真正受益、使企业发展真正受益、使国家社会真正受益。

(三)打造最美蓝色海湾,市民乐享亲水之旅

天津是一个沿海城市,有153千米海岸线,但由于主要是淤泥质滩涂,因此长久以来一直被人评说"靠海不亲海、临海不见海"。近年来,天津持续推进海洋生态保护与修复利用,制定出台了"蓝色海湾"整治修复规划,将天津渤海沿岸打造成"水清、岸绿、滩净、湾美"的蓝色海湾,使天津成为名副其实的滨海城市。如今天津的海岸线被亲海公园、临海湿地公园、人工沙滩等点缀,广大市民得以充分享受亲海生态之美,实现了人与海洋的和谐共生。

改革开放以来,天津的发展极大受益于临海区位和资源优势。依托天津港,天津临港经济得到极大发展。随着滨海新区开发开放步伐不断加快,填海造陆成为解决土地需求的一种重要手段。随着各种工

程项目在岸线不断布局落地,天津海域、岸线的生态问题也逐渐凸显,岸线遭到侵蚀,出现破损,临海湿地,以及海洋渔业生态环境出现退化。

党的十八大以来,天津深入贯彻习近平生态文明思想,严格落实生态环境保护政策,保护修复海洋生态被列为重要环保目标。153千米的海岸线,既是天津赖以生存的生态底色,更是高质量发展的重要资源。2018年,天津开始实施最严格的海洋生态红线保护,将全部自然岸线纳入生态红线,实施严格的围填海管控措施,启动实施了岸线及滨海湿地整治与生态修复工作。通过清淤、恢复湿地植被、岸线修复,以及清除滩涂养殖等措施,自然滩涂和湿地景观貌得以恢复,动物栖息环境和生物资源得到充分养护,天津海域逐步成为海洋生物多样性程度越来越高的生态海湾,全面拓展了人与自然和谐共生的蓝色空间。通过全面开展岸线岸滩综合整治,滨海湿地修复面积达531.87平方千米。一批滨海湿地修复保护后,为海鸟提供了栖息觅食的场所。中新天津生态城临海新城西侧湿地修复项目实施后,还特意为海鸟种植了盐地碱蓬和芦苇等植物,方便鸟类筑巢。大神堂牡蛎礁国家级海洋特别保护区是牡蛎、扇贝、红螺等海洋生物的生活场所。天津将大神堂牡蛎礁保护区划入生态红线,强化保护、恢复海域生境,近年大量投放本地海洋生物苗种,以及人工牡蛎增殖礁,建设人工牡蛎礁群,促进生态系统的恢复。天津还严格落实海洋伏季休渔制度,海洋捕捞总产量与2015年相比减少25%,同时通过每年增殖、放流水产苗种,极大恢复了种群的数量,改善了水域群落结构。

通过持续的生态修复和合理开发,天津滨海岸线变得可亲、可近、可享。2019年滨海新区完成了南港工业区生态湿地公园、中新天津生态城遗鸥公园一期等生态工程。其中中新天津生态城遗鸥公园建有水鸟乐园、遗鸥博物馆、生态缓冲带、观鸟平台、游客服务中心等区域,为游客提供观鸟、赏景、科普等诸多服务,同时也为遗鸥保护研究提供了科考便利,成为人与自然和谐共生的海岸生态公园。2020年以来天津还陆续实施了东疆东部沿海岸线环境提升与生态修复、中新天津生态城东堤路生态岸线修复、中新天津生态城临海新城西侧湿地修复和永定新河入海口左岸滨海湿地修复等多项重点工程,完成4千米海岸线修复和400平方千米滨海湿地修复。2020年9月,北大港湿地入选《国际重要湿地名录》。同年,临港工业区湿地公园二期项目相继完成。天津进一步打造出亲水、滨水、看水的生态环境,构建了以海洋、河流、湿地、湖泊为基础的亲海旅游空间,让人们真正享受到大海之美。

特别是到2021年6月,东疆亲海公园迎来开放,为游客打造了又一重要的观海、游玩热门打卡胜地。过来游玩的市民游客,看碧海、拾海贝、寻螃蟹、玩沙坑,亲近自然,其乐融融。天然的亲水岸线同时也成为充满艺术气息的城市公共空间,天津的临海变成了真正意义上的亲海。

滨海新区东疆亲海公园美景

海洋治理始终在路上,天津还将继续强化海洋环境综合整治工作,为子孙后代打造一片"蓝色海湾"。

三、时代答卷：绿色大文章，厚植城市发展底色

（一）捍卫一方蓝天，抬头重见浩渺星辰

环境就是民生，青山就是美丽，蓝天也是幸福。新中国成立以来，我国大气污染防治历经风雨，从蹒跚起步、探索前行直至稳步发展、成绩卓越。改革开放以来，我国创造了高速增长的经济奇迹，也出现了环境污染的问题。20世纪90年代，天津扬尘污染形势严峻，煤烟、施工、风沙尘是构成大气污染的主要原因。进入21世纪，随着工业化、城镇化进程加快，能源消耗尤其是煤炭消耗量快速增加，钢铁、水泥等高污染行业规模不断扩大，汽车保有量迅速增长，天津雾霾污染形势严峻，严重影响了城市环境质量，威胁群众健康。

天津自20世纪90年代开始重视大气污染治理，"九五""十五"时期持续推动全市改燃工作，实施电厂烟气脱硫，严格控制扬尘污染，从源头控制机动车尾气污染。"十一五"期间，着力解决煤烟型污染、扬尘污染、机动车污染及工业污染问题，重点控制电力、冶金、石化等行业的污染物排放，有效解决了天津市尘污染问题。党的十八大以来，天津把雾霾治理作为民生重点，为治理雾霾打出一套"组合拳"。2013年实施"美丽天津·一号工程"，开展清新空气、清新河道、清洁村庄、清洁社区和美化绿化的"四清一绿"行动。修订实施了《天津市大气污染防治条例》《天津市清新空气行动考核和责任追究办法》及补充办法。2017年开始，为打赢京津冀"蓝天保卫战"，推动高质量发展，天津掀起了一场"散乱污"整治攻坚战。2018年，天津又进一步制订了《天津市打赢蓝天保卫战三年作战计划（2018—2020年）》，提出以燃煤、工业、机动车、

扬尘、新建项目污染"五控"治理为抓手,综合运用经济、法律、技术和必要的行政手段,深化京津冀区域联防联控联动,建立市区两级联动、环保公安联动、京津冀联动的"三联动"执法机制。标本兼治,精准施策,实现全市 PM2.5 等主要污染物浓度持续下降。实施地方火电厂标准,火电行业全部完成超低排放改造,钢铁企业全部完成有组织和无组织环节超低排放改造,全力推进燃煤设施改燃,35 蒸吨以下燃煤锅炉全部淘汰,65 蒸吨以上燃煤锅炉基本完成节能和超低排放改造,燃气锅炉基本完成低氮改造,重点行业全面实施工业炉窑废气深度治理,758家重点企业完成挥发性有机物治理设施升级改造。提高二氧化硫、烟粉尘等污染物排污收费标准,实现全市燃煤污染源在线监测全覆盖。实施机动车国六排放标准,累计淘汰近五十万辆老旧车。严控扬尘污染,严格落实施工工地"六个百分之百"扬尘控制标准,对全市 16 个区实施道路扬尘"以克论净"和街镇降尘量监测排名,严密工地扬尘视频监控、秸秆禁烧红外监测。严控新建项目环保准入,对新建、改建、扩建项目所需的二氧化硫、氮氧化物和挥发性有机物等污染物排放总量实行倍量替代。

铁腕治污让天津的蓝天日子变多了,百姓的蓝天获得感不断增强。2021 年,天津空气质量优良天数上升至 264 天,较 2013 年增加了119 天,连续两年没有重度污染,PM2.5 作为标志性污染物,浓度首次降至 30 档,较"十二五"时期末下降 44.2%,空气污染重要指标均达到2013 年有监测记录以来的最好水平。如今,蓝天白云时常"在线",晒蓝天、晒白云已成为百姓日常幸福生活的表达。

(二)守护一条母亲河,再现大河秀美风光

流域治水开启高质量发展新阶段。海河流域是我国政治文化中心、重要工业基地、高新技术产业基地和重要粮食生产基地,在我国政

治经济社会发展中具有举足轻重的地位。海河是天津的母亲河,但长期以来,洪涝、缺水、污染等问题接连不断,天津人民深受其害。新中国成立初期,海河流域洪涝等水文灾害不断。在全球环境保护运动尚未兴起的20世纪50年代,以毛泽东同志为代表的党的第一代领导集体,开启了被誉为新中国初期四大水利工程的海河治理工程、荆江分洪工程、官厅水库工程和黄河治理工程。1963年,海河南系水域降下新中国成立以来最大暴雨,引发大规模洪涝灾害,流域人民群众的生命和财产遭受了巨大损失。也正是在这一年,毛泽东发出"一定要根治海河"的伟大号召。1965年到1980年,海河儿女采取"蓄泄兼施、综合治理"方针,通过"根治海河"运动等一系列工程措施的实施,先后开挖疏浚骨干河道52条,修筑堤防三千四百多千米,修建大型桥梁、闸涵等建筑物3400座,加固、扩建了一批水库,排洪入海量从4620秒每立方米增至24680秒每立方米,排涝入海流量从414秒每立方米增至3180秒每立方米,构建了由水库、河道、堤防、蓄滞洪区构成的防洪工程体系,形成了海河"分区防守、分流入海"的防洪格局,海河流域防洪体系全面建成,为流域经济社会发展提供了防洪安全保障。治水兴水,是关系中华民族永续发展之大计。如今,海河流域以占全国1.3%的水资源总量,保障着全国1/10人口的生产生活需要。进入新时代,流域治水开启了高质量发展的新阶段。

海河治污再现母亲河秀美风光。天津地处"九河下梢",承接了上游七省(区、市)70%以上的污染物入海。20世纪50年代,海河沿线集中了很多老工业企业和民居,污水直接排放到海河,改革开放以来,由于工业化和城镇化加速发展,污水排放量增多,海河流域水质开始恶化,到1985年,海河流域超过70%的河流受到污染,水生态环境恶化,海河流域一度成为中国七大江河水系中水资源最为短缺、水污染最为严重的水系。早在20世纪八九十年代,天津就已开始整治海河排污工作。21世纪以来,天津市委、市政府作出海河两岸综合开发改造的战略部署,明确提出按照"水清、岸绿、景美、游畅"的标准,打造以海河为主轴的市区河湖水系连通循环系统,构建"河湖沟通、水系相连、水绕城转、水清船行"的城市亲水景观,海河沿岸建立起绵延数十千米的连续性亲水平台和夜景灯光带,形成了绚丽多姿、独具特色的海河景观体系。党的十八大以来,天津持续加大海河生态治理力度,发布了落实"水十条"的意见,制定了《天津市水污染防治条例》,修订了《天津市海洋环境保护条例》,构建起了严密的法治体系,治水有法可依。同时充分利用外调水源对海河实施生态补水,建设完成海河南北循环体系,进一步扩展了海河与周边河道、湿地的联系,极大改善了海河及中心城区、环城四区的河道水质。通过多年的治理改造,海河水生态环境得到显著改善,地表水国考断面水质优良比例从2014年的25%提高到2021年的55%,劣Ⅴ类水质比例从2014年的65%降至零挡。

海河的水质变得越来越好,沿线地区的开发也进入新时期,近年来海河沿线地区已初步形成集交通、历史、文化、经济、城市景观、旅游等六大主题于一体的服务型经济带和景观带。海河再次成为天津城中最亮丽的风景线之一。

(三)守住一城清水,畅通河湖水清岸绿

一城清水抵万金,城市水环境与居民的生活质量、幸福指数息息相关。20世纪70年代,汉沽农田引用被污染的蓟运河水灌溉,导致蓟运河污染事件,水污染问题成为公众反映强烈的社会问题,天津就此开始整治排污工作,着力扩大河道排水能力,进行排污河治理改造,建成了当时全国最大的纪庄子污水处理厂,完成了十多条河道的美化改造,沿河道60万居民直接受益,天津也因此被国家建设部授予"中国人居环境奖(水环境治理优秀范例城市)"称号。

党的十八大以来，天津打响"碧水保卫战"，坚持控源、治污、扩容、严管"四措"治水，完成城市、千人以上农村集中式饮用水水源保护区划定。主城区消减131.08平方千米污水管网空白区，改造27.41平方千米雨污合流区。市级以上工业园区全部实现污水集中收集处理，城镇污水处理能力2021年提高到401万吨，110座污水处理厂完成提标改造，每年10亿吨废水实现资源化利用。以河湖监管为抓手，将黑臭水治理、污染源治理、水系周边环境治理等统筹谋划，精准治污，变废为清。推进河湖海湾等水域全面"挂长"，建立市、区、乡镇（街道）、村四级河湖长制，集中整治"黑水河"。2018年实施《污水综合排放标准》，将污水排放标准提高到"准四类水"，2019年公布《农村生活污水处置设施水污染物排放标准》，进一步加强农村污水处理站的监管。坚持陆海统筹减负、生态保护修复、风险防范，对12条入海河流实施"一河一策"治理行动，开展入海排污口"查、测、溯、治、罚"专项行动。规划保留村污水处理设施、规模化畜禽养殖场粪污处理设施实现全覆盖。治理农村坑塘1.37万亩、沟渠1178千米，新建扩建27座污水处理厂和40座一般镇污水处理设施，涉农区完成567条黑臭水治理。

经过大力整治和治理，天津水环境质量实现历史性好转，20个地表水国考断面中，优良水质比例达到55%，较"十二五"时期末提高30个百分点，劣V类水质断面首次"清零"，较"十二五"时期末下降65个百分点。城市建成区全部消除黑臭水体，每年10亿立方米达到类四标准的污水处理厂出水作为生态补水进入海河，河流水生态逐步恢复。近岸海域水质得到突破性改善，优良水质比例达到70.4%，较"十二五"时期末提高62.6个百分点。

昔日饱受水体污染之痛的天津，既实现了生态、水体保护的目的，又给城市注入了绿色能量，让原本令居民苦不堪言的"污水河""垃圾道"变身美丽风景线，也让越来越多的人享受到了由此带来的"绿色福利"。"清水绿岸、鱼翔浅底"的生动图景正在逐步变成现实。

(四)推窗见绿揽清风,城市生活环境更宜居

绿化美化让城市"颜值"更高,群众生活更"美"。新中国成立时,天津的树木不足2万株,人均公共绿地面积仅0.28平方米,公园仅有7处66平方千米。20世纪50年代,天津园林绿化建设紧跟城市环境改造、紧跟人民生活,建成了全市最大的水上公园,新建公共绿地393平方千米,建设工人新村的同时配套建设了二宫、中山公园、王串场公园、西沽公园等市区级大公园,改善了市民住房条件和城市的环境条件。改革开放以来,天津的园林绿化有了长足的发展,并创造了许多新鲜经验,海河两岸建公园、人口稠密建筑拥挤的老城区建"三小"绿地(小街景、小游园、小绿地)、绿化与文化交融的居住区进行庭院绿化、以中环线月季彩带和外环线500米宽绿化带为特色的道路绿化等,成为天津的园林名牌产品并影响了全国。进入90年代,特别是1995年天津市政府发出"让天津绿起来"的号召,唤起了广大市民的绿色意识,掀起了绿化津城的热潮,园林绿化步伐不断加快,街道上、小区旁也出现了越来越多精心设计的公园绿地。

党的十八大以来,天津始终坚持生态优先、绿色发展的理念,制定并实施《美丽天津——市容环境、园林绿化、城市管理行动纲要》,颁布实施《天津市改造绿化条例》《天津市改造公园条例》,编制《天津市改造城市绿地系统规划》《天津市改造园林养护管理导则》等一系列配套管理制度和政策,实现了依法依规建绿、管绿和护绿。围绕美丽天津建设的总任务,以生态大绿为目标,全力推进公园建设、绿道建设、道路绿化和社区绿化建设,绿化水平显著提升。天津秉承"城园融合,拥园发展"的建设思路,园林绿化水平不断提升,外环500米防护绿带转变为生活游憩功能的环城公园,依托环城公园向内连接核心区铁路绿道,向外连

接6大郊野公园及郊野绿道,通过海河等6条河流廊道进行串接,形成"三环、六廊"的生态系统。依托"林、田、水、景、园"串联"翡翠项链",生态宜居空间不断拓展提升。"十三五"时期,建成区完成园林绿化新建、提升、改造10020万平方米,相继建成水西公园、子牙河滨河公园等一批城市公园,完成192个街心和社区公园提升任务,截至2020年底,全市建成区绿地面积已达40325.6万平方米,建成区绿化覆盖率为37.59%,建成区绿地率为34.46%,人均公园绿地面积为10.31平方米。2022年,天津启动实施"一环十一园"的"植物园链"建设,依托外环线绿带,串联起沿线刘园公园、程林公园等11座公园,涉及东丽、西青、北辰、津南、红桥五个区,面积约四十六平方千米,形成环绕中心城区的绿色屏障,城市生态空间进一步扩张,绿色生态更加触手可及,惠及更多市民。百姓家门口"小而美"的公园也多了起来,实现了开窗见景、出门见绿,拓展了城市生态空间,增强人民群众生态体验感。

城市绿化托起满满的绿色幸福感,一座天蓝草青、绿树环绕,既有文化品味,又有现代气息的滨海开放城市已呈现在世人面前。居民出行300米见绿、500米入园,真正把"绿"送到百姓家门口,让自然回归城市,让百姓享受绿色,让生态大绿扮美津城,惠及民生。

(五)人与自然相辉映,重大生态工程赋能美丽城市

绿色是生命力、持续力、竞争力。绿水青山既是自然财富、生态财富,又是社会财富、经济财富。党的十八大以来,天津坚持以习近平生态文明思想为指引,始终把生态文明建设和生态环境保护放在更加突出的位置,以"功成不必在我"的精神境界和"功成必定有我"的历史担当,大力推进"871"重大生态工程,推动实施875平方千米湿地升级保护、736平方千米绿色生态屏障建设、153千米海岸线严格保护等。

升级保护875平方千米湿地自然保护区。天津湿地保护区珍藏着

古海岸的足迹,也见证着一座城市对于自然的珍视与敬畏。2017年以来,天津编制并实施全市湿地自然保护区"1+4"规划体系,对七里海、北大港、团泊、大黄堡等875平方千米的湿地进行全面升级保护改造,积极推进生态移民、土地流转、湿地修复等重点工程,恢复湿地功能,保护好"绿色基因"。湿地自然保护区基础设施建设不断完善,湿地涵养功能不断恢复提升,湿地功能和生物多样性逐步恢复。目前,四大湿地自然保护区生态保护均为优良状态,每年有百万只候鸟前来栖息,七里海的鸟类由10年前的182种增加到了目前的235种,曾消失十多年的珍稀鸟类震旦雅雀、中华攀雀、文须雀、北长尾山雀等又重返七里海。湿地在涵养水源、保护生物多样性、调节小气候等方面发挥的作用更加明显,成为名副其实的"京津绿肺"。

加快建设736平方千米双城间绿色生态屏障。人不负绿水青山,绿水青山定不负人。天津着眼于大环境、大生态、大系统,提出在滨海新区与中心城区之间建设736平方千米绿色生态屏障区。天津市第十一次党代会作出"滨海新区与中心城区要严格中间地带规划管控,形成绿色森林屏障"的决策部署,绿色生态屏障开始由蓝图走向实践,2018年高标准完成《双城中间规划管控和实施方案》编制,2019年公布《天津市双城中间绿色生态屏障区规划(2018—2035年)》。绿色生态屏障区整体按照"天"字形生态空间结构建设,完全建成后的绿色生态屏障区将融入京津冀区域生态环境体系,成为环首都东南部生态屏障带的重要组成部分。绿色生态屏障规划建设开展拆迁与生态修复、造林绿化、水生态环境治理、污染治理和综合监管等十大重点工程,着力推进宁河区永定新河林水生态区、滨海新区古海岸湿地绿廊(北段)生态区、津南区卫南洼森林湿地生态区、西青绿廊生态区等十大重点片区建设。如今,南北长约五十千米,东西宽约十五千米,面积736平方千米的绿色生态屏障雏形基本形成。屏障区规模性生态效益逐步彰显,屏障区建设有效协调了山水林湖草,森林质量不断提升,一级管控区内林地面积达到18.73万亩(含部分水面),林木绿化覆盖率达到25%,蓝绿空间占比提升到65%,二三级管控区建设水平大幅提升,呈现一派生机勃发、绿意葱茏的景致。中心城区东南部降温0.2℃至0.4℃,增湿2%左右,形成丰富的空中云水资源,热岛效应持续改善。屏障区良好的生态环境也成为经济高质量发展的重要支撑,屏障区加快推进了绿色生态示范区、创新发展聚集区、会展经济功能片区和"双碳"工作先行示范区建设,一批绿色智能项目正在加快建设,实现了产业由低中端向高端的转变,推动了绿色经济增长极的加速培育。屏障区在改善区域生态环境的同时产生了社会效益,让城乡居民更多地享受到绿色生态红利,进一步提高居民生活质量和增加获得感。美丽的绿色生态屏障从"颜值"到内涵,美了城市、惠了百姓,成为人民享受生态文明建设成果的集中写照。

推动153千米海岸线生态修复,为子孙后代打造一片"蓝色海湾"。蓝色海岸线既是天津赖以生存的生态底色,更是高质量发展的重要资源。2018年,天津印发《海洋生态环境保护实施方案》,将全部自然岸线纳入生态红线,实施严格的围填海管控措施。2019年,出台《天津市"蓝色海湾"整治修复规划》《渤海综合治理攻坚战生态修复项目实施方案》,启动岸线和滨海湿地整治、修复项目,3年累计完成4.78千米的岸线整治修复工程和531平方千米生态湿地修复工程。大力养护海洋生物资源,到2025年,整治修复岸线将不少于24.5千米,进一步扩大城市蓝绿空间占比。严格落实海洋伏季休渔制度,海洋捕捞总产量与2015年相比减少25%,增殖放流各类苗种近七十二亿单位。水清、岸绿、滩净、湾美的美丽海湾,为经济高质量发展和美丽天津建设,提供了有力支撑。

良好生态环境是最公平的公共产品,是最普惠的民生福祉。天津始终坚持以"风物长宜放眼量"的定力执着和"咬定青山不放松"的韧劲、拼劲,坚定不移地走高质量发展道路。经过几年的规划建设,天津"大水、大林、大绿"的生态景色已逐步呈现,城在林中、居在绿中、人在景中、车行园中的怡人图景正在徐徐展开,极大改善和提高了人民的生活质量和幸福指数,为人民群众提供了更多优质生态产品,也为子孙后代留下了宝贵的绿色发展空间。

(六)环境卫生新面貌,百姓生活更加便捷舒适

环境卫生关乎民生、关乎百姓健康。天津历来重视环境卫生工作,特别是党的十八大以来,党中央高度重视"厕所革命",强调厕所问题不是小事情,要努力补齐这块影响群众生活品质的短板。小厕所连着大民生。近年来天津持续推进"公厕革命",在重点地区、商业区、主干道路等人员密集的点位,新建、提升改造城市环卫公厕903座,旅游景区新建改造公厕269座,建立全市公厕档案,制定《天津市公共厕所管理服务标准》,加大了无障碍设施、第三卫生间和母婴室等人性化设施建设力度。全市1548座环卫公厕和2660座社会公厕全部实行标准化管理。公厕经过改造升级,打破了以往单一的功能形态,使之与周边景观巧妙融合,极大提升了城市形象。

处理好垃圾是关乎美好生活的大事。全市生活垃圾焚烧厂达13座,设计处理能力总计达到17450吨/日,全面满足生活垃圾无害化处理需求。餐厨垃圾规范收运处理有序推进,农村垃圾治理、建筑垃圾治理、海上环卫有序开展,垃圾处理能力不断强化,城镇生活垃圾无害化处理率达到100%,道路清扫保洁作业覆盖率和可机扫水洗道路机械化作业率实现100%,高标准出台《天津市生活垃圾管理条例》。4146条道路实现精细化清扫保洁作业全覆盖,2801条可机扫水洗道路实现100%机械化作业,为市民营造整洁舒适的生活居住环境。

（七）共建美丽乡村，共享幸福生活

改善农村人居环境、建设美丽宜居乡村是全面实施乡村振兴战略的重要内容。从1984年起，天津市委、市政府坚持每年为农村居民办实事，不断推动基础设施建设向农村覆盖，努力改善村容村貌。党的十八大以来，天津全面落实党中央、国务院决策部署，通过各方力量全力攻坚，持续实施农村人居环境整治行动，积极推进农村垃圾治理、污水处理、"厕所革命"、村庄清洁行动等行动。实施农村全域清洁化工程，围绕路边、河边、田边、村边、屋边"五边"，以"四清一改"为内容，常态化开展"四季战役"、百日大会战和周末大扫除等清洁活动，切实让农村"净起来"。以道路硬化、街道亮化、垃圾污水处理无害化、能源清洁化、村庄绿化美化、生活健康化"六化"为标准，加大农村基础设施建设。"十三五"期间，创建了1139个美丽村庄，建成150个农村人居环境整治示范村，西青区被评为2018年农村人居环境整治成效明显激励县（市、区）。武清区、津南区被评为2019年全国村庄清洁行动先进县。农村生活垃圾无害化处理、农村生活污水处理设施、农村卫生厕所基本实现全覆盖，畜禽粪污综合利用率达到86.51%，乡村人居和生态环境显著改善。加强农村污水处理站的监管，建成1885个村的生活污水处理设施。全域地表水环境质量明显改善，全部110座污水处理厂完成提标改造，工业及城镇排水主要污染物浓度达到地表水准四类或准五类，每年约十亿吨污水由废转清，成为河道生态补水。1439个村建成生活污水治理设施，2095家规模化畜禽养殖场粪污治理设施实现全覆盖。改造提升新建户厕64.4万座、公厕四千三百多座，基本实现农村卫生厕所全覆盖。全市农村生活垃圾无害化处理率达到97.4%。人民群众感受到实实在在的幸福感、获得感。

农村面貌发生显著变化，居住条件和生活环境更加清新优美，农村的生态环境美起来、农民的生活方式绿起来,美丽乡村建设为乡村振兴的天津画卷增添了浓墨重彩的篇章。

天津从一座码头城市,成长为高楼大厦鳞次栉比、公园绿地星罗棋布、生态环境自然优美的现代化海滨城市。放眼津沽大地,处处孕育着勃勃生机,绿色福利给百姓带来的幸福感与获得感不断增强。党的十九大报告指出:"我们要建设的现代化是人与自然和谐共生的现代化,既要创造更多物质财富和精神财富以满足人民日益增长的美好生活需要,也要提供更多优质生态产品以满足人民日益增长的优美生态环境需要。"未来,在全面建设社会主义现代化大都市的新征程上,天津生态环境建设将持续让这座城市收获自豪感、荣誉感,让市民获得稳稳的幸福。

共同富裕篇

实现共同富裕,是社会主义的本质要求,是人民群众的共同期盼,是中国共产党孜孜以求的理想目标。新中国成立后的七十多年里,中国共产党推进共同富裕的探索实践,取得了重大成就,积累了宝贵的历史经验,走出了一条中国特色的共同富裕道路,对于实现中华民族伟大复兴具有重要意义。党的十八大以来,党中央将共同富裕与社会主义现代化建设、人民对美好生活的向往、人的全面发展紧密联系起来,以全面深化改革筑牢共同富裕初步实现的生产关系基础,以共享发展奠定了共同富裕初步实现的思想基础,以历史性解决绝对贫困问题夯实了共同富裕初步实现的物质基础,党和国家取得了全面建成小康社会的历史性成就,新时代扎实推进共同富裕迈出了坚实步伐。天津认真落实党中央大政方针和决策部署,立足新发展阶段,贯彻新发展理念,服务和融入新发展格局,笃定高质量发展不动摇,积极推进共同富裕,切实增强为民服务的预见性、系统性、精准性、普惠性,更好满足群众对美好生活的向往。

一、幸福图景:共同富裕路上一个不能掉队

(一)低碳农业拓宽致富路

冬日的暖阳里,东丽区金钟街欢坨村的大棚里郁郁葱葱,一串串西红柿挂满枝头,映衬着青翠欲滴的枝叶,格外亮眼。这些红色的果子,不仅是东丽区亮丽的农业名片,激活了一方经济,更是助农增收的"致富果",富裕了一方百姓。

立农为农,联农带农,强农富农。近年来,东丽区大力发展特色农业,延伸特色农产品产业链条,培育数字农业、体验农业、生态农业、创

意农业、低碳农业等新型业态,为乡村振兴注入了澎湃动力。

1.西红柿"串出"致富果

欢坨村种植户张师傅有一个长约二百米、宽约七米的大棚。棚顶上吊着六十余个浴霸灯,两侧分布着管道式喷雾器,一根根白色的吊绳上盘绕着西红柿茎蔓,棚内弥漫着西红柿沁人心脾的芳香。

大棚里的西红柿长势喜人

种植户张师傅正在查看植株的生长情况,时不时弯腰看一下植株的根部、苗叶的长势,留意水肥的灌溉时间等。尽管工作重复琐碎,但看着大约半人高、长势喜人的西红柿苗,张师傅乐在其中。

张师傅介绍,他每天早晨6时30分,都会准时来大棚,打开浴霸灯,让果子沐浴温暖。"冬季天儿冷,每天上午开两小时,下午开两小时,只有大棚内保证足够的温度,才能结出好果子。"张师傅笑着说。

欢坨村的村民在查看西红柿植株的生长情况

张师傅以前干物流,家里租了两辆带挂的大货车。随着东丽区农业供给侧结构性改革的推进,特色农业发展如火如荼,张师傅弃商从农回归田园。"夏天5元一斤的欢坨西红柿,冬季可以卖到八元左右,过年时价格更高,可达十几元。一个大棚占地两亩多,保守产量一万两千余斤,产值十多万元。我有两个这样的大棚,一年收入二十多万元。"他一边掐蔓一边算起了致富账,"最重要的是不愁销路,现在果子还没成熟,已经被订购完了"。

据了解,欢坨村种植的西红柿个大饱满,酸甜可口。张师傅介绍,这与欢坨村特有的胶泥土质是分不开的。胶泥土质偏黏,干的时候是坚硬的土块儿,湿了就像泥一样黏,格外适合西红柿的生长。

在欢坨,像张师傅一样从土里刨出"金疙瘩"的农户还有很多。据了解,欢坨现有三千四百多亩园田,由近五百农户分别承包,以温室和大棚模式种植西红柿等蔬菜,其中包括一线地块约四百六十亩,种植户约一百五十户。

2.产业融合拓宽致富路

采摘、垂钓……欣荣格农业种植合作社依靠50亩的大棚,发展乡村旅游及农业观光项目,吸引了许多游客到"农场"体验采摘活动,促进了蔬菜销售。

合作社总经理于经理是一个与土地打了三十多年交道的农民,"以前都说种地不挣钱,争着抢着外出打工,现在好了,土地里终于刨出了'金疙瘩'"。他高兴地说,"主要是党和国家的政策好,只要撸起袖子加油干,过上好日子并不难"。

现在,于经理把以前一米多高的、用竹木搭建的旧棚全部提升为两米左右高的、用钢管建造的新式大棚,分门别类地种植着各种蔬菜——黄瓜、彩椒、各种绿叶菜,当然还有不愁卖的西红柿。"我们的菜都是有机的,不打农药,每天早晨运到市区蔬菜批发市场后,很快就会被抢购一空。"于经理说。

蔬菜大棚的前面是一大片鱼塘,几辆挖掘机正在清理淤泥。除了采摘,于经理的农场夏天可以钓鱼,秋天可以钓蟹,游客可以体验元气满满的乡村游。"我心里揣着两个梦:一个是让农业能挣钱,一个是让食品吃起来更健康。"于经理说,他的梦想在政府的支持下逐渐实现了。

作为东丽区两大乡村振兴示范区之一,目前,欢坨村借助西红柿产业功能延展,促进产业间的横向融合,催生了电商网购、观光体验、托管认养等休闲农业发展,以特色农业为主题的"西红柿节"已成功举办三届,周边许多游客慕名而来。

"我们还借助独特、优质的农业资源,推动种植业与林业、渔业交叉互补,实现农业产业间的内向融合,催生了一些稻渔共生、林下经济等新业态,让农民的口袋越来越鼓。"时任金钟街道办事处农业办公室负责同志说。

3.创新发展打造低碳农业

当下,欢坨村正规划建设欢坨村综合管理服务中心、规划西红柿种植三大板块,深入打造欢坨"西红柿节"、欢坨西红柿采摘季、欢坨西红柿特色农耕体验等多元休闲文化活动和品牌符号,计划用3至5年建成综合农业产业园。

欢坨村规划的西红柿种植三大板块主要包括:建设50亩至100亩标准化西红柿示范园;建设2000亩的农业光伏互补智慧农业示范区;提升现有传统西红柿设施农业种植区,引导农户逐步实现标准化种植,面积增至约四千亩。

其中为响应国家号召,农业光伏互补智慧农业示范区将积极发展低碳农业,进一步提高土地利用效率,提高农业智慧化水平,大力推行固碳减排措施,提升农业社会经济综合效益,形成具备农业生产、参观展示、研学培训、休闲服务等功能的综合低碳绿色农业示范区。

"在欢坨村已规划的西红柿基地的基础上,通过光伏发电系统优化升级、高效设施农业提质增效、现代农业与综合智慧能源深度融合,打造综合智慧能源+高效设施农业示范园区项目,届时我们还可以'卖碳'赚钱。"时任欢坨村股份经济合作社负责同志对欢坨村的未来充满信心。

(二)困难群众的共同富裕梦

一座城市散发的温度,困难群众最有感受。

从基本生活到衣食冷暖,从补齐短板到兜住底线,社会救助充当着重要的社会"稳定器"作用,是保障基本民生、促进社会公平、维护社会稳定的基础性制度安排,也是我们党全心全意为人民服务根本宗旨的集中体现。

想群众之所想,急群众之所急,解群众之所困,天津拿出"咬定青山不放松"的恒心,健全社会救助体系,优化社会救助体制机制,织密织牢社会救助兜底保障网,用心用情用力解决困难群众烦心事。

"共同富裕路上,一个也不能掉队",这是承诺,更是责任。托起困难群众的幸福底线，天津交出暖心答卷。

河东区残联通过"按件取酬""订单式"培训形式，帮助残疾人通过劳动获得收益

1.救助政策不断"加码"升级

"多亏了政府的帮衬，让我们一家子走出了困境。"每个月和老伴儿只有两千多元退休金，还要支付五千多元的医药费，入不敷出的境况让津南区双桥河镇东泥沽村村民姜大姐几度绝望。村民政工作人员得知姜大姐的情况后，为其申请低保、临时救助和医疗救助。"现在，我看病的费用95%以上由政府支付，我的负担减轻了，身体也跟着变好了。"姜大姐曾经的愁容变成了笑容。

姜大姐的故事并非个例。家住河东区春华街美福园社区的李师傅是一名网约车司机，独自抚养两个年幼的孩子。2021年初，因住院做心脏支架手术，近三万元的手术费让并不宽裕的家庭雪上加霜。"当时，为了看病，亲朋好友处能借钱的全借了。术后，大夫又告诉我，我的身体状况已不能从事网约车工作，那时感觉天都塌下来了，发愁借的钱怎么还。"就在李师傅走投无路时，他找到了社区居委会。

因为名下有一辆汽车，按照政策，李师傅不能享受低保，可是李师傅确实有大额医药费负担,所以民政工作者加急为其办理"救急难"手续,用临时救助兜底,先解燃眉之急。"工作人员对我说,等后续我的身份符合待遇政策,就会为我办理低保。"一颗定心丸,让李师傅觉得日子有了盼头。

加大社会救助力度,在对城乡低保、特困、低收入救助家庭做到应保尽保的基础上,通过临时救助政策加大对支出型贫困家庭的救助力度。利用市区的社会救助基金开展个案精准救助,妥善解决政府救助后仍有困难或者政府救助政策暂时覆盖不到的家庭。扩大救助范围,对低收入家庭中的重度残疾、患重病的困难群众,可按照单人户申请低保……在政策惠民上做加法、在救助门槛上做减法,天津用一项项硬核措施织就一张严密的兜底保障网,让社会救助照耀到每一个角落。

2. 创新模式防止保障"漏底"

社会救助对困难群众而言,就是及时雨、雪中炭。及时雨如何更及时? 雪中炭如何暖人心? 天津探索的脚步从未停歇。

在津南区,小小的救助标识牌将困难群众与政府部门紧密联系在一起。区民政局社会救助科负责同志介绍,津南区为区内所有的困难群体发放救助标识牌,当他们生活中遇到难题时,扫一扫牌上的二维码,就会第一时间得到量体裁衣的救助。

双新街金兴家园社区居民刘先生就是通过救助标识牌上的二维码,解决了自己最迫切的需求。他本已到了安享晚年的年纪,却还要照顾生病的儿子。不幸的是后来自己也生病了,他住院后,儿子陷入无人照顾的困境。上传需求、认领责任,社区、街道、区民政局劲往一处使,不仅帮刘先生减轻了看病的经济负担,还联系了托养机构,儿子有人管了,刘先生再无后顾之忧。

搭平台、赋能量,不断创新社会救助模式。目前,天津已初步构筑完成低收入人口信息监测平台,通过数据比对,及时将符合条件的易返贫、致贫人口等纳入兜底保障范围。全市社会救助审核确认权限下放街道(乡镇),让百姓的急难愁事"提速办"。推行承诺制审批,实现社会救助"就近申请、全城协办"。依托"津心办""津治通"App、天津社会救助"直通车"微信小程序等,为困难群众铺设了"最多跑一次"甚至"一次都不用跑"的便捷路。

3. "物质+服务"让社会救助更暖心

"社会救助不能是简单地给予物资救助,要不断提升救助水平和服务质量,让困难群众不仅暖身,更要暖心。"在守护困难群众的道路上,天津自加压力,提出"物质+服务"的救助方式。

2021年10月,天津街头一男孩睡在别人车顶上的视频上了热搜。寒秋深夜,露宿街头,当所有人都为男孩揪心时,一场爱心行动已经展开。"其实对男孩的救助从2020年就已经开始了。"河西区民政局社会救济科负责同志说,当时,孩子的母亲带着孩子从山东返津,滞留在一家超市内,被发现后,民政局不仅为他们安排了住处,还给予了临时救助。后来又为他们办理了低保,解决了孩子的"黑户"问题。孩子有学上了,每月又有稳定的救助金作保障,本以为他们的日子就这样安定地过下去,没想到,母亲的冷漠让离家出走成了男孩逃避母亲的方式。

"绝不能让孩子在这样的环境里成长。"就在男孩睡车顶的转天,河西区民政局将男孩临时安置,并安排专人照料。"我们还请来了专业心理咨询师给孩子做辅导,孩子的性格也开朗了许多。"河西区民政局社会救济科负责同志说,对于孩子的未来,他们也在规划当中。

统筹救助资源,把力量聚起来,天津将社会救助工作由政府单打一的"独角戏"发展成为全社会共发力的"大合唱"。"困难群众的需求是多元化的,单纯依靠政府进行物质和资金的救助,难以满足群众需求。因此,我们广泛链接各类社会资源,构建以提升可持续生计能力、社会融入能力为核心的社会救助体系,为品质生活补上困难群体这块'短板'。"天津市民政局救助处负责同志说，"物质+服务"的救助新模式，实现了从关注困难群众物质需求向注重物质与精神需求的转变。

（三）产业重塑助力乡村振兴

党的十九大以来，天津把"三农"工作作为执政之基、发展之基、稳定之基，以实施乡村振兴战略为总抓手，紧密结合直辖市特点，统筹推进农村产业振兴、人才振兴、文化振兴、生态振兴、组织振兴，大力度调整产业结构、改善人居环境、培育文明乡风，美丽乡村建设内外兼修，塑生态之形、铸文化之魂，推动新时代乡村进行一场全方位、革命性变革。

乡村振兴，生活富裕是根本。2021年全市农村居民人均可支配收入同比增长8.8%，跑赢了国内生产总值增速，绝对值达到27955元，位居全国第4。最为可喜的是，天津继续成为全国城乡人均可支配收入差距最小的省份，标志着共享发展的理念已经落地生根，天津在推进城乡均衡发展方面走在全国前列。

作为北方工商重镇，天津的三次产业产值结构中，农业占比最小，但小体量不等于"小农业"，天津耕地资源禀赋优越，"浓缩的都是精华"。

民以食为天，食以粮为先，小站稻无疑是天津一张闪亮的名片。

春日融融，津南区小站镇会馆村的村民正忙着育秧。村委会主要负责同志欣喜地说："2021年尽管遭遇了一些自然灾害，但小站稻仍然获得丰收，稻谷总产量达到35万千克，每亩增收三百多元。"

津南区小站稻长势喜人

会馆村是天津小站稻的发源地。近百年来,这里的村民多以种植优质小站稻为生。后来由于缺水等原因,长达几十年,村民都不能再种小站稻。2018年,天津启动小站稻产业振兴规划,会馆村村"两委"流转土地,成立合作社,疏通河渠、肥沃土壤、播撒良种,第一年种植的300亩小站稻就获得了大丰收。近两年,村里又开展稻蟹立体混养,发展乡村旅游,促进一二三产业融合发展,村民人均年纯收入达三万元左右,小站稻已成为会馆村的致富粮。

振兴小站稻,天津舍得真金白银投入。天津农业农村委坚持藏粮于地、藏粮于技,投入近一千万元财政资金支持水稻产业科技创新体系建设,全面开展水稻基质育秧,推广节水节肥种植新技术。投入约两千万元支持水稻高标准智能化研究设施建设,改善了天津小站稻品种研究基础条件。

春暖花开时节,宁河区七里海镇养蟹大户杜师傅又忙活起来。2021年,他承包的8000亩稻田,套养七里海野生河蟹获得大丰收,稻香、蟹肥，每亩增收五百多元。

目前，小站稻种植面积达到102万亩，天津已成为华北最大的粳稻种子生产基地，陆续推出了"津原U99""天隆优619""金稻919""津育粳22""津川1号"等一系列优质小站稻品种，还统筹资金2000万元，支持稻蟹综合种养示范基地10万亩，引导农民稻蟹综合种养50万亩。

农业现代化，种子是基础。在武清区南蔡村镇天民田园合作社种植基地，温室大棚内的果蔬已进入采摘期，有"小鹊登枝"水果番茄、"不知愁"白草莓等不少热销产品。这里已经成为京津两地的"菜篮子"基地，每天供不应求。菜农们说，过去他们种的是普通果蔬，大水大肥，亩产量很高，但口感不佳，售价也不高。为改变这种状况，他们决定不再种"大路货"，而是专门种高品质果蔬，选择良种，施有机肥，不打农药，不再单纯拼产量，而是更加注重质量和口感。

时任基地负责同志说，现在菜农种的都是"名特优新"品种，品质一流，口感更佳，既满足了市民需求，又增加了菜农收入。这两年，又试种成功了甘蔗、火龙果，成了采摘网红打卡地，亩产效益大幅增加。2021年，合作社社员人均年纯收入近三万元。

近年来，天津聚焦农业高质高效发展，紧紧抓住农业供给侧结构性改革这条主线，聚焦做强种业品牌，大力实施种业振兴行动，集中开展"卡脖子"技术攻关，持续推进优良品种选育，增加绿色优质农产品供给，一大批津产良种助农增收，让"中国饭碗"装上更多"天津粮""天津菜"。"七星"水果萝卜，脆甜可口，享誉京津冀。"津研""津杂""津优"等6大系列黄瓜品种，致富全国菜农。"夏雪""丰花""津雪""津品"四大系列花椰菜品种，打败"洋品种"……截至目前，天津已培育认定187个"津农精品"。小站稻、沙窝萝卜、茶淀玫瑰香葡萄、宝坻黄板泥鳅4个区域公用品牌入选中国农业品牌目录，果蔬肉蛋奶等市民菜篮子产品自给率位居全国大城市前列。

　　乡村振兴,产业兴旺是重点。一寸土地一寸金。为助力农户生产高品质农产品,天津在10个涉农区大力发展高效设施农业,改善了农业生产环境,一年四季都能生产,打造升级版现代都市型农业。

　　东丽区胡张庄村民赵师傅谈起高效设施农业,赞不绝口。"过去,大伙儿种的都是露地葡萄,特别费心。夏天赶上下暴雨,葡萄特别容易裂果,品相不好,只能贱卖。"说起过往,赵师傅摇头不已。

　　让他高兴的是,2019年政府部门投入1200万元,帮村民建起了41个高标准大棚种反季节葡萄。大棚遮风挡雨,种出的葡萄品相好,还提前成熟,身价翻番,成了"金"果子,他家种3个大棚葡萄,2021年赚了十多万元。

　　农字牌、农字号,从一产渗透到二三产。天津大力促进三次产业深度融合发展,积极扶持农产品深加工,延伸产业链条,发展农家乐、民俗村、休闲农庄等餐饮、旅游业,为农民增收创造了更多增长点。

　　蓟州区依托良好的生态环境,发展农家旅游,农家院数量达到两千多个。这几年精品民宿雨后春笋般崛起,涌现出了西井峪、小穿芳峪等一批示范旅游村,村民收入翻番。

蓟州区农民开办的家庭农场喜获丰收

截至目前,天津已有22个市级休闲农业示范园区和258个市级休闲农业特色村点。2021年,休闲农业和乡村旅游接待人数达到2500万人次。

二、成就见证:在共同奋进中推进共同富裕

(一)全面建成高质量小康社会,共同富裕迈出坚实步伐

"十三五"期间,天津坚持以新发展理念引领高质量发展,统筹推进经济建设、政治建设、文化建设、社会建设、生态文明建设,全面建成小康社会"得到人民认可、经得起历史检验"。

1.京津冀协同发展深入推进

积极承接北京非首都功能,引进北京项目3062个、投资到位额4482亿元,中交建京津冀区域总部、中国核工业大学、清华大学高端装备研究院等一批项目落地,国家会展中心加快建设。滨海—中关村科技园注册企业2012家,宝坻区京津中关村科技城等加快建设。全面深化与雄安新区在规划、产业、生态、公共服务等方面交流合作。建立京津冀大气污染防治协作机制,牵头制定首个区域环保标准。京津、京沪、京滨、津兴四条高铁通道联通京津双城格局加快形成,建成津石天津西段、京秦、唐廊一期等高速公路和一批省际接口路,实现区域路网互联互通。天津港"一港六区"实现统一运营管理,集装箱吞吐量年均增长5.4%,稳居全球集装箱港口十强。

2.产业结构进一步优化

科技创新支撑作用持续增强。新一代超级计算机、大型地震工程模拟研究设施等10个国家级重大平台获批建设,国家自主创新示范

区、新一代人工智能创新发展试验区建设加快推进,成功突破高端CPU(中央处理器)芯片、自主可控操作系统等核心关键技术,南开大学周其林团队获国家自然科学奖一等奖。国家高新技术企业、国家科技型中小企业分别超过7400家和8100家,每万人口发明专利拥有量24.03件,全社会研发投入强度、综合科技创新水平指数居全国前列。

新兴产业加快壮大。设立百亿元智能制造专项资金,智能科技、生物医药、新能源、新材料等新动能加快成长,信创产业已形成涵盖芯片、操作系统、整机终端、应用软件等全产业体系。成功举办四届世界智能大会,国家级车联网先导区成功获批,信息安全、动力电池两个集群入选全国先进制造业集群。

优势产业加快转型。高端装备形成了以海工装备、轨道交通装备、机器人等为代表的产业集群,汽车产能和配套能力大幅提高。航空航天产业形成"三机一箭一星一站"产业格局。中沙新材料园、中石化LNG等一批重大石化产业项目顺利实施。

现代都市型农业加快发展。建成高标准农田336万亩,建设提升一批农产品生产基地,小站稻产业加快发展,农业亩均效益明显提升,主要"菜篮子"产品自给率保持全国大城市前列。

现代服务业加快提质。飞机、国际航运船舶、海工平台租赁业务领跑全国,租赁跨境资产占全国80%以上。海河产业基金位居"中国政府引导基金30强榜单"前列,渤海银行等24家企业上市。金街纳入全国首批步行街改造试点,3个区被评为国家全域旅游示范区。软件和信息技术服务业、互联网和相关服务业快速增长。服务业增加值占比达到64.4%,比"十二五"时期末提高7.2个百分点。

3.三大攻坚战取得关键进展

防范化解重大风险攻坚战持续深化。建立健全政府举债融资机制,稳步推进债务风险化解,多措并举化解市属国企突出债务问题。强化地方金融监管,非法集资新发刑事案件、集资金额、集资参与人数持续下降。精准脱贫攻坚战成效显著。积极推进东西部扶贫协作和对口支援,累计投入财政帮扶资金126亿元,实施帮扶项目3651个,消费扶贫超过33亿元,助力50个贫困县全部实现脱贫摘帽。天津困难村结对帮扶任务全面完成。污染防治攻坚战效果明显。整治"散乱污"企业2.2万家,有效破解"钢铁围城""园区围城",3家钢铁企业有序退出,撤销取缔工业园区132个,完成"散煤"取暖清洁化治理120万户,全面实施机动车国六排放标准,PM2.5年均浓度由"十二五"时期末每立方米70微克下降到48微克。提标改造110座污水处理厂,优良水质断面占比由15%提高到55%,劣Ⅴ类水质断面占比由65%降为零,建成区全部消除黑臭水体。12条入海河流全部"消劣",近岸海域优良水质比例由7.8%提高到70.4%。建成一批垃圾处理设施,整治修复一批污染地块。

4.改革开放不断深化

营商环境持续优化,出台实施"津八条""民营经济19条""海河英才"行动计划等一系列政策措施,深入推进"一制三化"改革。企业开办时间压缩至1个工作日以内,实现"32证合一",一般社会投资工程建设项目从项目备案到取得施工许可证的平均用时压缩到63.5天。除特殊事项外,政务服务事项全部实现"一网通办",网上实办率达到98%。国企混改成效显著,17家市管企业实现集团层面混改,带动792户二级及以下企业引入市场化机制,具备混改条件的竞争类市管企业混改基本完成,事业单位转企改制迈出新步伐。财税体制改革深入推进,严格零基预算管理,大幅减税降费累计超过2800亿元。利用社会资本加快基础设施建设,项目总投资2799亿元。自贸试验区向全国复制推广37项试点经验和实践案例,占全国19.9%。完成滨海新区各开发区法定机构改革。积极推动"一带一路"建设,在非洲设立10个"鲁班工坊","鲁班工坊"累计达到17家,中欧先进制造产业园、天津意大利中小企业产业园加快建设,综合保税区达到3个,跨境电商进出口规模处于全国前列,国际友城增至92对,成功举办夏季达沃斯论坛、亚布力论坛夏季峰会、全国糖酒会、外交部天津全球推介会等展会。

5.生态宜居城市建设成效显著

地铁建设全面提速,国家已批复中心城区线路全部开工,5号线全线、6号线一期和1号线东延线建成投运,运营总里程达到232千米。建成宁静高速、滨海新区绕城高速等,贯通新外环等快速骨架公路,完成一批节点工程,打通一批卡口路段,提升改造3300千米乡村公路,建制村全部实现"村村通客车"。引江、引滦双水源供水工程体系进一步完善,安全供水67亿立方米。国家电网"1001工程"主体全部竣工。城乡信息基础设施实现跨越式发展,移动宽带、固定宽带下载速率均跃居全国第三位。中心城区、滨海新区主城区等区域实现5G网络全覆盖,建成"津心办""津治通"服务平台。"三站一场"、出租车、酒店、公园等场所管理进一步规范,5个区成为全国文明城区、9个区成为国家卫生区。食品药品安全得到系统性加强,在国家评议考核中均获A级。安全生产工作全面加强,平安天津建设深入推进,刑事和治安案件双下降,群众安全感和满意度双提升,社会保持安全稳定。生态保护修复持续加力,升级保护四大湿地自然保护区,规划建设双城间绿色生态屏障,初步呈现水丰、绿茂、成林、成片的生态效果,强化海岸线"蓝色海湾"整治修复。加强大运河和长城天津段保护传承利用,一批城市公园建成开放,西青区、蓟州区被授予国家生态文明建设示范区,子牙经开区获批国家生态工业示范园区。完成农村人居环境整治三年行动,农村面貌显著提升。

6.民生福祉持续改善

坚持每年实施20项民心工程。就业质量不断提高,实施稳就业"32条"、应对疫情保就业"76条"等政策措施,促进高校毕业生、退役军人、农民工等重点群体就业。"一老一小"问题有效缓解，老人家食堂达到1591个、日间照料中心（站）1157个、养老机构367家、养老床位7.6万张。新建、改扩建幼儿园672所，新增学位16万个，学前教育三年毛入园率达到92.3%。完成第三轮义务教育学校现代化标准建设，品牌特色高中建设加快推进，南开大学、天津大学等5所高校、12个学科进入国家"双一流"建设行列。天津茉莉亚学院建成使用，7所高职院校、10个专业群入选全国"双高"计划，高质量完成国家现代职业教育改革创新示范区建设任务。系统推进"三医"联动改革，建立优化分级诊疗模式，推广"互联网+医疗"服务，率先启动医用耗材跨区域联合带量采购，完成环湖医院、儿童医院、天津医院等新建、改建、扩建项目，院前医疗急救平均反应时间缩短至10分钟以内，人均期望寿命超过81岁。群众居住品质得到提升，完成148万平方米棚户区改造和8624万平方米老旧小区及远年住房提升改造，完成2.1万户农村困难群众危房改造任务，新建棚改安置房11.37万套，发放租房补贴19.65亿元，连续6年提前和延长供暖时间。社会保障网进一步织密筑牢，建立职工大病保险制度，养老、工伤、失业、生育保险待遇以及医保门诊报销限额、住院报销比例稳步提高。城乡低保、低收入家庭救助、特困供养、优抚对象抚恤补助等标准连续提升，"救急难"服务平台实现全覆盖。充分发挥各级关爱退役军人协会（站）作用，"退役军人之家"建设成效明显。深入实施文化惠民工程，基层综合文化服务中心全面达标。国家海洋博物馆等文化设施建成试运行，民族文化宫重建启用，《周恩来回延安》等精品力作得到普遍赞誉。新建改造一批体育场馆、社区健身园、体育公园等设施，全民健身和冰雪运动蓬勃开展。成功举办第十三届全国运动会、第十届全国残运会暨第七届特奥会、中俄青少年冰球友谊赛，天津女排14次勇夺全国联赛冠军。

（二）全过程人民民主生动实践，汇聚干事创业强大力量

2021年11月初，寒气袭人，冬意渐浓，但抵挡不住选民们高涨的政治热情，天津市区、乡镇人大代表换届选举各选区投票站里人头攒动。随着最后一张选票郑重地投入到投票箱内，标志着5年一次，历时三个多月，涉及全市16个区和128个乡镇，八百八十余万选民参与的人大代表换届选举工作顺利完成。16个区依法选出区人大代表4492名，128个乡镇依法选出乡镇人大代表8542名。

回顾这次换届选举工作，天津市、区人大常委会和各级选举工作机构按照中央决策部署和市委工作要求，把坚持党的领导、充分发扬民主、严格依法办事、严明换届纪律贯穿人大代表选举工作的全过程和各方面，确保选举工作方向正确、风清气正，选举结果人民满意。换届选举成为人民群众依法有序参与全过程人民民主的一次广泛而生动的实践。

1."主官上、亲自抓"，确保选举工作方向正确

这次区、乡镇人大换届选举是在全面建设社会主义现代化大都市开局起步之际进行的，对于巩固党的执政地位、保障人民当家作主具有重要意义。必须旗帜鲜明讲政治，坚持党对选举工作的全面领导。

天津市委召开区和乡镇领导班子换届工作会议，强调要压紧压实各级第一责任人的责任，坚持"主官上、亲自抓"，提锅上灶，敢抓敢管，干在一线。天津市人大常委会依法作出决定，修改相关法规。常委会党组扛起政治责任，多次召开专题会议进行研究部署，党组负责同志深入基层实地察看指导工作。

天津各区、各乡镇党委把人大换届选举工作列入重要议事日程，党委书记做到亲自抓、具体抓。各区、各乡镇人大自觉在同级党委领导下开展工作，选举中的重要问题、重要情况及时向党委请示、报告。

和平区以"和平夜话"为载体,全区机关干部深入包联社区,入网、入格、入户,走进家门拉家常,加上微信交朋友,通过拉家常的方式提升居民群众对人大代表选举工作的知晓率,深入了解居民群众的期盼和要求,让老百姓有实打实的民主获得感。

西青区建立了"四包三定三集中"工作机制,即区领导包联街镇、街镇领导包选区、街镇干部包村社区、村社区干部包选民小组,定人员、定时间、定任务,全区各级集中力量、集中时间、集中精力抓好换届选举。

静海区开展选举法和选举实施细则专题培训,通过"老主席"经验交流、"新主席"说想法谈体会的方式,使各街镇的人大干部进一步理清换届选举程序,打牢思想政治基础。

2.广泛宣传发动,激发人民群众政治参与热情

"海河两岸彩旗飘扬、锣鼓鸣,人民群众为政治大事在欢庆,您要问:什么大事这么隆重? 人大代表换届选举工作在进行。"这是全国最美志愿者、天津市级劳模马芳菲创作的快板书《选举权庄严又神圣》,号召选民珍惜民主权利、投出庄严一票。

全市各区通过印发致选民的公开信、悬挂标语横幅、开设宣传栏、播放专题视频等方式,把宣传发动工作做到选民身边,激发广大人民群众的政治参与热情。

2021年9月28日,统一宣传日当天,河东区大王庄街道邀请各社区文化志愿服务队、河东消防支队、大王庄派出所参加活动。舞龙、舞狮、腰鼓队进行热场后,文艺汇演、发放传单、知识问答等陆续开展,为大家呈现了一场别开生面的人大换届选举宣传活动。河北区将宣传点位分布在全区十个街道及武装部,设置咨询服务台、摆放展牌、播放宣传录音等,群众纷纷上前观看了解,发放宣传资料五千余份,现场解答选民提出的相关问题。

河西区一千五百余名专职网格员、一千余名兼职网格员,既是网格

员,也是人大换届选举宣传员,他们入户开展人民代表大会制度优越性宣传,用老百姓听得懂的语言宣传人大换届选举工作。

3.做好选民登记,有力有效提高参选率

2021年10月8日,东丽区雪优花园社区党群服务中心门口,数十位选民驻足公示栏前,在社区张榜公布的选民名单中认真查找自己的名字。

选民登记是人大代表换届选举的基础性工作。为有效解决选民登记中的"错登、重登、漏登"问题,天津市人大常委会会同市大数据管理中心,研发建设天津市选民登记信息系统,更加有效精准开展选民登记工作,充分保障人民群众的选举权利。

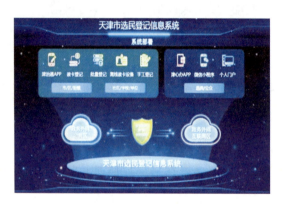

天津市选民登记信息系统

南开区依托选民登记信息系统,采取自助登记、协助登记和登记站登记等多种方式便捷有效登记。在选民补登工作中,社区通过网格员逐户入户走访,同时进一步宣传人大换届选举工作和相关法律法规,鼓励居民踊跃参与投票。

宝坻区八门城镇针对辖区人户分离、易地搬迁户较多的实际,社区采取电话联系、逐户上门的方式积极征求群众的参选意愿。北辰区北仓镇积极与公安分局、北仓派出所对接,工作人员到行政许可中心了解

"海河英才"人员信息,保障流动人口和移民搬迁人口的政治权利。

4.依法提名推荐,严把政治关、廉洁关、素质关、结构关

充分发扬民主不是一句口号,而是体现民意、汇集民智、凝聚民心的实际行动。

"我们要选就得选出能为选民办事的代表来。""我提名某某为人大代表初步人选,因为他为人正派,能够替人民群众发声、呼吁解决问题。"在滨海新区新河街道选举工作组以选区为单位召开的选民推荐代表候选人座谈会上,处处能感受到选民认真提名的意愿和充分行使权利的态度。

红桥区在代表提名推荐工作中,聚焦一线产业工人,关注街域资源特点。咸阳北路街道走访中海油、津酒集团、七〇七研究所及天津市化学工业学校等单位,和苑街道结合"一老一小"街域特点,聚焦养老机构和中小幼等单位,深挖细掘了一批优秀基层代表资源。蓟州区注重代表人选在本职工作中的表现,特别是在推进乡村振兴等重大任务和考验中的工作实绩。

各区、乡镇严格按照法定程序,通过召开选民会议、选民小组会议等形式组织选民进行讨论、协商,充分听取选民意见,确定正式代表候选人。

5.行使民主权利,投好庄严神圣一票

"我要真正把自己认可的、具备履职能力、具有良好社会形象的优秀人员选出来,为村庄发展贡献力量。"2021年11月1日上午,武清区南蔡村镇丁家村村民杨师傅早早地就来到村委会大院,参加人大代表选举大会,在村干部介绍了投票方法和注意事项后,走到鲜红的投票箱前郑重行使民主权利。

投票选举期间,全市各选区机关、企业、学校、社区、村居的选民,以饱满的热情纷纷参与投票。许多行动不便的老人拄拐杖、坐轮椅坚持到投票站现场投票。宁河区打好选举"服务牌",为年老体弱、行动不便的选民和流动人口设立了流动票箱进行投票。

各级人大和选举机构坚持把严肃换届纪律、确保换届风清气正贯穿换届选举工作始终。"严禁结党营私、严禁拉票贿选、严禁说情打招呼……"津南区制作了严肃换届纪律"十严禁"系列漫画视频,号召全区干部群众自觉遵守纪律要求,积极参与换届风气监督,共同营造清明清正清新的换届环境。

(三)提升公共法律服务质效,维护人民群众切身利益

"朋友找我借了3000元不还,电话不接,还把我微信'拉黑'了,我可以起诉吗?""我前段时间返津,需要居家隔离14天,单位却给我算成事假,要开除我,我该如何维权?"在天津市公共法律服务中心12348法律热线接听工作室,群众通过热线向律师咨询法律问题。

不出家门,一个电话就能享受到专业的法律服务,遇到法律难题,动动指尖就可以得到及时的法律帮助。近年来,天津市司法局加快推进公共法律服务实体、热线、网络三大平台融合发展,让津城百姓享受高效、及时的公共法律服务。

1.法律热线更好满足群众法律需求

"这里是12348公共法律服务热线,请问有什么能帮您的?"隆冬时节,寒气袭人,12348法律热线接线律师的暖心问候和耐心解答给人带来一丝暖意。

在天津市公共法律服务中心,墙上"法律服务惠民生便民热线暖民心"几个大字格外显眼。两间屋子、28个座席,负责接听热线的值班律师正在忙碌着……

39岁的刘律师在4个小时里解答了17位群众的来电咨询,为了节省时间,她尽量少喝水,少去卫生间。刘律师是12348法律热线的第一

批公益律师,她已经做公益律师四年多了,仍是热情不减。"做公益没有'热爱'是不行的。"刘律师说。

对于刘律师这句话,陈律师深有同感。曾有咨询者来电询问,他家宅基地院内有一棵树,邻居觉得树木离自己家较近,担心大风将树木刮倒,损害其房屋,要求其把树砍了,双方因此产生争执。

"当时来电人语气比较着急,针对这种情况,我们先安抚对方的情绪,引导他们完整、准确地描述遇到的问题,之后才能提供相应的解答。"陈律师说。

从最初只有十几个人的队伍,发展到现在有两百多名专业律师参与,提供7×24小时服务,"这几年,眼看着它像个孩子一样成长壮大,给老百姓提供实际的帮助,我很欣慰"。曾参与热线平台建设的天津市司法行政服务中心负责同志感慨地说道。

群众来电中涉及民事纠纷的法律问题占了九成以上,除此之外,也有反映心理和社会问题的。这条法律服务热线在满足法律需求的同时,成了老百姓倾诉的一个出口。

为了更好地满足群众的法律需求,2020年12348法律热线平台完成升级改造,引入第三方运营公司管理,基本实现"全业务全时空"服务。

2.三大平台融合发展提供多元法律服务

"专业的法律服务是带有温度的,体现着为民情怀。"天津市司法局公共法律服务一处负责同志说。

公共法律服务体系建设要实现"全业务全时空"覆盖,实体、热线、网络三大平台融合发展至关重要。除热线平台外,公共法律服务实体平台已实现市、区、街乡镇、村居的基本覆盖。目前,全市四千多名法律工作者活跃在各层级公共法律服务平台,为群众提供法律援助、公证、司法鉴定、仲裁等多项公共法律服务。

在河西区司法局天塔街司法所里，一间办公室门口摆放着一张桌子和几把椅子，这里便是值班律师为群众提供公共法律服务的地方。天塔司法所每周固定时间向群众提供免费法律咨询，如果咨询需求量大，还可以增加场次。

白律师是这里的一名值班律师。曾有一位老人因房产问题找到白律师，但老人的诉求通过法律途径很难解决，白律师发现，老人的问题不在房子本身，而是对儿子感到不满。于是她千方百计帮老人打开心结。老人提出想订立遗嘱，白律师就帮他逐字逐句地修改完善，让遗嘱表述更加清晰、明确，并嘱咐老人要多留几份，放在不同的人手里，老人最终满意而归。

"12348天津法网"是融通三大服务平台的枢纽，集查询、咨询和办事服务于一体，可以预约办理公证、法律援助、司法鉴定等事项。2019年7月，"天津掌上12348"App正式上线运行。群众动动手指，就可享受及时的法律帮助。

不仅如此，为了打通公共法律服务"最后一公里"，天津市司法局还在全市基层公共法律服务站点投放了八十多台智能终端机。"就是想通过智能化手段，来解决一部分公共法律服务均等化问题。"天津市司法局负责同志说。

3.便捷法援服务惠及困难群众

天津市司法局不断创新服务方式，在12348法律热线"全业务全时空"咨询服务的基础上，建立热线与法律援助机构的对接、转办机制。

自2020年9月11日起，对热线来电咨询事项中，群众有申请法律援助需求且经初审判断基本符合条件的，直接导入相应的法律援助机构审核、办理，真正打通公共法律服务"最后一公里"。

同年11月10日，宝坻区法律援助中心收到12348法律热线转办的外来务工人员"讨薪"案件，当日通过电话联系申请人贾先生了解了相关案件情况。收到援助请求后,宝坻区法律援助中心工作人员向其告知了申请法律援助的具体条件及办理流程。次日,贾先生携带相关材料办理申请手续。经审查,贾先生等人的情况符合法律援助条件,法律援助中心当即指派律师代理该案。承办律师第一时间约见受援人,为其整理相关证据材料。法律援助中心简化程序、畅通渠道,"当天申请、当天受理、当天审查、当天指派"的做法,得到受援人的认可。

三、时代答卷:踔厉笃行,扎实推进共同富裕

中国共产党天津市第十一届委员会第九次全体会议审议通过的《中共天津市委关于制定天津市国民经济和社会发展第十四个五年规划和二〇三五年远景目标的建议》,在"十四五"时期天津经济社会发展必须遵循的原则中提出"坚持共同富裕方向",在贯彻以人民为中心的发展思想,提高人民群众生活品质部分进一步强调了"扎实推进共同富裕,努力让人民群众的获得感成色更足、幸福感更可持续、安全感更有保障"。推进共同富裕,是新发展阶段的重要历史使命。

(一)推动高质量发展,夯实物质基础

《中共天津市委关于制定天津市国民经济和社会发展第十四个五年规划和二〇三五年远景目标的建议》指出,把新发展理念贯穿发展全过程和各领域,坚定不移走高质量发展之路,构建新发展格局,推动质量变革、效率变革、动力变革,坚持拼质量、拼效益、拼结构、拼绿色发展,实现更高质量、更有效率、更加公平、更可持续、更为安全的发展。

(1)坚持创新引领。坚持创新在现代化建设全局中的核心地位,面向世界科技前沿、面向经济主战场、面向国家重大需求、面向人民生命

健康,深入实施创新驱动发展战略,着力提升自主创新和原始创新能力,打好关键核心技术攻坚战,优化创新生态系统,加快推动科技成果转化,全力塑造发展新优势。一是着力培育战略科技力量。积极融入国家创新战略布局,谋划建设一批国家重点实验室、重大科技基础设施,推进大型地震工程模拟研究设施、合成生物技术创新中心等重大平台建设,高标准筹建天津实验室(海河实验室),打造全国先进的科技大平台集群。二是提升企业技术创新能力。强化企业创新主体地位,促进各类创新要素向企业集聚,支持企业牵头组织创新联合体,承担重大科研项目,推动企业成为技术创新决策、研发投入、科研组织和成果转化的主体。三是加快培育创新生态。坚持"以用立业",建设若干高水平大学科技园,建立健全成果转化平台体系,推动项目、技术、人才、资金一体化配置,着力打通成果转移、转化通道。深化科技创新体制改革,加快科技管理职能转变,赋予科研单位和科研人员更大人财物自主权,深化项目评审、人才评价、机构评估改革。健全创新激励和保障机制,构建充分体现知识、技术等创新要素价值的收益分配机制,完善科研人员职务发明成果权益分享机制。四是优化创新空间布局。围绕产业链部署创新链,围绕创新链布局产业链,充分发挥滨海新区在全市创新格局中的引领作用,培育"信创谷""生物制造谷"等一批主导产业突出的创新标志区。

(2)加快构筑现代产业体系。坚持把深化供给侧结构性改革同实施扩大内需战略有机结合起来,以发展壮大实体经济为着力点,推进产业数字化、数字产业化,加快建设制造强市、质量强市、网络强市、数字城市,畅通产业循环、市场循环、经济社会循环。一是全面增强全国先进制造研发基地核心竞争力。坚持制造业立市,推动制造业高质量发展。充分发挥海河产业基金、滨海产业基金支撑引导作用,以信创产业为主攻方向,增强智能科技产业引领力,着力壮大生物医药、新能源、新材料等战略性新兴产业,巩固提升高端装备、汽车、石油化工、航空航天等优势产业,加快构建"1+3+4"现代工业产业体系。二是提升产业链、供应链现代化水平。坚持自主可控、安全高效,聚焦重点产业和关键领域,锻长板、补短板,推动传统产业数字化、智能化、绿色化,促进产业链价值链向中高端跃升。大力实施新动能引育计划,充分发挥新兴产业(人才)联盟作用,提高本地产业配套率,打造一批空间上高度集聚、上下游紧密协同、供应链集约高效的国家级先进制造产业集群。三是提升现代服务业发展能级。推动生产性服务业向专业化和价值链高端延伸、生活性服务业向高品质和多样化升级,深化服务业同先进制造业、现代农业深度融合,加快形成与现代化大都市地位相适应的服务经济体系。四是着力实施扩大内需战略。坚持市场导向、需求导向,优化供给结构,提升供给体系对国内需求的适配性。发挥腹地广阔优势,增强服务辐射"三北"地区能力,大力开拓国内市场。增强消费对经济发展的基础性作用,大力发展消费新模式、新业态,加快构建线上线下融合的"智能+"消费生态体系,培育引领性强、知名度高的消费新平台。

(3)全力打造改革开放先行区。坚持把改革开放先行区作为第一定位,推动有效市场和有为政府更好结合,围绕增强市场主体活力、完善要素市场化配置体制机制,推动更深层次改革,实行更高水平开放,为构建新发展格局提供强大动力。一是激发各类市场主体活力。深化国资国企改革,不断增强国有经济竞争力、创新力、控制力、影响力、抗风险能力。优化民营经济发展环境,落实支持民营经济发展的各项政策,健全接链、促需、护企常态化机制,壮大优质民营经济主体数量和规模。二是建设高标准市场体系。坚持平等准入、公正监管、开放有序、诚信守法,实施高标准市场体系建设行动。深入实施市场准入负面清单制度,深化生产许可证制度改革,继续放宽准入限制。健全公平竞争审查机制,加强反垄断和反不正当竞争执法司法。三是深化"放管服"

改革。全面实行政府权责清单制度,持续深化"一制三化"审批制度改革,推进"证照分离""照后减证""一企一证"改革,全面推行信用承诺审批制度,实施涉企经营许可事项清单管理,取消重复审批、不必要审批。完善事中事后监管制度,构建以"双随机、一公开"为基本手段、以信用监管为基础的新型监管机制,推行新产业新业态包容审慎监管,推动从"严进宽管"向"宽进严管"转变。四是深化自由贸易试验区"首创性"制度创新。建设国内国际经济双向循环的重要资源要素配置枢纽、京津冀现代产业集聚区、中日韩自贸区战略先导区,打造世界一流自由贸易园区。五是推动形成全面开放新格局。建设对外贸易强市,加快发展外贸新业态新模式,全面深化服务贸易创新发展,大力引育贸易总部、知名专业贸易商、跨境电商品牌企业,推进中国(天津)跨境电子商务综合试验区和国家数字服务出口基地建设。

(二)发展优质公共服务,提高民生保障

《中共天津市委关于制定天津市国民经济和社会发展第十四个五年规划和二〇三五年远景目标的建议》指出,坚持把实现好、维护好、发展好最广大人民群众根本利益作为发展的出发点和落脚点,尽力而为、量力而行,健全基本公共服务体系,在幼有所育、学有所教、劳有所得、病有所医、老有所养、住有所居、弱有所扶上持续取得新进展,扎实推进共同富裕,努力让人民群众的获得感成色更足、幸福感更可持续、安全感更有保障。

(1)提高就业质量和城乡居民收入。实施更加积极的就业政策,坚持经济发展就业导向,扩大就业容量,提升就业质量。支持和规范发展新就业形态,完善创业带动就业、多渠道灵活就业保障制度,加强创业孵化示范基地建设,推动创业载体升级。促进高校毕业生等青年群体多渠道就业创业。健全终身职业技能培训制度,全面提升重点群体职

业技能水平和就业创业能力。扩大公益性岗位安置,帮扶残疾人就业,确保零就业家庭保持动态清零。统筹城乡就业政策,积极引导农村劳动力就业。健全就业服务体系、劳资关系协调机制,营造公平就业环境。完善失业风险防范机制,健全人力资源市场供求信息系统和失业监测预警机制。完善有利于提高居民消费能力的收入分配制度,着重保护劳动所得,增加劳动者,特别是一线劳动者劳动报酬,健全工资合理增长机制,增加低收入群体收入,扩大中等收入群体。探索通过土地、资本等要素使用权、收益权增加中低收入群体要素收入,提高居民财产性收入。发展慈善等社会公益事业。

(2)建设高质量教育体系。全面贯彻党的教育方针,落实立德树人根本任务,全面推进大中小幼思政一体化建设,推进高校课程思政工作,加强和改进学校体育美育,广泛开展劳动教育,重视心理健康教育,推进教育公平,促进学生德智体美劳全面发展。培养学生爱国情怀、社会责任感、创新精神、实践能力。缩小义务教育城乡差距和校际差距,推动义务教育优质均衡发展和城乡一体化。完善普惠性学前教育和特殊教育、专门教育保障机制。推动普通高中优质特色发展。促进高等教育高质量内涵式发展,加快推进"双一流"建设,实施顶尖学科培育计划,推进一流本科和研究生教育发展。巩固提升职业教育领先优势,推进国家产教融合型试点城市建设,支持高职院校"双高计划"建设,完善行业企业办学的职教特色,推进职普融通、产教融合、校企合作,深化现代学徒制试点,打造新时代职业教育创新发展全国标杆。支持和规范民办教育发展,规范校外培训机构。健全学校、社会、家庭协同育人机制,加强师德师风建设,提升教师教书育人能力素质。发挥在线教育优势,完善全民终身学习体系,建设学习型城市。全面深化教育综合改革,全力推进新时代教育评价改革。加强教育科研工作,扩大教育对外开放。

（3）完善多层次社会保障体系。健全基本社会保险制度，加快发展多层次社会保险，努力形成更加公平、更可持续的社会保障体系。推进社保转移接续，完善异地就医直接结算。健全基本养老、基本医疗保险筹资和待遇调整机制。推进养老保险、医疗保险全民参保，深化医疗保障制度改革，健全重特大疾病医疗保险和救助制度。积极发展商业医疗保险。健全灵活就业人员社保制度。完善工伤、失业保险制度，探索推进天津新业态从业人员职业伤害保障制度试点。健全分层分类的社会救助体系。完善最低生活保障制度。坚持男女平等基本国策，保障妇女儿童合法权益。健全老年人、残疾人关爱服务体系和设施，完善帮扶残疾人、孤儿等社会福利制度。完善退役军人工作体系和保障制度。加快建立多主体供给、多渠道保障、租购并举的住房制度。

（4）加快建设健康天津。把保障人民健康放在优先发展战略地位，坚持预防为主、防治结合，为人民群众提供全方位全周期健康服务。改革和完善疾病预防控制体系，强化监测预警、风险评估、流行病学调查、检验检测、应急处置等职能。建立稳定的公共卫生事业投入机制，完善公共卫生服务项目，强化基层公共卫生体系，落实医疗机构公共卫生责任，创新医防协同机制。完善重大突发公共卫生事件监测预警机制，健全医疗救治科技支撑和物资保障体系。提升医疗服务水平，优化医疗资源布局，加强临床重点学科建设，完善精神卫生三级服务体系建设，加强儿科医疗服务能力建设，推进传染病防治基地建设。推进分级诊疗，网格化布局组建区域医联体，推进基层服务模式转型，深化家庭医生签约服务，提高签约履约质量，提高常见多发病诊疗能力，提升基层医疗服务水平，提高为老年人、残障人员等就诊就医服务水平。推进"互联网+医疗健康"服务体系建设，推广远程医疗。坚持中西医并重，建立符合中医药特点的服务体系、服务模式、人才培养模式，促进中药新药研发和产业发展。深化医药卫生体制改革，强化公立医院建设管理考核,推进药品和耗材采购使用改革。鼓励支持社会办医。深入开展爱国卫生运动,养成健康生活方式。

（5）实施应对人口老龄化战略。增强应对人口老龄化程度持续加深的紧迫感,加快完善各项政策措施。落实优化生育政策,健全普惠托育服务体系,提高人口素质。加快完善居家社区机构相协调、医养康养相结合的养老服务体系。健全完善"互联网+养老"模式,打造智慧养老服务新模式。夯实居家养老基础,支持家庭承担养老功能,充分发挥居家养老服务支撑作用。加快日间照料中心社会化运营改革,鼓励社会力量兴办照料中心,推进老人家食堂全覆盖。推进市级公办养老院改扩建,推动城乡区域特困人员供养服务机构建设。探索互助性养老。健全老年健康服务体系,培育养老服务新业态。开展长期护理保险制度试点。积极开发老龄人力资源,发展银发经济,培育发展老年教育、老年体育、老年旅游等多元服务业态,推动养老事业和养老产业协同发展。

（三）推进市域治理现代化,增强基层民主活力

《中共天津市委关于制定天津市国民经济和社会发展第十四个五年规划和二〇三五年远景目标的建议》指出,坚持总体国家安全观,立足天津之"特"、天津之"责",加强系统治理、依法治理、综合治理、源头治理,推进社会治理体系和治理能力现代化。

（1）筑牢首都政治"护城河"。坚持党对国家安全工作的绝对领导,坚定维护国家政权安全、制度安全、意识形态安全,建立完善维护国家政治安全工作体系。坚决防范和打击各种渗透颠覆破坏活动、暴力恐怖活动、民族分裂活动、宗教极端活动和邪教活动。健全统一归口、反应灵敏、精准高效、运转顺畅的大情报工作体系。加强国家安全执法,开展国家安全宣传教育。全面加强网络安全保障体系和能力建设,织

密国家网络安全屏障。健全重大敏感节点"战时调度"机制,高质量完成重大维稳安保任务。建立完善京津冀政治安全工作交流协作机制。

(2)防范化解各类重大风险。坚持底线思维,增强忧患意识,健全风险防控机制,提高风险化解能力,严密防范和化解政治、意识形态、经济、科技、社会、对外工作、党的自身建设等领域影响我国现代化进程的各类风险。加强经济安全风险预警、防控机制和能力建设,实现重要产业、基础设施、战略资源、重大科技等关键领域安全可控。增强产业体系抗冲击能力,确保产业链、供应链安全。维护粮食、能源、资源安全,维护水利、电力、供水、油气、交通、通信、网络、金融等重要基础设施安全,提高水资源集约安全利用水平。建立健全地方金融监管和风险防控体系,确保不发生区域性、系统性金融风险。强化金融法人机构内部控制,坚决整治严重干扰金融市场秩序的行为,持续做好互联网金融风险整治。严控地方政府债务增量,妥善处理存量债务风险。坚持"一企一策",精准化解国有企业债务风险。

(3)保障人民生命安全。坚持人民至上、生命至上,把保护人民生命安全摆在首位,全面提高公共安全保障能力。坚持"隐患就是事故、事故就要处理"的理念,严格落实安全生产责任制。强化消防、交通、安全生产、危险化学品管理等城市安全重点领域隐患常态化排查整治。全面加强安全监管,坚决防范和遏制重特大安全事故。加强生物安全保护。强化食品药品监管,建立科学完善的食品药品安全治理体系。提升多灾种和灾害链预报预警能力,统筹抵御处置各类灾害事故。健全统一领导、专常兼备、反应灵敏、上下联动的应急管理体制,加强应急救灾物资储备能力建设,提升应急管理科学化、专业化、智能化、精细化水平,提高防灾、减灾、抗灾、救灾能力。完善全民安全教育体系。

(4)维护社会安全稳定。正确处理新形势下人民内部矛盾,坚持和发展新时代"枫桥经验",畅通和规范群众诉求表达、利益协调、权益保障通道。完善信访制度,充分发挥市、区、街道(乡镇)三级矛盾纠纷调处化解中心作用,完善各类调解联动工作体系,构建源头防控、排查梳理、纠纷化解、应急处置的社会矛盾综合治理机制,把各类社会风险隐患化解在萌芽状态、解决在基层末端。强化社会心理服务和危机干预。健全扫黑除恶长效机制,推动实现"无黑"城市目标。坚持打防结合、整体防控、专群结合、群防群治,推进立体化智能化社会治安防控体系建设,坚决防范和打击涉枪涉爆、黄赌毒、新型网络犯罪和跨国犯罪,全域开展"平安示范创建"活动,建设更高质量"平安天津"。

(5)加强和创新基层社会治理。坚持共建共治共享社会治理制度,坚持党的基层组织建设与社会治理一体化推进,健全党组织领导的自治、法治、德治相结合的城乡基层治理体系,推进市域社会治理现代化。持续深化"战区制、主官上、权下放"党建引领基层治理体制机制创新,完善"街乡吹哨、部门报到"工作机制,推动社会治理和服务重心向基层下移,向基层放权赋能。加强城乡社区治理和服务体系建设,减轻基层组织负担,加强基层社会治理队伍建设,构建网格化管理、精细化服务、信息化支撑、开放共享的基层社会治理服务平台。强化基层党组织对村委会、居委会、业委会、物业管理企业、基层社会组织的政治引领、组织引领、机制引领。提升社会治理科技支撑能力。发挥群团组织和社会组织作用,完善基层民主协商制度,实现政府治理同社会调节、居民自治良性互动,建设人人有责、人人尽责、人人享有的社会治理共同体。

(四)加强社会主义精神文明建设,丰富群众文化生活

《中共天津市委关于制定天津市国民经济和社会发展第十四个五年规划和二〇三五年远景目标的建议》指出,坚持马克思主义在意识形态领域的指导地位,坚定文化自信,大力弘扬社会主义核心价值观,围

绕举旗帜、聚民心、育新人、兴文化、展形象的使命任务,加强社会主义精神文明建设,繁荣发展文化事业和文化产业,促进满足人民文化需求和增强人民精神力量相统一,建设文化强市。

(1)提高社会文明程度。坚持精神文明和物质文明协调发展,坚持重在建设、以立为本,推动形成适应中国特色社会主义现代化要求的思想观念、精神面貌、文明风尚、行为规范。推进理想信念教育常态化制度化,加强党史、新中国史、改革开放史、社会主义发展史教育,加强爱国主义、集体主义、社会主义教育。加强爱国主义教育基地建设和红色遗址遗迹开发、保护、利用。弘扬党和人民在各个历史时期奋斗中形成的伟大精神,拓展新时代文明实践中心建设,推进公民道德建设全覆盖。实施文明创建工程,深化全域创建文明城市。弘扬诚信文化,提升诚信建设水平。健全志愿服务体系,打造学雷锋"志愿之城"。提倡艰苦奋斗、勤俭节约,开展以劳动创造幸福为主题的宣传教育。开展移风易俗、弘扬时代新风行动。加强家庭、家教、家风建设。加强网络内容建设,做强网上正面宣传,建立网络综合治理体系,发展积极健康的网络文化。

(2)提升公共文化服务水平。全面繁荣新闻出版、广播影视、文学艺术、哲学社会科学事业。深化国有文艺院团改革。实施文艺作品质量提升工程,不断推出反映时代新气象、讴歌人民新创造的文艺精品。推进媒体融合向纵深发展,做强海河传媒中心,建强津云新媒体,用好区级融媒体中心,实施全媒体传播工程。推进城乡公共文化服务一体建设,优化城乡文化资源配置,健全群众文化需求反馈和评价机制,促进文化惠民工程与群众文化需求有效对接。推动公共文化服务社会化,健全政府向社会力量购买公共文化服务机制。支持开展群众性文化活动,搭建群众乐于参与、便于参与的文化活动平台。推动公共文化数字化建设,建设书香天津。传承与弘扬中华优秀传统文化,加强文物古籍保护、研究、利用,加大对历史文化风貌区等保护利用力度,加强非物质文化遗产保护和活化利用。积极推动长城、大运河国家文化公园建设。全面推进体育强市建设,深入实施全民健身行动,加强体育公园、健身步道等设施建设,大力发展冰雪运动,打造排球特色城市。

(3)健全现代文化产业体系。坚持把社会效益放在首位、社会效益和经济效益相统一,深化文化体制改革,完善文化产业规划和政策,加强文化市场体系建设,扩大优质文化产品供给。实施文化产业数字化战略,加快发展新型文化企业、文化业态、文化消费模式。推进重点文化项目、优质文化企业向文化园区集聚,培育一批品牌文化园区。加快培育竞争力强的国有或国有控股大型文化企业集团,推动符合条件的文化企业上市,扶持一批中小文化企业做大做强。坚持以文塑旅、以旅彰文,推动文化和旅游融合发展,强化市场化运作,打响"近代中国看天津"旅游品牌,打造特色海洋文化旅游带、海河文化旅游带,推动全域旅游示范区建设。以讲好天津故事、中国故事为着力点,加强对外文化交流,提升国际传播能力。

(五)大力实施乡村振兴战略,促进区域均衡发展

《中共天津市委关于制定天津市国民经济和社会发展第十四个五年规划和二○三五年远景目标的建议》指出,坚持农业农村优先发展,以乡村振兴战略为总抓手,统筹推进产业振兴、人才振兴、文化振兴、生态振兴、组织振兴,强化以工补农、以城带乡,推动形成工农互促、城乡互补、协调发展、共同繁荣的新型工农城乡关系,谱写新时代"三农"工作新篇章。

(1)打造现代都市型农业升级版。坚持走质量兴农、科技兴农之路,深化农业供给侧结构性改革,构建现代都市型农业生产体系、产业体系、经营体系,不断提高农业综合效益和竞争力。坚持最严格的耕地

保护制度,严防耕地"非农化""非粮化"。实施藏粮于地、藏粮于技战略,加大农业基础设施建设力度,加强高标准农田建设。扎实推进小站稻振兴计划。加强粮食生产功能区、基本保障型蔬菜生产功能区和特色农产品优势区建设,强化农产品质量安全保障,擦亮"津农精品"金字招牌,以"津菜进京"工程为引领,推动优质精品农产品进入全国高端市场。健全农业科技创新服务体系,强化农业科技、装备和服务支撑,实施现代种业提升工程,提升植物保护和动物疫病防控能力,大力发展智慧农业、节水农业。推动农村一二三产业深度融合发展,积极培育产业融合类农业园区,加快发展城市服务型食品加工业,创新发展都市型休闲农业和乡村旅游,大力发展农村电子商务,拓展农民增收空间。

(2)推动农村全面发展进步。实施乡村建设行动,统筹城镇和村庄规划建设。推进新型城镇化建设,提高城镇带动乡村能力。充分保留自然风貌,把乡情美景融入现代乡村生活。完善乡村基础设施,建立健全长效运行管护机制。持续改善乡村人居环境,深化"百村示范、千村整治"工程,因地制宜推进农村改厕、生活垃圾和污水处理,加强农业源头污染防治。深入挖掘、继承、创新优秀传统乡土文化,提高农民科技文化素质。建立城市人才入乡激励机制,推动科技人员下乡、农村大学生回乡、农民工返乡创新创业。强化农村基层党组织政治功能,提高农村基层组织建设质量。

(3)实现巩固拓展脱贫攻坚成果同乡村振兴有效衔接。健全农村困难群体常态化主动发现机制,逐步提高兜底保障水平。推动农村困难群众危房排查整治和改造迁建。巩固拓展天津结对帮扶困难村、东西部扶贫协作和对口支援成果,同乡村振兴有效衔接,着力增强受援地造血能力和内生动力,接续推进脱贫地区发展。

(4)健全城乡融合发展体制机制和政策体系。落实第二轮土地承包到期后再延长三十年政策,培育壮大规范发展农业龙头企业、农民合作社、家庭农场等新型农业经营主体,促进小农户与现代都市型农业发展有机衔接。健全城乡统一的建设用地市场,建立同权同价、流转顺畅、收益共享的集体经营性建设用地入市制度,探索宅基地所有权、资格权、使用权"三权分置"有效实现形式,稳妥推进新一轮宅基地制度改革试点。深化农村集体产权制度改革,创新农村集体经济实现形式和运行机制。完善财政支农投入稳定增长机制,稳步提高土地出让收入用于农业农村比例。完善乡村金融服务体系,推动农村金融机构回归本源,加快涉农金融产品和服务创新。推动政策性农业保险扩面、增品、提标,降低农户生产经营风险。引导工商资本为城乡融合发展提供资金、产业、技术支持,强化对租赁经营农地的规范监管和风险防范。

(六)推动绿色发展,加快建设美丽天津

《中共天津市委关于制定天津市国民经济和社会发展第十四个五年规划和二〇三五年远景目标的建议》指出,坚持绿水青山就是金山银山理念,坚持生态优先、绿色发展导向,构建生态文明体系,增加绿色空间和生态产品供给,促进经济社会发展全面绿色转型,建设人与自然和谐相处、共生共荣的现代化美丽天津。

(1)扩大绿色生态空间。深入落实主体功能区战略,落实生态保护、基本农田、城镇开发等空间管控边界,完善生态廊道和生物多样性保护网络,提升生态系统质量和稳定性,构建科学合理的生态安全格局。坚持"留白、留绿、留璞",坚持山水林田湖草沙系统治理,建立以国家公园为主体的自然保护地体系,加快推进"871"重大生态工程建设。全面加强七里海、北大港、大黄堡、团泊洼等湿地保护和修复,建设国家湿地保护与修复典范。深入推进"津城""滨城"间绿色生态屏障建设,加快实施造林绿化、水生态环境治理、生态基础设施建设等工程,构建贯穿天津南北的生态廊道。加快渤海近岸海域岸线修复建设,加强河

湖水系连通循环和河流生态保护修复,打造美丽河湖、美丽海湾。建设环城生态公园带。

(2)强化生态环境治理。坚持全民共治、源头防治,深入打好污染防治攻坚战。深入推进产业、布局、能源、交通运输结构调整,巩固提升"散乱污"企业综合治理成效,深化燃煤、工业、机动车、扬尘污染治理,加强细颗粒物和臭氧协同控制,基本消除重污染天气,实现大气环境质量显著改善。统筹水资源利用、水污染防治、水环境治理和水生态保护,强化控源、治污、扩容、严管,推进城镇污水管网全覆盖,全部消除城镇劣 V 类水体。坚持陆海统筹、河海共治,严格控制入河、入海水污染物总量。强化土壤污染管控和修复,加强白色污染治理。加强危险废物、医疗废物收集处理。

(3)推动绿色低碳循环发展。坚持用"绿色系数"评价发展成果,建设绿色低碳循环的工业体系、建筑体系和交通网络,建立健全生态型经济体系。大力培育节能环保、清洁能源等绿色产业,加快推动市场导向的绿色技术创新,积极发展绿色金融。强化清洁生产,推进重点行业和重要领域绿色化改造,发展绿色制造。制定实施力争碳排放提前达峰行动方案,推动重点领域、重点行业率先达峰。全面提高资源利用效率,深入推进工业资源综合利用,推动园区实施循环化改造,开展节水行动。持续减少煤炭消费总量,大力优化能源结构,打造能源创新示范高地。发展绿色建筑、装配式建筑。深入实施绿色生活创建活动,倡导简约适度、绿色低碳的生活方式。全面推行垃圾分类和减量化、资源化。

(4)完善生态环境保护机制体制。健全生态环境保护责任体系,建立地上地下、陆海统筹的生态环境治理制度,突出精准治污、科学治污、依法治污,加快推进生态环境治理体系和治理能力现代化。落实最严格的生态环境保护制度,全面实行排污许可制,推进排污权、用能权、用水权、碳排放权市场化交易,完善环境保护、节能减排约束性指标管理。建立水资源刚性约束制度。深化河湖湾长制,推行林长制、山长制、田长制。加强生态环境保护督察,健全生态环境评价考核和责任追究制度,完善自然保护地、生态保护红线监管制度。建立市场化、多元化生态补偿机制。探索生态文明体制机制新模式,建设绿色发展示范区。坚决制止和惩处破坏生态环境行为,完善生态环境公益诉讼制度。

后　记

　　《全面建成小康社会天津变迁志》是按照中共中央宣传部统一部署,由中共天津市委宣传部组织,天津社会科学院具体编撰而成。本书结合党史学习教育"我为群众办实事"实践活动内容,聚焦老百姓身边发生的实实在在的变化,充分反映全面建成小康社会给天津人民生活带来看得见、摸得着的好处实惠。对就业、医疗、教育、社保、住房、交通、餐饮、社会治安、生活环境、文娱旅游、共同富裕等与民生息息相关的方面和领域,进行了全方位的深度分析和系统总结。既生动记录了各领域取得的方方面面的成就成果,又深情讲述了反映老百姓获得感、幸福感、安全感的个体事例,充分体现了新中国成立以来,尤其是改革开放以来经济社会领域发生的重大变化,浓墨重彩地展示了党的十八大以来所取得的历史性成就。在历史的纵深感中突出变迁,在变迁的日新月异中传递幸福。

　　本书主要运用数据统计分析、问卷调查、实地考察调研、专家走访与座谈等多种形式相结合的研究方法,由政府部门、科研机构与各领域专家、学者共同参与完成,对天津全面建成高质量小康社会给人民群众带来的获得感、幸福感、安全感,进行系统化、多角度、立体式和全方位审视与思考。

　　本书由天津社会科学院党组书记、院长靳方华担任主编,王立岩、吴阿娟担任副主编,各篇章由天津社会科学院人员编写而成。概况由王东编写,就业收入篇由孙德升编写,生活餐饮篇由万鲁建编写,住有所居篇由郭鹏编写,交通出行篇由于家琦编写,教育发展篇由张永路编写,文体生活篇由罗海燕、王士强、王云芳、李进超、王谦共同编写,医疗卫生篇由刘志松编写,社会保障篇由李培志、王光荣、李宝芳、高原共同编写,社会治安篇由王东编写,生态环境篇由王会芝、张新宇、屠凤娜共同编写,共同富裕篇由王东编写。王立岩、吴阿娟、王东负责统校工作。

　　本书在编写过程中,得到了天津有关部门和单位的大力支持。中共天津市委宣传部理论处、新闻处,以及市教育委员会、市公安局、市民政局、市人力资源和社会保障局、市住房和城乡建设委员会、市城市管理委员会、市交通运输委员会、市农业农村委员会、市商务局、市文化和旅游局、市卫生健康委员会、市市场监督管理委员会、市体育局、市统计局、市医疗保障局、市粮食和物资储备局、国家统计局天津调查总队等单位为本书撰写提供了大量相关材料。本书内容参考和引用了《天津日报》《今晚报》《天津教育报》《天津政法报》《中老年时报》《滨海时报》、天津广播电视台、津云新媒体、北方网、天津政务网、天津文明网、天津机关党建网、天津人大常委会代表工作室和研究室、津滨网、天津滨海新区图书馆网,以及网信天津、平安天津、天津政法、天津交通运输、平安南开、美丽红桥、西青信息港等政务微信公众号和各区融媒体中心的案例、图片资料,在此一并表示衷心感谢!

本书编写组

2022年5月